コロナ危機
と
介護経営

小磯 明

同時代社

はしがき

　本研究は、2020年1月から2021年2月までの期間限定の研究ではあるが、2000年前後からの全国の介護施設、福祉施設、及び医療機関など数々のフィールドワークを通じて得られた所見に基づいて執筆したものである。そして本研究は、コロナ禍の研究であり、二度の緊急事態宣言下で介護現場を訪問調査することが叶わなかった中での研究である。

　私は、この間、あまり書き下ろしはせずに、学会誌・研究会誌、雑誌等に投稿した論文・論考を著作化することに心がけてきた。しかし、2020年1月からはじまった新型コロナウイルス感染症の中での日常生活において、時間があまりないなかで、手元にある資料を頼りにし、新たな資料も探しながら書き下ろしをせざるを得なかった。その意味で本書は、これまでの拙著とは大きく違い、大部分が短期日で書き下ろした著書である。

　実は私は、これまでの著書（『地域と高齢者の医療福祉』『高齢者医療と介護看護』）を踏まえ、介護保険制度の20年をテーマとした著作化を準備していたのだが、新型コロナウイルス感染症が拡大したことで、新型コロナ関係の執筆依頼が多く、その研究は途切れてしまった。しかし今回の本書の著作化を進める過程で、新型コロナがあぶり出した介護保険制度の現在の問題点を知ることができたことも事実である。その意味で新型コロナウイルス感染症拡大は、私にとって緊急の執筆を余儀なくさせたのではあるが、本書の作成という有意義な機会を与えてくれたと考える。

　したがって本書は、2020年1月から2021年2月までの期間限定のトピックを取り上げているのだが、2000年以降の介護保険制度の動向も踏まえている。「Ⅰ　新型コロナ感染症と介護経営」は、第1波から第3波の感染拡大と介護経営について展開している。これらは、「介護崩壊」という言葉に象徴されるように、コロナ禍で利用者も事業者も困難な時期に、とりわけ介護事業所の経営に焦点を当てて展開したものである。そして、「Ⅱ　コロナ危機と介護保険制度の主な論点」は、Ⅰでは取り上げきれなかった介護保険制度の

課題について述べたものである。特に介護人材と介護報酬改定は、介護保険制度の論点として重要な課題と考えた。さらに補章については、「コロナ危機と保健医療政策・経営」について述べているのだが、これらは学会と研究所の依頼を受けて執筆したものである。

　コロナ危機下での高齢者施設でのクラスター発生は、介護と医療は連動しており、介護から医療への流れが国民に見える形で明確になったと思われる。そして介護は、国民生活に欠かせない重要な社会資源であることも明らかになったように思われる。新型コロナは日本社会のさまざまな課題をあぶり出したが、その一つに介護の問題も含まれると考える。

　私にできることは微力なことばかりである。しかしそれでも自分にできることをおろそかにせず、一日も早い、コロナ終息の日を待ち望むばかりである。

　本書が、研究者や実務者の方々、介護事業経営に携わる方々など多くの方に手に取って頂けたなら、著者として望外の喜びである。

2021 年 2 月

小　磯　　明

目　次

I　新型コロナ感染症と介護経営

Ⅱ　コロナ危機と介護保険制度の主な論点

第 4 章　コロナ危機と介護報酬特例 ················116

図表目次

第 4 章

第 5 章

第 6 章

補　章

序章 研究の目的と背景、本書の概要

第1節 研究の目的

　新型コロナウイルス感染症は、2020年をコロナ禍で覆い尽くした。しかも世界中をあっという間に感染させたのである。こうしたコロナ禍での生活をウイズ・コロナと表現して、不要不急の外出の禁止と自粛生活を国民は余儀なくされた。感染拡大の結果、世界中で多くの死亡者が増え続けた。日本も同様に、感染者数は拡大し、重傷者も増える中で死亡者も増大した。第1波では高齢者以外の階層で感染者が拡大したが、第2波は高齢者の感染者も増大し、第3波では文字通り高齢者の感染が重症化し死亡者も増大することが問題となった。

　医療機関の経営は感染者拡大で悪化したが、それ以上に医療崩壊は都市部を中心に起こっていった。コロナ感染者の入院できない状態の地域では、コロナ以外の重傷者の入院もできない状態も引き起こしてしまった。第3波で問題となったのは高齢者施設での感染であり、クラスターである[1]。感染したからといって、誰もが入院できるわけではなく、入院できない地域も出てきたことは大きな問題であった。まさに医療崩壊である。しかし考えてみると、医療の前に介護事業所などの高齢者施設で、何とか感染を食い止めることができたならば、最悪の事態を避けられたのではないかと考えてしまう。

　このような意味から、本研究は、新型コロナウイルス感染症の拡大の結果、介護事業所経営を中心とした高齢者施設の経営に、新型コロナ感染症がどのように影響したかを検討することが目的である。

第 2 節　研究の背景──コロナ禍の 1 年（2020 年）

1. 新型コロナ感染者の概要

　表序 -1 は、2021 年 2 月 18 日現在の感染者数の概要である。全世界の感染者数は 1.11 億人で死亡者数は 245 万人である。日本は、42.1 万人が感染し 7294 人が死亡している。東京都だけを見ると、10.8 万人が感染し 1207 人が死亡している。日本の感染者数の 4 分の 1 を東京都が占めている。死亡者の約 17％は東京都である。

表序-1　感染者数の概要（世界・日本・東京）

(単位：人)

	感染者の合計数	回復者数	死亡者数
全世界	1.11 億	6230 万	245 万
日　本	42.1 万	39.3 万	7294
東京都	10.8 万	10.3 万	1207

注 1) 2021 年 2 月 18 日現在。
（出所）COVID-19 Data Repository by the Center for Systems Science and Engineering (CSSE) at Johns Hopkins University.

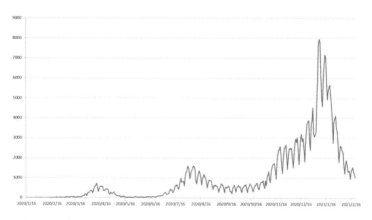

注 1) クルーズ船（ダイヤモンド・プリンセス）の帰宅後の確認を含む。
注 2) 2020 年 1 月 16 日〜 2021 年 2 月 21 日までの国内の感染者数 1 日ごとの発表数。
（出所）NHK「特設サイト　新型コロナウイルス」より作成。

図序 -1　日本の感染者数（1 日ごとの発表数）

図序 -1 をみるとわかるように、2020 年 3 月から 5 月にかけて感染者数の第一の山があり、6 月から 9 月にかけて第二の山があるのだが、その後感染者数が落ち切らないまま第三の山が形成された。この図は、NHK の特設サイト[2] からデータをダウンロードし、折れ線グラフにしたものである。3 つの山がそれぞれ第 1 波、第 2 波、第 3 波の感染拡大を示している。

2. コロナ感染拡大

世界中の人たちが新型コロナウイルス感染症と戦ってきた 2020 年。日本で最初のウイルスは、中国武漢から入ってきたウイルスによるものであった。これについては、ある程度制御できそうな状況であった。しかし、3 月初めごろにヨーロッパからの帰国者などから感染が拡大し、これが主流となって 4 月の緊急事態宣言につながった。

宣言後、2 カ月弱の間にかなりの程度まで感染者数を抑え込むことができた。人々が動きを止め、事業者が休業などで協力した結果であった。しかし、無症状や軽症者を中心に東京都の一部、接待を伴う飲食店などでの感染が継続し、7 ～ 8 月に再び感染が拡大した。当時、"夜の街"関連という言葉が感染拡大の象徴としてしきりに言われた。

東京都では繁華街を対象に PCR 検査を強化し、営業時間短縮も要請した。しかし感染は十分には減少せず、9 ～ 10 月頃は 1 日の新規感染者数が 100 ～ 200 人という水準が続いた。

(1) 感染を拡大させた「Go To キャンペーン」

東京都を除外して始まった「Go To トラベル」の対象に、10 月 1 日から東京都が追加された。その後、気温が下がったこともあり、大都市圏を中心に感染が拡大していった。これまでの分析によると、感染拡大の要因は 4 つあると言われている。人口密度、基本的感染対策がどの程度守られているか、気候、そして人の移動である。

東京など感染が広がっている地域から、感染している可能性のある人が移動することは、移動した先で感染を広げるリスク（危険）を高めることとなる。2020 年 12 月 3 日の厚生労働省アドバイザ

リーボードは、国内の移動歴のある例では、移動歴のない例に比べ、2次感染の頻度が高いことを示した。

　「Go To キャンペーン」を行うということは、人の移動を促すメッセージになった。これは感染拡大している時期に行う政策としては難しい。やはり、ある程度、感染状況が改善した時期にやるべきであった。また、キャンペーンを再開するときには、混雑する休日よりも平日の割引を増やすであるとか、同居者に限るとか人数に制限を設けるとかなどの工夫が必要であったのであろう。菅義偉首相は、「Go To キャンペーンが感染を拡大させたエビデンスはない」と言うが、人の移動を促すメッセージを政治主導で政策的に行うことにはやはり慎重であるべきであった。

(2) 接触者の PCR 検査強化が必要

　新型コロナの難しいところは、発症する2日前ぐらいからの5日間ほどが、非常に感染力が高いことである。つまり症状のない時に感染を広げるということである。発症した人が PCR 検査を受けて陽性が確認されるまで3、4日かかるので、それから隔離・保護してもまん延防止は限定的になる。

　効果的なのは、保健所が感染者の接触者を調査して、濃厚接触者と認定された人は、その時点では陰性であっても2週間健康観察して、外に出ないようにすることである。本書執筆中の2021年1月現在、保健所は陽性の人の入院調整に追われていて、感染者と接触した人の聞き取り調査が十分にできない状況である[3]。接触者を調査する人員を増やすことは重要である。政府の対策として保健所の強化を打ち出しているのだから、この点はしっかりやっていく必要がある。しかし東京都は、新型コロナウイルスに感染した自宅療養者に対して保健所が実施している健康観察の一部を、民間事業者に委託することを決めた。2021年1月21日の新型コロナのモニタリング（監視）会議で公表された。感染者の急増で入院先の調整業務などに追われる保健所の負担を軽減するのが狙いで、1月25日から区部で順次委託を始め、最終的には島嶼部を除く都内30保健所で実施する。

　医療機関や高齢者施設での PCR 検査は、重症化しやすい病院や

施設に入っている人たちを守るために、大変重要である。北海道旭川市や埼玉県戸田市の病院で 200 人、300 人という規模でクラスター（集団感染）が発生した。基礎疾患がある人の中に感染が広がってしまうと、重症化する人も多くなる。それを防ぐために積極的な検査をやるべきである。週 1 〜 2 回の頻度で定期的に検査することが感染防止に有効との研究もある。

　ある程度の病院であれば自前で検体採取や検査ができるが、高齢者施設ではハードルが高い。その支援が重要である。

　大都市の歓楽街などで集中的に PCR 検査を行うことも有効であった。2020 年夏の東京・新宿での地域集中的検査が思い出される。しかしどのようにして多くの人に検査に参加してもらうようにするかは課題であったように思われる。検査して複数の陽性者が出ると店は営業できなくなる。全体の感染を抑えることがその地域を守り、店舗を守ることにつながることを理解してもらわなければならない。

　広島県が新型コロナウイルス感染拡大防止の「第 2 次集中対策」として、PCR 検査体制を大幅に強化した。感染者が多い広島市の 4 つの区（中区、東区、南区、西区）の住民約 60 万人と就業者約 20 万人で、合わせて 80 万人を対象に PCR 検査を行った。また、県内 5 カ所（広島市中区、同西区、東広島市、福山市、三次市）の PCR センターでは 2021 年 2 月末まで、高齢者施設や医療機関の関係者などを対象に無料で検査をした。対象は「高齢者施設・事業所、障害者（児）施設、医療機関、飲食店、消防署の救急隊員、廃棄物処理業、理美容業、しんきゅうマッサージ業」の従業員・関係者と、2 週間以内に広島市内の時短要請店で飲食した人である。クラスターが多発している医療機関や高齢者施設の職員に対する PCR 検査も、広島市、福山市の介護施設で月 2 回程度の検査を実施するなど強化した。

　面的な検査を行うことで、どの程度の感染者がいるのかを把握することができることは非常に重要であり注目すべきであろう。

(3) 新型コロナウイルスの変異株

　イギリスや南アフリカ、ブラジルなどで見つかった新型コロナウイルスの変異株が日本でも確認された。最大で 1.7 倍程度の感染力

があるといわれている。現在、感染研究所が解析を進めており、正確な感染力もわかってくることであろう。海外滞在歴がなく入国者との接触も確認されていない静岡県の3人から、イギリスで見つかった変異株が検出されたと厚生労働省が2021年1月18日に発表した。現在、引き続き調査中だが、国内で感染したと考えられる。検出した地域のモニタリングを強化して変異株の感染が広がっていないか調べなければならない。

　現在、変異株であっても感染伝播の様式は変わらない。症状のある人もいれば、無症状の人も半分くらいいる。無症状の人から感染することもある。

(4)　事業規模に合わせた飲食店への補償

　飲食店に対する営業時間の短縮要請が、感染防止対策として行われている。「感染レベルを下げるために協力してもらう」ということである。飲食店の経営者や従業員の人たちは生活がかかっている。時短要請に協力してもらえるような対策が必要だとずっと考えてきた。事業規模によっては1日6万円では足りないということであるならば、昨年の売り上げに対してどのくらい補償するかなどといった、議論が必要なのではないだろうか。しかし政府は真逆の施策を講じた。

3.　コロナ罰則

(1)　新型インフルエンザ対策特別措置法と感染症法の改正案を閣議決定

　政府は2021年1月22日、新型インフルエンザ対策特別措置法（以下「特措法」という）と感染症法の改正案を閣議決定し、政府・与野党連絡協議会で提示した。新型コロナウイルス対策で休業や営業時間短縮に応じない事業者や、入院を拒否した人への罰則規定が柱である。協議会で野党は罰則が「過重だ」として見直しを求め、政府・与党は2月初めの成立を目指し、法案修正も含めて対応を検討した。

　両改正案は、罰則の導入により感染対策の実効性を高める狙いがある。菅首相は1月22日の参院本会議の答弁で、「個人の自由と権利に配慮し、必要最小限の私権制限とした上で、支援や罰則の規定

を設けた」と理解を求めた。

　西村康稔経済再生相は「罰則の導入は、新型コロナに関する1年近い経験や教訓を踏まえた。昨春の緊急事態宣言時や、昨夏の感染拡大、そして今冬の感染者急増を受けて休業や営業時間短縮などをお願いしても、応じてくれない事業者がいた。全国知事会からも罰則を含めた法改正の強い要請を受けていた。特に昨年末は、時短要請に応じない飲食店が多かった。神奈川県では、午後10時までに時短要請に応じてくれた飲食店は2割にとどまったと聞く。年末は飲食店にとって稼ぎ時で、多くの人がクリスマスや忘年会などで飲食を楽しむ時期だったためだ。専門家はこの時期に繁華街の人出が減らず、感染が拡大したと分析している」「感染症法改正案についても、感染者が医療機関を無断で抜け出す事案がいくつか報道されている」と述べて、感染防止へ強制力が必要だと述べた[4]。

(2) 特措法・感染症法改正案
①特措法改正案

　特措法改正案では、緊急事態宣言の対象区域で、都道府県知事が飲食店などの事業者に休業や時短営業を命令できるようにする。応じない場合は50万円以下の過料を科す。命令には事業者への立ち入り検査などをできるようにし、検査の拒否には20万円以下の過料とする。

　宣言発令の前段階に、知事が予防的措置を行う「まん延防止等重点措置」も新設する。この措置でも知事は事業者に時短営業などを命令でき、応じない場合は30万円以下の過料を科す。

　要請や命令に応じた事業者には、国や自治体が支援措置を「効果的に講ずる」との義務規定を明記した。国が自治体に必要な財政支援を行うことも盛り込んだ。

②感染症法改正案

　一方、感染症法改正案では、感染者が入院を拒否した場合の刑事罰について「1年以下の懲役または100万円以下の罰金」と明記した。感染経路などを巡る保健所の調査への虚偽回答や調査拒否には、「50万円以下の罰金」を科す。厚生労働相や知事が医師らに対し、

病床の確保を勧告できる規定も明記し、正当な理由がなく従わなければ病院名の公表も可能とする。

(3) 法改定への反対論

　日本医学会連合会は 2021 年 1 月 14 日、国民の協力を「著しく妨げる恐れ」があるとして罰則に反対する緊急声明を発表した。日本医学会連合会は日本の医学界を代表する学術組織の連合体で、136 学会が加盟している。各学会に所属する会員は 100 万人に上る。

　緊急声明は、かつてハンセン病などで患者・感染者が強制収容され、「科学的根拠が乏しいにもかかわらず著しい人権侵害が行われてきました」と強調している。「現行の感染症法は、この歴史的反省のうえに成立した経緯があることを深く認識する必要があります」と述べている。

　罰則による強制は国民に恐怖や不安・差別をもたらし、感染症対策に不可欠な国民の参加と協力を「著しく妨げる恐れ」があるなど、感染抑止を困難にすると指摘している。「刑事罰や罰則を伴わせる条項を設けないこと」を求めている。

　日本公衆衛生学会と日本疫学会も同日、同様の趣旨から「刑事罰・罰則を伴わせることは不適切」とする声明を発表した。感染症法は前文で、ハンセン病患者や HIV 患者などに対する差別と偏見があった歴史を受け止め、その反省に立って、感染症患者の人権を尊重するとしている。罰則を設けることは、この法の精神に反するものである。

(4) 罰則は逆効果

①差別や偏見招く危険性

　感染症法改正案では、感染者が入院を拒否したり逃げたりした場合に「1 年以下の懲役または 100 万円以下の罰金」を科す。そもそも新型コロナウイルスに感染しているかどうかは PCR 検査をしないとわからない。検査に行かないことに対しての罰則はない。しかし検査で陽性だとわかると入院や宿泊施設、自宅での療養を指図される。この要請に従わないと罰則があるわけである。感染を疑われる人が罰則を恐れて、検査結果を隠したり、検査を受けなければ、

地域の感染状況がつかめなくなって、感染症対策や判断はさらに難しくなる。

　八尋光秀は「不安や恐怖をあおる政策は取るべきではない。公衆衛生政策の基本だ。まして刑罰や強制、不利益を振りかざしてはならない。感染の潜在化を深め、対策の空回りを招き、さらなる流行をもたらす。十分な支援と適切な情報提供によって克服すべきだ。好きで他人に感染させる人はいない。検査や治療の拒否は支援と情報の不足が原因だ」と述べている[5]。

　曽我部真裕は「憲法 22 条 1 項は『居住、移転の自由』を定めており、改正案はそれに対する強い規制となる。規制が必要かどうか検討するために『立法事実』があるのかどうかを確認すべきだ。具体的には、罰則のない現在の入院勧告・措置制度では対応できないケースが存在し、罰則導入によってそれが一定程度解決可能であることを示す必要がある」と述べている[6]。

　門田守人は「検査拒否や入院拒否に対する罰則について、その科学的根拠が示されていないことが問題だ。感染者が急増し、不安に思う人の気持ちも理解できる。ただ、これまでにどれだけ実害が出たのかも、罰則による感染防止効果の試算も示さず、『悪者をやっつける』といった情緒的な理由で議論が進んでいる感が否めない」。「入院したくても病院のベッドが空いておらず、自宅療養中に死亡する人も出ている中、あまりにもそぐわない」と指摘する[7]。

　特措法改正案では、都道府県知事が出す営業時間の変更などを事業者に要請し、この要請に従わない場合、事業者にも行政罰として過料を科す。緊急事態宣言が出ている場合では 50 万円以下の過料である。

　このような罰金制は、ただでさえ大変な飲食業者などに追い討ちをかけるものである。しかも違反した場合、誰が取り締まるのだろうか。保健所か警察かわからないが、取り締まられる人と見逃される人があったり、地域によって格差があったりして、市民の間に差別と分断が持ち込まれる可能性もある。分断し仲間外れを作って、攻撃の目標にするというやり方は必ず失敗する。

　感染症対策は、困った人に冷たい北風のような政策ではうまくいかないのではないか。感染者や困った人を助け、思いやりのある、

温かな太陽のような政策こそが基本ではないか。それを諦めて罰則さえやれば解決するということになっているとしたら、まったく間違っている。日本人は、どのような社会を作りたいのか、よく議論する必要がある。

　科学的根拠に基づいた政策で国民の納得と協力を得て、バイデン米大統領の言葉を借りるなら、「division」（分断）ではなく「unity」（団結）でしか、この国難は乗り越えられない。

②コロナ刑事罰撤回

　新型コロナウイルス対策をめぐり、自民党と立憲民主党は1月28日、新型インフルエンザ対策特別措置法と感染症法の改正案を修正することで合意した。感染症法改正案に盛り込んだ刑事罰は撤回する。入院に応じない感染者への「懲役」は削除し、「罰金」は行政罰の「過料」に切り替える。過料は、特措法改正案に規定したものを含めて減額する。自民党と立憲民主党の修正合意内容は**表序-2**のとおりである。

表序-2　自民党と立憲民主党の修正合意内容

	政府案	修正案
特別措置法	緊急事態宣言中、休業などの命令に応じない事業者に「50万円以下の過料」	「30万円以下の過料」に減額
	宣言の前段階の「まん延防止等重点措置」で休業などの命令に応じない事業者に「30万円以下の過料」	「20万円以下の過料」に減額
	（まん延防止等重点措置の国会報告の規定なし）	速やかな国会への報告を附帯決議に盛り込み
	休業者などに応じた事業者への財政支援を「効果的に講ずる」	政府の国会答弁や附帯決議で効果的な支援を担保
感染症法	入院に応じない感染者に「1年以下の懲役または100万円以下の罰金」の刑事罰	懲役刑を削除し「50万円以下の過料」の行政罰に
	保健所による調査の拒否や虚偽回答に「50万円以下の罰金」の刑事罰	「30万円以下の過料」の行政罰に

③コロナ改正特措法等成立

　2月3日、新型コロナウイルス対策を強化するための改正新型イン

フルエンザ対策特別措置法、改正感染症法、改正検疫法が参院本会議で、与党と立憲民主党、日本維新の会などの賛成多数で可決、成立した。休業や営業時間短縮に応じない事業者や入院を拒否した感染者に行政罰である過料を科す。周知期間をおいて、2月13日から施行される。

改正特措法は、緊急事態宣言の対象区域で、都道府県知事が飲食店などの事業者に休業や時短営業を命令できるようにした。応じない場合は30万円以下の過料を科す。要請などに応じた事業者に国や自治体が支援策を「効果的に講ずる」ことも合わせて明記した。

宣言発令の前段階で知事が感染抑止策を講じる「まん延防止等重点措置」も新設する。この段階でも事業者に時短営業などを命令でき、応じない場合は20万円以下の過料を科す。

改正感染症法は、感染者が入院拒否したり、入院先から抜け出したりした場合の罰則として50万円以下の過料を科す。新たに、厚生労働相や知事が医療機関に病床の確保を勧告できるようにした。改正検疫法は、国が感染者に自宅待機などを要請できるようにする。法改正にあたっては、自民、立憲民主両党が国会審議の前に政府案の罰則を緩和するなどの修正で合意したことは、**表序 -2** のとおりである。

改正法は、2021年度予算案よりも審議を優先するという異例の対応をとったことで、わずか4日間の国会審議でスピード成立した。

第3節　コロナと補正予算

1. 第1次補正予算

2020年4月に決定した第1次補正予算[8]による、介護領域への支援は次の通りである。

介護施設等の感染拡大防止のため、多床室から個室に改修する際に必要な費用を補助した。1定員あたり97.8万円が上限額であった。

新型コロナウイルス感染症の影響で介護職員等の出勤が困難になり、職員が不足する施設等に対して、応援職員の派遣や派遣調整を実施した。

休業要請を受けた事業所や、感染者が発生した施設・事業所、濃厚接触者に対応した施設・事業所に対して、消毒・清掃費用や、事業継承のための人員確保のための費用なども対象とした。

介護支援専門員研修とユニットケア研修について、在宅等で受講するための通信教材を作成した。

事業所規模に応じた補助上限額が引き上げられた（職員1〜10人の場合50万円の上限額が、100万円に引き上げ等）。補助対象については、介護ソフトやスマートフォンなどの機器だけでなく、Wi-Fi購入・設置費（通信費は含まない）なども対象となった。

移乗支援、入浴支援などで利用する介護ロボットについて、1機器あたり上限30万円の補助額を、上限100万円に拡充した。見守りセンサー導入のための通信環境整備については、1事業所あたり150万円の上限額が、750万円まで引き上げられた。補助上限台数も撤廃された。

2. 第2次補正予算

2020年5月27日に閣議決定した第2次補正予算[9] では、介護施設・事業所で働く職員に対して慰労金を支給した。新型コロナウイルス感染症が発生した、または、濃厚接触者に対応した施設・事業所に勤務する職員には1人20万円、それ以外の施設・事業所に勤務する職員には1人5万円が支給された。厚生労働省は、「職種によって限定されることはなく、利用者と接するすべての職員が対象。給付方法は所属する事業所経由になる」と説明した。

マスクやガウンなど、感染症対策に必要な物品の購入、専門家等による感染症対策の研修実施、感染症発生時などに柔軟に使える多機能型簡易居室の設置といった、感染症対策にかかる費用について支援する。

介護現場の感染症対応スキルの向上や、職員の精神的なサポートのために、事業者や従事者を支援する。事業内容は、介護事業所の感染防止対策のための相談・支援事業、感染対策マニュアル作成や専門家による研修など感染症対策スキルの向上事業、事業継続計画（Business continuity planning, BCP）作成支援事業、介護職員のためのサポートガイド作成や相談支援事業がある。

　ケアマネジャーや介護サービス事業所による、サービス利用休止中の利用者への利用再開支援として、アセスメント、ニーズ調査などを支援する。

　独立行政法人福祉医療機構による優遇融資を強化した。福祉事業については、無担保で 6000 万円（新型コロナウイルス感染者の発生による休業等で減収となった入所施設は 1 億円）の融資を、当初 5 年間までは無利子で受けられる。6000 万円を超える金額や、6 年目以降の利率は 0.2％である。

3.　第 3 次補正予算
(1)　2020 年 12 月 15 日の臨時閣議

　政府は 12 月 15 日の臨時閣議で、新型コロナウイルス感染症が拡大する中における医療機関の支援を盛り込んだ、2020 年第 3 次補正予算[10]を決定した。厚生労働省分は 4 兆 7330 億円（うち一般会計 3 兆 8010 億円）である。地域の医療提供体制を維持・確保するための医療機関などの支援には 1 兆 9374 億円を計上し、そのうち新型コロナウルス感染症緊急包括支援交付金による支援が 1 兆 1763 億円を占めた。

　5 月 27 日に閣議決定した第 2 次補正予算の緊急包括支援交付金は、第 1 次補正予算のそれが医療機関のみを対象としていたのと異なり、新たに介護・障害・子どもの 3 分野が加わったことは画期的であったが[11]、第 3 次補正予算は、経済構造の転換・好循環の実現といった経済重視の予算が 2.1 兆円加わったことが特徴と言えよう。

　新型コロナウイルス感染症との戦いが続く中、2020 年度は 3 度の補正予算が組まれた。1 次補正が 1 兆 6371 億円、2 次補正が 4 兆 9733 億円、3 次補正が 4 兆 7330 億円と、合わせて 11 兆円を超える額を補正予算として計上したことになる。

　厚労省の 3 次補正予算案は、新型コロナウイルス感染症の拡大防止策（2 兆 5484 億円）、ポストコロナに向けた経済構造の転換・好循環の実現（2 兆 1310 億円）、防災・減災、国土強靱化の推進など安全・安心の確保（535 億円）を 3 本柱としている。

　感染拡大防止では、医療・福祉事業者への資金繰り支援で 1037 億円を計上した。新型コロナの影響で休業か事業を縮小した医療・

福祉事業者の資金繰りを支援するため、福祉医療機構による無利子・無担保などの危機対応融資を引き続き行いつつ、審査体制も拡充する。

　PCR 検査や抗原検査など検査体制のさらなる充実は 672 億円で、行政検査の費用確保と抗原検査キットの買い上げなどを行う。

　ワクチン接種体制の整備には 5798 億円を確保した。新型コロナワクチン実用化後の体制整備と、シリンジ・注射針の確保などを実施する。これとは別に、ワクチンと治療薬の開発・安全性の確保については 1606 億円を盛り込んだ。

(2) 追加経済対策に重点

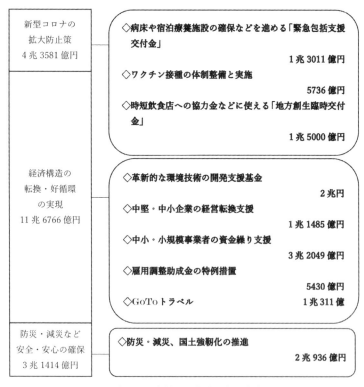

図序 -1　3 次補正予算案の主な内容

　新型コロナウイルスの感染拡大に伴う追加経済対策を盛り込んだ
2020 年度第 3 次補正予算は、2021 年 1 月 28 日夜の参院本会議で与
党と日本維新の会などの賛成多数で可決、成立した。予算総額は
15 兆 4271 億円で、当初予算と過去 2 回の補正予算を合わせた 2020
年度一般会計の歳出は、175 兆 6878 億円に膨らんだ。

　追加経済対策は「新型コロナの感染拡大防止策」、「経済構造の転
換・好循環の実現」、「防災・減災・国土強靭化」が柱で、歳出規模
は計 19 兆 1761 億円（図序 -1）。新型コロナ感染症の拡大防止や
「コロナ後」の経済構造の転換に向けた対応を強化する。ただ、
2020 年度の予備費や予算の余りがあるため、一般会計の追加歳出
は 15 兆 4271 億円となった。

　新型コロナ対策としては、医療機関の病床を確保する資金支給や
宿泊療養施設の確保などを進める「緊急包括支援交付金」に約 1 兆
3011 億円、ワクチン接種に向けた体制整備や 1 回 2070 円の接種費
用などに 5736 億円を計上した。診察や検査を行う医療機関での感
染拡大防止対策費用の補助には 1071 億円を、検査体制を充実させ
るため PCR 検査キットの買い上げ費用などに 672 億円を計上した
（表序 -3）。

表序-3　3 次補正の新型コロナ対策の主な内容

緊急包括支援交付金（1 兆 3011 億円）
都道府県が行う医療機関の病床や宿泊療養施設の確保などを支援する。国が費用を全額補助する。
ワクチン接種の体制整備・実施（5736 億円）
接種費用（1 回あたり 2070 円）や自治体の相談窓口や接種会場の整備などにあてる。
PCR 検査や抗原検査の充実（672 億円）
1 日約 20 万件の検査を行うため、検査キットを買い上げ。自治体などの検査・調査の費用を負担。
医療機関などでの感染拡大防止（1071 億円）
都道府県が指定した「診療・検査医療機関」や薬局、訪問看護事業者などの取り組みを支援。

　また、感染拡大で悪化が懸念される雇用環境や事業基盤の下支え
を図る。企業が従業員に支払う休業手当の一部を補助する「雇用調

整助成金」には 5430 億円を計上した。1 人あたりの日額上限を引き上げるなどの特例措置を、緊急事態宣言が全国で解除された月の翌月末まで延長する。緊急の生活資金を無利子で最大 20 万円借りられる「緊急小口資金」の申請期限は、3 月末まで延長した。さらに、今回の緊急事態宣言の再発令に伴い、政府は 3 次補正とは別に、2020 年度の予備費などを財源とする経済支援策を打ち出している。営業時間の短縮要請に応じた飲食店などを支援するための地方創生臨時交付金には、1 兆 5000 億円を積み増した。宣言の対象区域で、自治体による営業時間の短縮要請に応じた飲食店に支払う協力金を、1 日最大 4 万円から最大 6 万円に引き上げた。こうした飲食店の取引先で、売上高が半減した中小事業者などには最大 40 万円の一時金を支給する。経済産業省は 3 月にも申請の受け付けを始める。資金繰りの支援のため、官民の金融機関による実質無利子・無担保融資の上限額も引き上げる。

　政府の観光支援策「Go To トラベル」事業については、6 月末まで延長する費用に約 1 兆円を計上した。菅内閣が看板政策と位置付ける脱炭素社会に向けた技術開発を支援する基金には 2 兆円を積んだ。立憲民主党や共産党は「Go To トラベル」事業を撤回し、医療費などに振り向けるべきだとして予算の組み替えを求めたが、否決された。菅首相は 1 月 28 日の参院予算委員会で、「1 日も早く感染を収束させ、国民が安心して暮らせる日常や、にぎわいのある街を取り戻す」と強調した。

4. 説得力に欠ける第 3 次補正予算

　新型コロナウイルスの爆発的感染拡大を抑制し、暮らしと経済を守るために政治があらゆる力を注ぐべきである。補正予算案は緊急事態宣言前の編成で、19 兆円のうちコロナ対策は 4.4 兆円にすぎず、医療崩壊が進み介護福祉施設のクラスターが発生している現下の局面に対応できていない。感染防止に逆行する「Go To」事業の延長や災害復旧以外の事業を盛り込んだ国土強靭化など不要不急の経費が大半を占め、2816 億円の兵器購入の前払いは補正予算を悪用した軍拡であり、緊急性はまったくない。医療の強化、検査の徹底、十分な補償など不安を抱え苦境にあえぐ国民の願いに応えるものに

組み替える必要があったのではないかと考える。

第4節　本書の概要

1. 新型コロナ感染症と介護経営

「第1章　感染拡大第1波と介護経営」は、「第1節　問題の所在」の背景として、「緊急事態宣言」から「解除宣言」まで（2020年3〜5月）の期間について述べている。新型コロナウイルス感染症の影響で、介護事業所経営は厳しい状況が続いている、と一般的に言われ、複数の調査報告書でも介護事業所の経営難とともに、利用者へのしわ寄せが起きているとの報道も聞こえてきた。この当時の課題は、通所型やショートステイでは利用者の「不安だから行かない」と、事業所の「不安だから自粛」が重なり、利用者が激減し、経営が困窮し、場合によっては非常勤職員の雇い止めなども起きたことであった。

　本章は、こうした状況を確認するために、資料調査の方法で研究することにした。介護事業所の経営状況は厳しいのか、そしてその原因は何か。また、どのような介護サービス事業者が利用者との関係で経営が厳しくなっているのか。それらを調査することが目的であった。

　「第2節　感染拡大第1波と介護経営の調査対象と方法」では、新型コロナウイルス感染症に関する主な調査報告について述べた後、調査対象を全国介護事業者連盟「新型コロナウイルス感染症に係る経営状況への影響について『緊急調査』集計結果」と「新型コロナウイルス感染症の介護サービス事業所の経営への影響に関する調査研究事業（速報）」（株式会社三菱総合研究所）の2つの調査に絞った。調査方法は、2つの調査報告書を分析する形で行う資料調査である。調査方法等の限界を考慮しながら、データ分析することとした（「第3節　感染拡大第1波と介護経営の調査結果」）。

　「第4節　感染拡大第1波と介護経営の考察」では、二つの調査結果から課題を抽出し、他の調査結果からの知見も加えて述べている。「全国介護事業者連盟調査」では、「経営への影響」は通所系の

影響が最も大きく、次に訪問系が続き、施設系への影響はサービス種類別に見ると、他のサービスとの比較では小さいということであった。通所系のサービスへの影響が大きかったことは、利用者の自粛によるサービス利用控えが原因であると推測できる。施設系サービスへの影響が小さかったことは、施設は生活の場であり居宅であるので、利用控えは起こりにくかったためと考えられた。

「三菱総合研究所調査」では、収支全体では、新型コロナ感染症の流行前と比較して「悪くなった」と回答した割合は、5月で47.5%、10月で32.7%であった。サービス別の回答でも、「悪くなった」と答えた事業所は通所系サービスでは5月も10月も高い傾向が続いたものの、収支全体同様に10月は5月より「悪くなった」の回答は減少し、先に見た3月・4月や、そしてこの調査の5月と比べて和らいだ格好となった。他方、支出全体をみると、コロナ流行前と比べて「増えている」と回答した事業所割合は5月で54.7%、10月で53.3%と支出増が続いていた。

「調査からの知見と今後の課題」は、新型コロナウイルス感染症による介護事業所の経営への影響は大きいが、サービス別にみた場合には影響は濃淡があった。しかし利用者の利用控えと事業所の自粛により減収の介護事業者は多く、特に衛生用品に係る経費が増加していることは、事業所の経営悪化の要因となっていた。このような調査結果は予測した通りであり、一般的に受け入れやすい結果であった。

「第2章　感染拡大第2波と介護経営」は、「第1節　問題の所在」の背景としての政府等の「緊急事態解除宣言」以降の動向（2020年6〜9月）について述べている。「課題の設定」では、介護事業所の経営状況はいつ変化したのか、そしてその原因は何か。それらを調査することを課題設定とした。ただし、資料の限界から、2020年度6月、7月、8月、9月を対象としたが、緊急事態宣言解除発令以降から新型コロナウイルス感染症拡大の第2波の時期であった。

「第2節　感染拡大第2波と介護経営の調査対象と方法」では、国保中央会が2020年8月19日に公表した2020年1月から7月審査分の「介護保険の事業者の支払い状況等」審査報告と10月19日

に公表した 2020 年 9 月審査分の「介護保険の事業者の支払い状況等」審査報告を調査対象とした。調査方法は、2 つの調査報告を分析する形で行う資料調査である（「第 3 節　感染拡大第 2 波と介護経営の調査結果」）。

「第 4 節　感染拡大第 2 波と介護経営の考察」では、新型コロナウイルス感染拡大の影響で、特に 5 〜 6 月審査分は支払事業所数、明細書件数ともマイナスまで落ち込み、保険給付額も前年同期比で 5 月と 6 月は下がったが、7 月審査分では回復しつつある状況がうかがえた。法人種別の動向では、社会福祉法人、NPO、協同組合、地方公共団体等の介護事業所が減少する中で、営利法人の介護事業所が大きく増加した。サービス種類別の動向では、サービス種類別保険給付額を見ると、全体としてはプラスに転じた。サービス種類別保険給付額を見ると、全体としてはプラスに転じているが、サービス種別で回復したものと回復できていないサービスが混在していることが特徴であった。都道府県別及びサービス種類別保険給付額の動向では、6 月審査ではマイナスの都県が 10 都県あったが、7 月審査では 47 都道府県すべてでプラスに転じた。しかし、保険給付額の前年同月比（サービス種類別）では、全体では 7 月、8 月、9 月までプラスが続いている。サービス別に見た場合、7 月と比べて 8 月、9 月で悪化したサービスがある。同様に 7 月と比べて 8 月、9 月で改善したサービスもある。結論として、サービスに関しては、傾向として悪化と改善が交錯しており、現段階で原因を特定できなかった。

「第 3 章　感染拡大第 3 波と介護経営── 2015 〜 19 年度の事業所経営状況分析からの示唆──」は、「第 1 節　問題の所在」の背景としての政府等の主な動向（2020 年 10 〜 12 月）では、10 月 26 日に臨時国会が招集され、菅義偉首相が所信表明演説したところから、12 月 26 日に厚生労働省が英国で流行している変異種が見つかったと発表し、政府は同日、全世界からの外国人の新規入国の停止を発表した、いわゆる第 3 波の時期に相当する。「課題の設定」では、本章執筆時点の 12 月においては、10 月以降の経営状況を知る資料は入手できない。そこで、そもそも新型コロナウイルス感染症拡大前の経営状況はどうだったかを知る必要があると考えた。本章

では、2015 ～ 19 年度の事業所の経営状況を分析するとともに、とりわけ 2018 年度と 19 年度の経営状況を検討することとした。同時に、政府がこの間取り組んできた介護職員の処遇改善についても分析した。

　「第 2 節　2015 ～ 19 年度の事業所経営状況分析の調査対象と方法」は、「介護事業経営実態調査結果の概要」と「令和 2 年度介護事業所経営実態調査結果（実態調査）」、そして「介護従事者処遇状況等調査結果」と「令和 2 年度障害福祉サービス等従事者処遇状況等調査結果」のデータを利用した。調査方法は、4 つの調査報告を分析する形で行う資料調査である（「第 3 節　2015 ～ 19 年度の事業所経営状況分析の調査結果」）。

　「第 4 節　2015 ～ 19 年度の事業所経営状況分析の考察」では、2015 ～ 19 年度（5 年間）の集計結果は、2019 年と 2015 年度との増減を見ると、▲ 1.4 ポイントの減少であった。令和 2 年度介護事業所経営実態調査では、2019（令和元）年度の決算に基づく介護サービス全体の収支差率（税引き前）が、2018（平成 30）年度から 0.7 ポイント低下し 2.4％になったことは特に重視すべきであった。収支差率の悪化の原因として、厚労省は介護人材の確保が課題となる中で人件費が増加していることを指摘した。人材紹介手数料負担について調べてみると、福祉・医療分野の人材不足が進むなか、人材紹介手数料が経営の負担になっていた。令和 2 年度介護従事者処遇状況等調査と令和 3 年度介護報酬改定からは、介護・障害双方で直接処遇に従事する経験・技能を有する者の処遇改善が進んだことが示された。

　令和 2 年度障害福祉サービス等従事者処遇状況等調査結果から、「福祉・介護職員等特定処遇改善加算」を取得している事業所は 53.3％で、2019 年度と 2020 年度の比較では、全体（平均勤続年数は 10.6 年）で 2 万 1540 円増加した。「既に賃金が年俸 440 万円になっている者がいる」割合が 6 割となっていたり、「改善後に賃金が年俸 440 万円以上となる賃金改善を実施」の事業所が 38.4％あったりなど、改善が進んでいる様子がうかがえた。

2.　コロナ危機と介護保険制度の主な論点

「第4章　コロナ危機と介護報酬特例」は、「第1節　問題の所在」において、厚労省通達「第12報」のコロナ禍の特例措置として厚労省が認めた介護報酬「引き上げ特例」が現場の混乱や不満を招いたと述べた上で、課題の設定として、利用者負担の問題等4つの課題を取り上げた。そもそも通知の内容は通所系サービス事業と短期入所系サービス事業について、利用者から事前同意を得ることを条件に、通常とは異なる介護報酬を臨時的に算定可能とするものであった。

「第2節　コロナ危機と介護報酬特例の調査対象と方法」では、調査資料として厚生労働省老健局「新型コロナウイルス感染症に係る介護サービス事業所の人員基準などの臨時的な取り扱いについて（第12報）」の事務連絡と別紙、及び参考資料と、三菱総合研究所が実施した「新型コロナウイルス感染症拡大防止に係る取組に関する通所介護事業所への調査結果」を利用した。調査方法は、資料と調査報告の2つを分析する形で行う資料調査である（「第3節　介護報酬特例の失敗」）。

「第4節　コロナ危機と介護報酬特例のまとめ」では、社会保障審議会介護給付費分科会が、通所系サービスで新型コロナウイルス感染症の影響を踏まえて実施してきた報酬区分の2段階上乗せして請求できる特例措置を2021年3月末で廃止し、利用者の減少にあった場合の減収を補うための新たな報酬上の対応を導入するとしたことは妥当と考えた。新たな報酬上の対応は2021年4月に導入し、通所介護や通所リハビリテーションを対象とすることとなった。

この問題は、コロナ対策の負担を、不安と体力低下の介護保険利用者につけかえることであり、受けているサービスの量は変わらないのに、サービス単価をアップし、それを利用者に負担させるのは「誤り」である。これこそ国の財源で負担すべきであった。2段階特例の廃止は、適当と考えるし、今回のような特例を制度設計することは、事業者の困難を利用者への負担に置き換える施策であり、やはり制度上無理があった。

「第5章　コロナ危機と介護人材」は、「第1節　問題の所在」の背景として、要介護（要支援）者数と介護者数の推移について述べ、

国は、①介護職員の処遇改善、②多様な人材の確保・育成、③離職防止・定着促進・生産性向上、④介護職の魅力向上、⑤外国人材の受入環境整備など総合的な介護人材確保対策に取り組むこととしていると指摘した。そして「課題の設定」では、現在においても、現場の深刻な介護人材不足によって、介護保険制度はあっても、実際にサービスを依頼しても利用できない事態が生じていることを踏まえて、新型コロナウイルス感染症の拡大が人材不足の面から追い討ちをかける状況となっていることを課題とし、コロナ禍で何が求められているかについて検討した。

　「第2節　コロナ危機と介護人材の調査対象と方法」では、調査対象資料は、厚生労働省の「2017（平成29）年度介護従事者処遇状況等調査結果の概要」及び「2020（令和2）年度介護従事者処遇状況等調査結果の概要」を参考にしながら、「介護人材の処遇改善について」（社会保障審議会介護給付費分科会資料）のデータを主に利用した。調査方法は、調査対象の調査結果報告を分析する形で行う資料調査である（「第3節　介護人材の分析」）。

　「第4節　コロナ危機と介護人材のまとめ」では、介護職の賃金・有効求人倍率・就業形態と年齢構成を確認し、2014年から一般職業紹介の有効求人倍率（年平均）の2倍以上で高止まり状態であり、なかでも2019年のホームヘルパーの同倍率は15倍を上回っていること、そして2019年の一般職業紹介と比べて9.34倍にもなっていること、背景には高齢化したホームヘルパーの離職の広がりがあることは深刻であると指摘した。そして、「これまでの政府の取り組み」と「2040年問題と介護人材」について補足的に述べた上で、「まとめ」として、介護人材の確保策は処遇改善施策を中心に取り組まれて、一定の効果を見せてきているが、未だ限定的であること、外国人の受け入れ策についても進んできているものの、十分な効果を確認できるまでに至ってはいないこと、介護分野への人材の参入促進を含めた総合的な人材確保の取組について、引き続き検討していくとともに、介護人材の確保等の目的が達成されたか状況を迅速に把握しつつ、効果検証を行っていくべきであると述べた。

　「第6章　コロナ危機と介護報酬改定」は、「第1節　問題の所在」として、新型コロナウイルス感染症拡大によって、介護事業所経営

が厳しくなっている状況下で、これまでの報酬改定の経過を踏まえて、2021（令和3）年度の介護報酬はどのようになったかを知ることが本章の目的である。そして「課題の設定」は、新型コロウイルス感染症によって急に経営悪化した事業所がないことはないが、むしろそれまでの介護報酬と経営状況の関係はどうだったかを知ることで、新型コロナウルス感染症拡大は介護保険制度そのものの問題点を明らかにしたのではないかと考え、これまでの介護報酬について分析するとともに、令和3年度介護報酬改定について検討することとした。

　「第2節　コロナ危機と介護報酬改定の調査対象と方法」では、過去の介護報酬改定資料、「令和3年度介護報酬改定に関する審議報告」、「令和3年度介護報酬改定に関する審議報告の概要」及び「令和3年度介護報酬改定の主な事項について」を利用した。「調査方法」は、過去の報酬改定資料とそれに付随する資料、そして令和3年度介護報酬改定資料等を分析する形で行う資料調査である（「第3節　介護報酬改定と介護保険法改正」）。

　「第4節　コロナ危機と介護報酬改定のまとめ」では、まず「2021年度介護報酬改定」について、「令和3年度介護報酬改定に関する審議報告から公布まで」の経過について述べ、全体の改定率は、新型コロナウイルス感染症によるかかり増し経費分0.05％増も含めて改定率を0.70％増とする案を2020年末の厚生労働大臣と財務大臣の折衝で決めた。このように全体の改定率は＋0.70％とし、このうち新型コロナウイルス感染症に対応するための特例的な評価として0.05％（令和3年9月まで）をあてることが決まった。これを踏まえ、原則として全サービスに基本報酬を引き上げるとともに、全サービスについて4月〜9月末までの間、基本報酬に0.1％を上乗せして評価することになった。

　次に、「コロナ禍の中での改定」について（1）感染症や災害への対応力強化、（2）日頃からの備えと業務継続に向けた取組の推進について述べた。3番目に、「通所サービスにおける利用者減少時の報酬上の対応」、4番目に「介護人材の確保・介護現場の革新」について「人材確保と介護現場の革新の取組の経過」と「介護職員の処遇改善や職場環境の改善に向けた取組の推進」について述べた。

5番目には、「介護危機と2021年度介護報酬改定のまとめ」として「人手不足の中で介護サービスの質の維持・向上を実現できるのか」と「テクノロジーを過大期待することへの懸念」について述べた。人材確保をいうならば人員確保と介護報酬を大幅に引き上げるべきではないかと考える。テクノロジーを否定するつもりは全くないが、頼りすぎるのは、現状では難しいと判断しているとまとめた。

3. コロナ危機と保健医療政策・経営

「補章　コロナ危機と保健医療政策・経営」は、3つの論考で構成している。

「第1節　新型コロナと保健医療政策」は、まず「医療崩壊の危機」について述べている。安倍晋三首相も、2020年5月4日に全国の「緊急事態宣言」を5月末まで延長させた第一の理由に「医療現場の逼迫した状況を改善すること」を挙げた。そして5月25日、国は緊急事態宣言を全面解除した。本節は、コロナ問題が日本社会に投げかけた現在の保健医療政策の課題について述べることを目的としている。

次に、「コロナ問題は国民の前に何を示したか」では、保健医療提供体制について、まず、コロナ対策の第一線をになった保健所の機能が非常に脆弱であることを国民の前に示したこと、第二に、感染症病床は2000年の2396床から2017年の1876床に大幅に減少しており、政策医療としての感染症対策への国の認識不足を改めて示したことになった。第三は、感染症罹患者が重症化した際に入院するICU（集中治療室）が諸外国に比べて少ないことを、今回のコロナ問題はあらわにした。

3つ目の「保健医療政策に何が必要か」では、第一に、保健所の機能強化が必要であることはもちろんであるが、保健所数を減少させてきた反省に立つならば、適正な保健所数の設置が必要であろうし、職員数の増員や公衆衛生に携わる医師の確保も必要であることを述べた。

第二に、保健医療提供体制については、第1に現在の地域医療構想の「2025年の医療機能別必要病床数」には感染症病床が含まれていないので、それが加えられて議論されるべきであること、第2

40

に、「2025年の医療機能別必要病床数」で想定されている高度急性期・急性期病床の大幅削減の見直しが図られるべきであること、関連して、病床削減の大きな柱とされてきた公立病院の統廃合計画も大幅な見直しがされなければならないことについて述べた。そして第3は、第2の効率至上主義との関連でいえば、「効率」を追求するあまり現場に余裕がない医療提供体制の地域医療構想は見直すべきであるし、医師不足も同様であることを述べた。

　第三は、保健医療提供体制強化のために必要な財源の問題である。第1に、今回のコロナ問題では、「医療崩壊するのでは」との国民の不安を解消するために、そして次々に入院してくる感染症者を前にして自分も罹患する恐怖と闘いながら最前線で献身的に医療に従事する医療者を鼓舞するために、国は医療対策のために泥縄的に補正予算案を発表したり、診療報酬の引き上げを柔軟な対応として行ったりしたが、医療機関で必要となる膨大な財政的負担を補償する内容とはなっていないことが問題であった。第2に、医療用マスクや防護服、消毒薬など新型コロナと闘う武器もまったく足りていない状態が続いたことは今後の課題であった。第3に、政府は診療報酬の抑制も続けているため、多くの病院が赤字経営を強いられている。こういったぎりぎりの状況で診療を行っている医療機関への租税財源の特別措置は必要であり、税による財源を予算手当てすることとなると述べた。

　4つ目の「問われる強欲資本主義」では、今日の貧困・格差や地球温暖化、大規模な乱開発を進めてきた強欲な資本主義が問われているのは事実であるが、新型コロナが日本国民と保健医療提供体制に突きつけた課題は多い。感染症との闘いは保健医療政策的課題であると同時に、多様な社会問題への対処という課題も提起した。

　「第2節　新型コロナ感染拡大と医療機関経営——第2波に備えて財政支援を」は、まず「問題の所在」として、本節では、医療政策上最も懸念される「医療崩壊を防ぐために、医療機関への早急な財政支援の必要性」について述べた。そのために、まず医療機関の経営状況を確認した。

　「病院の経営状況」は、2020年5月27日、日本病院会、全日本病院協会、日本医療法人協会の3病院団体が、「新型コロナウイル

ス感染拡大による病院経営状況緊急調査（最終報告）」を公表した
ことを述べた。医業利益と医業利益率をみても、①有効回答全病院、
②コロナ患者入院未受入病院、③コロナ患者入院受入病院、そして
④一時的病棟閉鎖病院を 2019 年と 2020 年を順にみると、③コロナ
患者入院受入病院と④一時的病棟閉鎖病院の 5 月度の医業利益は 1
億円前後の赤字である。②コロナ患者入院未受入病院でも 5 月度は
2 千百万円超の赤字であった。そして①〜④まで、2020 年 5 月度は
4 月度より赤字額が増加していることが特徴であった。

　3 つ目に、「診療所の経営状況」は、6 月 9 日に、日本医師会が
「新型コロナウイルス感染症対応下での医業経営状況等アンケート
調査（2020 年 3 〜 4 月分）」を公表したことを述べた。本調査は、
新型コロナ感染症拡大期における医療機関経営の状況を把握するた
め、2019 年および 2020 年 3 月、4 月の保険診療の状況を調査した
ものである。診療所の経営への影響については、無床診療所の例が
示されている。2020 年 4 月の保険収入対前年同月比をもとにその
他の収入も同様に変化したとして計算しており、固定費は変わらな
いものとしている。結果、医業利益は「4 月単月で 100 万円の赤字
になるほどの影響があった」。内科、小児科、外科についての計算
では、それぞれ順に 60 万円、221 万円、185 万円の赤字が試算され、
「院長給与を含む固定費削減などの対応がまったなしの状況であり、
現実に大胆な経費削減が断行されているものと推測された（その結
果、計算上の赤字幅はやや圧縮されている可能性もある）」と医師
会では推察していた。

　4 つ目に、「医療機関への財政支援を」は、病院経営調査と診療
所経営調査から、このままでは、新型コロナ感染症の次の波が来る
前に、医療機関が経営破綻しかねない。医療崩壊を防ぐために、政
府は、病院と診療所への財政支援を急ぐべきであると指摘した。

　「第 3 節　新型コロナと薬局経営」では、「問題の所在」として、
本節の目的は、新型コロナウイルス感染症が薬局経営に与える影響
について、検討することであった。日本薬剤師会調査と日本医師会
調査から、新型コロナウイルス感染症の薬局経営への影響について
述べている。2 つの調査から得られた知見を踏まえて、主張が異な
るのはなぜなのか、最後に検討した。

　2つ目の「日本薬剤師会調査」は、「新型コロナウイルス感染症による薬局経営への影響について」（2020年9月8日）である。調査①の結果を見ると、処方箋受付回数、技術料（調剤技術料・薬学管理料）、薬材料・特定保険医療材料のいずれも、2〜5月にかけて前年同月と比べて大幅に減少した。6月は回復の傾向が見られたもののマイナスとなり、7月は再び減少に転じている。

　調査②では、処方箋受付回数、調剤報酬、技術料（調剤技術料・薬学管理料）、薬材料・特定保険医療材料のいずれも、2〜5月にかけて前年同月比で大幅に減少しているが、6月には一定の回復傾向を示している（全国）。「地域別に見ると、東日本の方が西日本に比べて影響が大きく出ている」と日本薬剤師会は分析している。特に東京は他地域と比べて影響が大きく、5月の処方箋受付回数は▲26.5%と大幅に減少していた。同月の調剤報酬は▲14.0%、技術料は▲21.6%、薬材料・特定保険医療材料は▲11.5%であった。

　3つ目の「日本医師会調査」は、「2020年4〜6月の調剤薬局等の経営状況」を分析した結果を公表し、見解を述べている。分析のポイントはシンプルで、「①2020年4〜6月において、医科病院・診療所の医業収入対前年同期比は、▲10%かそれ以下であった。医業利益もマイナス（赤字）。②一方、調剤薬局、ドラッグストア等（以下、調剤薬局等）の調剤関連事業売上高（調剤報酬と薬材料）は対前年同期比プラスであった。M&A、新規出店、長期処方が主要因であるが、2020年度の調剤報酬プラス改定も一部寄与したものと見られた。また、調剤薬局等の営業利益はプラス（黒字）であった。③長期処方の影響については、一年を通して見る必要があるが、仮に医科、調剤の差がこのまま推移すれば、次期診療報酬改定で配分の見直しも必要であると考える。④また、医科病院・診療所の経営が著しく厳しいことがより明らかになったことから、あらためて国に対して経営支援を要請したい」ということであった。

　4つ目の「新型コロナと薬局経営の考察」は、日本医師会の発表は、医科と調剤を比べて論じるなら、そのとおりであるが、問題は、調剤薬局とドラッグストアを同じに論じることは少し乱暴と考えた。そもそも、調剤専業とドラッグストアとで機能に差があることは周知の事実である。しかも大手調剤薬局およびドラッグストアは、

M&Aや新規出店効果によって売上高を伸ばしている。特にドラッグストアがシェアを拡大する一方、大手のなかでもやや中堅の調剤薬局はシェアを縮小させている。ドラッグストアは、調剤チェーンほどには「門前型」ではないので、過去の処方箋集中率を要件とした調剤報酬適正化の影響が小さかった経緯がある。

　日本薬剤師会調査結果が示したとおり、2020年を通して見た時、一時的に薬局経営への影響が和らぐ月があるものの、前年同月比でマイナス基調であると考えるほうが自然であった。

4. コロナ危機2年目の介護経営の課題

　「終章　コロナ危機2年目の介護経営の課題」は、まず、「第1節　2年目のコロナ危機」で「2回目の緊急時停宣言の発令」と「緊急事態宣言の延長」について述べた。

　「第2節　高齢者施設でのクラスターの発生」では「介護の現場」は、幸いなことに、日本では、介護施設の新型コロナ感染と死亡は、欧米よりもはるかに少なかったことについて述べた。なぜ、日本は死亡者が少ないのか。その最大の理由は、トリアージによって高齢者を差別していないことであった。加えてインフルエンザに対応するため、感染症対策の準備が整えられていることがあった。「介護崩壊を防ぐために原則入院の徹底を」では、医療崩壊につながる介護崩壊を防ぐ方策として、原則入院対応の徹底が重要であると指摘した。「第3波でのクラスターの増加」では、第3波の特徴として高齢者施設でのクラスターが増加したことを指摘した。

　「第3節　新型コロナウイルスワクチン」は、まず「新型コロナウイルスワクチンの優先接種」について述べた。そして、「長期的安全性は未知数」であり、「ワクチンの忌避」は「世界の健康に対する10の脅威」の一つであると指摘した。

　「第4節　むすび——介護は国民生活に欠かせない社会資源」では、コロナ禍1年を通して、医療はもちろんだが、介護事業もコロナ禍で国民生活に欠かせない社会インフラであることが明らかになったことを述べた。幅広く国民に介護職員の処遇改善を訴え、介護人材を確保し、介護サービスの基盤を守るべきであろう。そのためには、まだやらなければならないことはたくさんある。

　コロナ禍が収束するにしろ第4波がくるにしろ、現在の介護事業所の経営を維持できるよう、政策を打たなければならない。第3波でわかったことは、高齢者が重症化すると、当然死亡者数が増加するが病床を重傷者が埋めてしまうことで、自宅待機の感染者や高齢者施設の感染者を病院側が受け入れできない状況を作り出してしまうことであった。

　多大なる財源を投入し、守るべきことは介護事業所の運営継続を可能にすることで、利用者やその家族の生活が安心して維持できることである。度重なる介護施設等でのクラスターの発生報道などを聞くたびに、決して他人事とは思えなくなってきているのではないか。介護事業者は可能な限りの対策を講じ続け、高齢者の生活を守らなければならない。そのための対価として十分な報酬改定がなされたのかは今後の検証を待たなければならないが、今回の報酬改定の内容を最大限有効に活かす努力をすることが重要であろうとまとめた。

5.　資料　2年目を迎えたコロナとの戦い（政府等の動向）

　2020年のコロナ禍1年を過ぎて、社会保障に関するさまざまなデータが公表され始めてきた。2年目を迎えた2021年のコロナ感染症との戦いの経過を述べるに当たって、政治の動向を幅広く捉えて、国内外の主な出来事を発生順に、資料としてまとめることとした。

　主な出来事は、2021年1・2月を対象として、マスコミの各種報道をもとに作成した。尚、読者に読みやすいように筆者が小見出しをつけた。

　「1.　2回目の緊急事態宣言の発令（2021年1月）」と「2. 医療提供体制の逼迫と緊急事態宣言の延長（2021年2月）」に分けて、それぞれ記述した。

注・文献

1)　結城康博は、新型コロナの第2波以降の2020年10月から21年2月まで、事業所における利用者やその家族、従事者のなかから陽性者や濃厚接触者

が発生したかどうか、陽性者の発生を理由に休業・休止したかを聞いた。その結果、自身が働く事業者で感染者（陽性者）が「発生した」と答えたのは32.5%、「発生していない」と答えたのは65.9% であった。訪問介護の約5割、ケアマネジャーの約3分の1、介護施設とデイサービスのそれぞれ約4分の1が発生したと回答していた（結城康博「令和3年新型コロナ問題における介護現場の実態調査報告」2021年2月22日）。

2) NHK「特設サイト　新型コロナウイルス」(https://www3.nhk.or.jp/news/special/coronavirus/data-all/).

3) 港区みなと保健所の松本加代は、「次々と大変なことが加わっていく中で、不安や絶望のような空気になることが何度かありました。保健所と医療機関の両方に影響する案件としては、2020年4月以降に導入されたCoCoA（接触アプリ）やHER-SYS（患者登録システム）もそうです」と述べている。電話対応や入力困難の問題から、現場が混乱した様子がうかがえる（「感染症新時代　病院はどう生き抜くか　第5回　港区みなと保健所長インタビュー（1）」『病院』80巻2号、2021年2月 pp.78-81）。

4) 西村康稔「論点スペシャル　感染防止へ強制力必要」『読売新聞』2021年1月29日。

5) 八尋光秀「オピニオン　不安と差別を産む。撤回を」『毎日新聞』2021年1月25日。

6) 曽我部真裕「オピニオン　監視強化し、運用は丁寧に」『毎日新聞』2021年1月25日。

7) 門田守人「論点スペシャル　差別や偏見招く危険性」『読売新聞』2021年1月29日。

8) 厚生労働省「令和2年度厚生労働省補正予算（案）の概要」。

9) 厚生労働省「令和2年度厚生労働省第二次補正予算（案）の概要」。

10) 厚生労働省「令和2年度厚生労働省第三次補正予算（案）の概要」。

11) 小磯明「二木立氏『コロナ危機が日本社会と医療・介護・社会保障に与える影響』講演報告」公益財団法人政治経済研究所「政経研究時報」No.23-2、2020年10月、pp.2-5。

I　新型コロナ感染症と介護経営

第1章 感染拡大第1波と介護経営

第1節　問題の所在

1. 背景としての「緊急事態宣言」から「解除宣言」まで（2020年3〜5月）

　新型インフルエンザ等対策特別措置法の一部を改正する法律案に対する附帯決議において、「四　特定都道府県知事及び特定市町村長並びに指定公共機関及び指定地方公共機関は、新型インフルエンザ等緊急事態措置を実施したときは、遅滞なく、その旨及びその理由を政府対策本部長に報告すること、政府対策本部長は、報告を受けた事項を取りまとめ、緊急事態宣言の実施状況について、適時に国会に報告すること。」（令和2年3月11日衆議院内閣委員会）及び「五　特定都道府県知事及び特定指定市町村長並びに指定公共機関及び指定地方公共機関は、新型インフルエンザ等緊急事態措置を実施したときは、遅滞なく、その旨及びその理由を政府対策本部長に報告すること。政府対策本部長は、報告を受けた事項を取りまとめるとともに、緊急事態宣言の実施状況について、適時に国会に報告すること。」（令和2年3月13日参議院内閣委員会）とされている[1]。

　以下の報告は、両附帯決議に基づき、2020（令和2）年4月7日から5月25日までの期間における、新型コロナウイルス感染症緊急事態宣言の実施状況についてまとめたものである。

　政府は、2020年3月26日から新型コロナウイルス感染症対策を推進するため必要と認める期間、新型インフルエンザ等対策特別措置法（平成24年法律第31号）第15条第1項の規定に基づき、新型コロナウイルス感染症対策本部を設置した[2]。

　その後、安倍晋三総理は 2020 年 4 月 7 日、首相官邸で開いた新型コロナウイルス感染症対策本部で、緊急事態宣言を発令した [3]。緊急事態宣言は、改正新型インフルエンザ等対策特別措置法第 32 条第 1 項の規定に基づき発出された。埼玉、千葉、東京、神奈川、大阪、兵庫、福岡の 7 都府県を対象に 4 月 7 日〜 5 月 6 日の 1 カ月間、外出自粛を強く要請した。

　宣言で安倍晋三首相（当時）は、「もっとも重要なことは、何よりも国民の皆様の行動変容、つまり、行動を変える。専門家の試算では、私たち全員が努力を重ね、人と人との接触機会を最低 7 割、極力 8 割削減することができれば、2 週間後には、感染者の増加をピークアウトさせ、減少に転じさせることができます」。「効果を見極める期間も含め、ゴールデンウイークが終わる 5 月 6 日までの 1 カ月間に限定して、国民の皆様には、7 割から 8 割削減を目指し、外出自粛をお願いします」と述べた。

　新型コロナウイルスの感染拡大が続くなかで、政府は 4 月 16 日、特別措置法に基づく緊急事態措置を実施すべき区域に、40 都道府県を追加し、緊急事態宣言を全都道府県に拡大した（期間は 5 月 6 日まで）[4]。このうち、北海道、茨城県、埼玉県、千葉県、東京都、神奈川県、石川県、岐阜県、愛知県、京都府、大阪府、兵庫県及び福岡県の 13 都道府県については、「新型コロナウイルス感染症対策の基本的対処方針」（令和 2 年 3 月 28 日新型コロナウイルス感染症対策本部決定。令和 2 年 4 月 16 日変更）において、特に重点的に感染拡大の防止に向けた取り組みを進めていく必要がある「特定警戒都道府県」とした。

　5 月 4 日に、緊急事態措置を実施すべき期間を 5 月 31 日まで延長し、緊急事態措置を実施すべき区域を、引き続き全都道府県とし、5 月 7 日から適用することとした [5]。

　5 月 14 日、新型コロナウイルス感染症対策本部長（内閣総理大臣）が、特措法第 32 条第 3 項に基づき、2020 年 5 月 4 日付けの緊急事態宣言の全部を変更した。鳥取県・特定警戒都道府県 5 県を含む 39 県を解除した。緊急事態措置を実施すべき区域は、北海道、埼玉県、千葉県、東京都、神奈川県、京都府、大阪府及び兵庫県の 8 都道府県とした [6]。その後、5 月 21 日にはさらに緊急事態宣言の

区域変更を行った[7]。実施すべき区域は、北海道、埼玉県、千葉県、東京都及び神奈川県の5都道府県とした。

　最終的に5月25日には、安倍晋三新型コロナウイルス感染症対策本部長（内閣総理大臣）が、特措法第32条第5項に基づき、緊急事態解除宣言を発出した[8]。この解除宣言をもって、緊急事態宣言は終了した。

2.　課題の設定

　新型コロナウイルス感染症の影響で、介護事業所経営は厳しい状況が続いている、と一般的に言われている。複数の調査報告書でも、介護事業所の経営難とともに、利用者へのしわ寄せが起きているとの報道も聞こえてきた。

　この当時の課題は、通所型やショートステイでは利用者の「不安だから行かない」と、事業所の「不安だから自粛」が重なり、利用者が激減し、経営が困窮し、場合によっては非常勤職員の雇い止めなども起きたことである。

　2020年4月20日の厚生労働省の発表によると、通所系・短期入所系の休止は47都道府県で858事業所、うち7都府県（緊急事態宣言対象地域）449事業所で、その理由は自粛要請によるものは2事業所で843事業者は自主休業、人手不足が13事業所であった。新型コロナウイルス感染症が万一自社で発生した場合の影響を考えざるを得ない状況であった。また、利用者の自粛に対しては自宅訪問で短時間対応しても「通所の保険請求ができる」を活用し自宅訪問した通所事業所もあった。同様に訪問系の自主休業は49事業所、人手不足休業は2事業所であった。他方では休業に合わせ介護者の在宅勤務が増えて、訪問介護に「家族が看る」などもあり、変化が多い時期であった。

　本章は、こうした状況を確認するために、これまで公表された調査報告書をもとに、資料調査の方法で研究することにした。したがって、本章の目的は、介護事業所の経営状況は厳しいのか、そしてその原因は何か。また、どのような介護サービス事業者が利用者との関係で経営が厳しくなっているのか。それらを調査することである。

　ただし、資料の限界から、本章では、2020年度の3月、4月、5月、そして10月を対象とせざるを得ない。つまり、概ね新型コロナウイルス感染症拡大の第1波の時期であり、非常事態宣言発令から解除までの時期である。

第2節　感染拡大第1波と介護経営の調査対象と方法

1. 新型コロナウイルス感染症に関する主な調査報告

　公表順に主な調査報告について述べる。

　全国介護事業者連盟は、「新型コロナウイルス感染症に係る経営状況への影響について『緊急調査』集計結果」（2020年4月22日）、及び「新型コロナウイルス感染症に係る経営状況への影響について『緊急調査』第二次分　集計結果」（2020年5月15日）」を公表している。第一次集計の調査時期は、2020年4月2〜10日であり、調査対象は北海道支部、関東支部、関西支部、九州支部を中心とした全国介護事業者連盟会員事業所等である。有効回答等数は1789事業所であった。第二次集計の調査時期は、第一次分は述べたとおりで、第二次分は2020年5月6〜12日であり、調査対象は第一次分に群馬県支部が加わった。第二次分の有効回答数は1862事業所であった。

　組織内調査では、全日本民主医療機関連合会[9]は「『新型コロナウイルス感染症介護事業所緊急調査』報告——コロナ禍のもとでの介護事業所の現状と政府への要望」（2020年7月29日）を公表している。この調査では、76法人から回答が寄せられた（回答率は不明）。全体の事業経営への影響と個別サービス事業ごとに結果が報告されている。定量的な集計表と定性的な回答者からのコメントが報告されている。「まとめ」では、6月以降、各地の介護事業所では、サービス利用の再開や新規利用者の受け入れなどが徐々に開始されている。しかし、まだ先を見通せる状況に至っておらず、感染が拡大した3月〜5月に利用控え等によって生じた経営的ダメージも依然として解消されていない実態があることが調査で明らかになったという。また、利用者との身体的な接触やコミュニケーショ

ンが欠かせない介護現場において、マスク、ガウンなどの衛生用品・感染防護具の不足が続いていることが、介護にあたる職員の不安や緊張をより高めている実態が示されたと報告している。この調査結果については、林泰則が要領良くまとめて報告しているので参照されたい[10]。

　一地方都市を対象とした調査では、あいち在宅福祉サービス事業者懇談会「名古屋市内在宅介護事業所の新型コロナ問題影響調査結果報告書」（2020年9月3日）がある。同懇談会は2007年に名古屋市内を中心とした42団体で結成され、過去12回にわたり名古屋市と懇談している。新型コロナ問題を中心とした在宅高齢者・障害者（児）に対する市独自施策の拡充を求める「要望書」を市に提出している。調査は、新型コロナウイルス感染者数が100名を超える日が現れる中で、市内在宅介護事業所のコロナへの対応がどのようになっているかを知る目的で取り組まれた。調査方法は、無作為抽出法で名古屋市内在宅介護事業所500事業所を選定したうえで、7月初旬から郵送方式で調査票を郵送し、7月末日締め切りで回収した。回答数・率は100標本・20％であった。調査結果から見えてきたことは、8割を超える市内在宅介護事業所が何らかの形で新型コロナウイルス問題の影響を受けていたと報告しており、影響の度合いは、在宅部門では「デイ関係＞訪問関係＞居宅介護支援関係」という状況であった。

　研究者の実態調査では、結城康博が「新型コロナ問題における在宅介護サービスの実態調査報告」（2020年10月1日）[11]を公表している。調査は、2020年9月以降、新型コロナ問題は世間で落ち着きを取り戻しつつあるが、在宅介護現場では、全国的にいくつかのクラスターも発生しており、余談を許さない状況であり、特に介護事業者の経営状況や介護人材不足が深刻であるため、在宅介護現場の実情を把握するために行った調査である。調査方法は、インターネットなどを活用し回答者にアクセスしてもらうことで回答する方法を採用した。調査対象者は調査者と繋がりのある「一般社団法人日本在宅介護協会東京・北関東支部」「東京都社会福祉協議会（東京都高齢者福祉施設協議会）」「一般社団法人茨城県老人福祉施設協議会」「ケアマネジャーを紡ぐ大阪支部」「各地域の介護事業者

らの自主団体もしくは勉強会」に依頼し、アンケートのリンク先を会員に紹介してもらう方式とした。調査期間は 2020 年 9 月 7 ～ 17 日とし、631 名から回答を得たが 3 名の不備回答を除いた 628 名を母数とした。調査の限界は、「機縁法」かつ「雪だるま法（snow-ball sampling）」によるため、分析・検証に限界がある。「あなたが働く事業所で、コロナ前（今年 1 月以前）と現在の事業収入についてどうか（もしくは、どう感じているか）」という設問に対する回答を見ると、「多少、減っている（1 割～ 3 割程度）」が 40.1％で最も多く、「変わらない」が 36.1％で 2 番目に多い結果であった。

　最後に、「新型コロナウイルス感染症の介護サービス事業所の経営への影響に関する調査研究事業（速報）」（調査実施主体は株式会社三菱総合研究所：令和 2 年度老人保健健康増進等事業）が公表されている。この調査は、新型コロナウイルス感染症による、介護サービス事業所等の費用面への影響、今後の経営への影響等を把握することを目的として実施された。内容は、（1）費用面への影響や今後の経営への影響等を把握するためのアンケート調査の実施（39199 事業所、実施期間は 2020 年 10 月 14 ～ 21 日）。（2）決算関連情報をもとにした、新型コロナウイルス感染症への対応に伴う費用面への影響の把握（22 法人・229 事業所、実施期間は 2020 年 7 ～ 10 月）である。

2. 調査対象

　本章では、全国介護事業者連盟「新型コロナウイルス感染症に係る経営状況への影響について『緊急調査』集計結果」と「新型コロナウイルス感染症の介護サービス事業所の経営への影響に関する調査研究事業（速報）」（調査実施主体は株式会社三菱総合研究所：令和 2 年度老人保健健康増進等事業）について、それぞれ分けて検討する。2 つの調査は、サンプリング範囲がほぼ全国であることと有効回答数の多さを考慮したこと、及び、調査対象期間が 2 月と比較して 3 月と 4 月であること、5 月と 10 月を比較していることから、分析するのに適当と判断した。

3. 調査方法

(1) 全国介護事業者連盟調査

　全国介護事業者連盟調査は、第一次分は4月7日の最初の緊急事態宣言後の調査回答の回収であり、2月と3月分の売り上げの増減を尋ねている。第二次分は緊急事態宣言を全都道府県に拡大した時の調査回答の回収であり、2月と4月分の売り上げの増減を尋ねている。つまり、第一次集計は、2月分と比べて3月分の売り上げは増減したか、第二次集計は2月分と比べて4月分の売り上げは増減したかを尋ねている。そして第一次分集計は、2020年3月末現在のデータであり、より感染拡大が深刻化し政府の緊急事態宣言の発令及び各都道府県による休業要請等が発生した4月以降さらなる経営状況への影響が生じたので、第一次分と第二次分の集計結果を比較検討することが適当と考えた。なお、第一次分集計では一部の図において小数点第一位を四捨五入して小数点表示はなく、第二次分集計でも一部の図表において小数点第一位を四捨五入していたため、すべてのデータは小数点第二位を四捨五入し小数点第一位まで表示するように筆者が計算しなおしたことに留意されたい。そしてもう一つは、2月の労働日が3月、4月と比べて少ないことに留意が必要である（2月は18日、3月は21日、4月は21日の労働日）。

(2) 三菱総合研究所調査

　介護給付費分科会介護事業経営調査委員会（第31回、2020年10月30日）に参考資料1として提出された「新型コロナウイルス感染症の介護サービス事業所の経営への影響に関する調査研究事業（速報）」は、新型コロナウイルス感染症による、介護サービス事業所等の費用面への影響、今後の経営への影響等を把握することを目的として実施された。

　内容は、(1) 費用面への影響や今後の経営への影響等を把握するためのアンケート調査の実施、(2) 決算関連情報をもとにした、新型コロナウイルス感染症への対応に伴う費用面への影響の把握である。

　調査方法は、2つの調査報告書を分析する形で行う資料調査である。調査方法等の限界を考慮しながら、データ分析することとする。

第 3 節　感染拡大第 1 波と介護経営の調査結果

1.　全国介護事業者連盟「新型コロナウイルス感染症に係る経営状況への影響について『緊急調査』集計結果」

（1）経営への影響

　最初に、「経営への影響」を全種別で見ると、第一次分の「影響を受けている」割合は 49.3％であるが、第二次分のそれは 55.7％で、6.4 ポイント増加した。第一次分の「影響はない」は 6.4％であるが、第二次分のそれは 6.6％で、0.2 ポイント減少した。第一次分の「影響を受ける可能性がある」は 44.3％であるが、第二次分のそれは 37.7％と、6.6 ポイント減少している（**表 1-1**）。

表 1-1　経営への影響（全種別：2020 年 2 月との比較）

（％・ポイント）

	3 月 (n=1789)	4 月 (n=1862)	増減
影響を受けている	49.3	55.7	＋ 6.4
影響はない	6.4	6.6	＋ 0.2
影響を受ける可能性がある	44.3	37.7	▲ 6.6
合計	100.0	100.0	± 0.0

注 1）増減は、2 月と比較した 3 月分と 2 月と比較した 4 月分についての増減であることに注意のこと。
注 2）2 つの集計結果の事業所数（n）は 3 月と 4 月の欄に表示した。
注 3）合計は原資料を集計した結果であり、必ずしも 100.0 と± 0.0 にならないのは小数点第二位を四捨五入したためである。
（出所）全国介護事業者連盟「第一次分集計結果」（2020 年 4 月 22 日）、及び「第二次分集計結果」（2020 年 5 月 15 日）より作成。注・出所については、特に断りのない限り、以下同様である。

　表 1-2-1 ～表 1-2-7 まで、特別養護老人ホーム、有料老人ホーム、通所介護、訪問介護、グループホーム、ショートステイ、その他の順に表示した。この表をどうみるかについては、考察で記述した。

表 1-2-1　経営への影響（特別養護老人ホーム：2月との比較）

(%・ポイント)

	3月 (n=44)	4月 (n=40)	増減
影響を受けている	22.7	17.5	▲ 5.2
影響はない	9.1	30.0	+ 20.9
影響を受ける可能性がある	68.2	52.5	▲ 15.7
合計	100.0	100.0	± 0.0

表 1-2-2　経営への影響（有料老人ホーム：2月との比較）

(%・ポイント)

	3月 (n=158)	4月 (n=200)	増減
影響を受けている	29.1	37.5	+ 8.4
影響はない	8.9	9.0	+ 0.1
影響を受ける可能性がある	62.0	53.5	▲ 8.5
合計	100.0	100.0	± 0.0

表 1-2-3　経営への影響（通所介護：2月との比較）

(%・ポイント)

	3月 (n=772)	4月 (n=727)	増減
影響を受けている	82.0	90.8	+ 8.8
影響はない	3.9	2.1	▲ 1.8
影響を受ける可能性がある	14.1	7.2	▲ 6.9
合計	100.0	100.1	+ 0.1

表 1-2-4　経営への影響（訪問介護：2月との比較）

(%・ポイント)

	3月 (n=288)	4月 (n=310)	増減
影響を受けている	30.6	47.1	+ 16.5
影響はない	10.1	8.4	▲ 1.7
影響を受ける可能性がある	59.4	44.5	▲ 14.9
合計	100.1	100.0	▲ 0.1

表 1-2-5　経営への影響（グループホーム：2月との比較）

(％・ポイント)

	3 月 (n=354)	4 月 (n=383)	増減
影響を受けている	6.2	13.3	＋ 7.1
影響はない	6.2	4.4	▲ 1.8
影響を受ける可能性がある	87.6	82.2	▲ 5.4
合計	100.0	99.9	▲ 0.1

表 1-2-6　経営への影響（ショートステイ：2月との比較）

(％・ポイント)

	3 月 (n=0)	4 月 (n=34)	増減
影響を受けている	－	76.5	－
影響はない	－	2.9	－
影響を受ける可能性がある	－	20.6	－
合計	－	100.0	－

注1) 第一次分集計にはショートステイのデータはなしのため、第二次集計分のみ表示した。

表 1-2-7　経営への影響（その他：2月との比較）

(％・ポイント)

	3 月 (n=173)	4 月 (n=168)	増減
影響を受けている	48.0	42.9	▲ 5.1
影響はない	8.7	20.2	＋ 11.5
影響を受ける可能性がある	43.4	36.9	▲ 6.5
合計	100.1	100.0	▲ 0.1

(2) 売り上げ減収割合

　次に、やはり全種別ではあるが、2月と比較して3月と4月の売り上げが減収したか、割合を見てみよう。

表1-3　3月と4月分の売り上げ減収割合の比較（全種別：2月との比較）

(％・ポイント)

	3月 (n=882)	4月 (n=1037)	増減
0〜10％未満	56.8	45.0	▲ 11.8
10％以上20％未満	23.0	29.4	＋ 6.4
20％以上40％未満	15.4	18.9	＋ 3.5
40％以上60％未満	2.8	3.5	＋ 0.7
60％以上80％未満	0.7	1.4	＋ 0.7
80％以上100％未満	0.3	1.1	＋ 0.8
100％	0.8	0.7	▲ 0.1
無回答	0.1	0.0	▲ 0.1
合計	99.9	100.0	＋ 0.1

　表 1-3 の通り、2月と比べた3月よりも4月分の売り上げ減収割合は、「0〜10％未満」は 11.8 ポイント減少したが、「10％以上20％未満」で 6.4 ポイント増加し、「20％以上40％未満」で 3.5 ポイント増加した。この2つを合わせた減収は 9.9 ポイントとなり、3月より4月の方が「売り上げ減収割合」は悪化したことがわかる。しかしこれは標本数の違いや標本の内容が不明のため、あくまで参考としてみておく必要がある。「増減」については、以下、同様である。

　次に、表 1-4-1 〜表 1-4-7 までサービス別に経営への影響を見てみよう。

表1-4-1　3月と4月分の売り上げ減収割合の比較
（特別養護老人ホーム：2月との比較）

(％・ポイント)

	3月 (n=10)	4月 (n=7)	増減
0〜10％未満	80.0	85.7	＋ 5.7
10％以上20％未満	20.0	14.3	▲ 5.7
20％以上40％未満	0.0	0.0	0.0
40％以上60％未満	0.0	0.0	0.0
60％以上80％未満	0.0	0.0	0.0
80％以上100％未満	0.0	0.0	0.0
100％	0.0	0.0	0.0
無回答	0.0	0.0	0.0
合計	100.0	100.0	± 0.0

表1-4-2　3月と4月分の売り上げ減収割合の比較
(有料老人ホーム：2月との比較)

(%・ポイント)

	3月 (n=46)	4月 (n=75)	増減
0～10%未満	93.5	56.0	▲ 37.5
10%以上20%未満	2.2	41.3	+ 39.1
20%以上40%未満	4.3	2.7	▲ 1.6
40%以上60%未満	0.0	0.0	0.0
60%以上80%未満	0.0	0.0	0.0
80%以上100%未満	0.0	0.0	0.0
100%	0.0	0.0	0.0
無回答	0.0	0.0	0.0
合計	100.0	100.0	± 0.0

表1-4-3　3月と4月分の売り上げ減収割合の比較
(通所介護：2月との比較)

(%・ポイント)

	3月 (n=633)	4月 (n=660)	増減
0～10%未満	48.7	37.7	▲ 11.0
10%以上20%未満	25.3	28.5	+ 3.2
20%以上40%未満	19.7	25.3	+ 5.6
40%以上60%未満	3.8	5.2	+ 1.4
60%以上80%未満	0.8	2.0	+ 1.2
80%以上100%未満	0.5	0.6	+ 0.1
100%	1.1	0.8	▲ 0.3
無回答	0.2	0.0	▲ 0.2
合計	100.0	100.0	± 0.0

表 1-4-4　3 月と 4 月分の売り上げ減収割合の比較
（訪問介護：2 月との比較）

(％・ポイント)

	3 月 (n=88)	4 月 (n=146)	増減
0 ～ 10％未満	71.6	54.8	▲ 16.8
10％以上 20％未満	26.1	32.2	＋ 6.1
20％以上 40％未満	2.3	10.3	＋ 8.0
40％以上 60％未満	0.0	0.7	＋ 0.7
60％以上 80％未満	0.0	0.0	0.0
80％以上 100％未満	0.0	1.4	＋ 1.4
100％	0.0	0.7	＋ 0.7
無回答	0.0	0.0	0.0
合計	100.0	100.1	＋ 0.1

表 1-4-5　3 月と 4 月分の売り上げ減収割合の比較
（グループホーム：2 月との比較）

(％・ポイント)

	3 月 (n=22)	4 月 (n=51)	増減
0 ～ 10％未満	86.4	66.7	▲ 19.7
10％以上 20％未満	9.1	19.6	＋ 10.5
20％以上 40％未満	4.5	13.7	＋ 9.2
40％以上 60％未満	0.0	0.0	0.0
60％以上 80％未満	0.0	0.0	0.0
80％以上 100％未満	0.0	0.0	0.0
100％	0.0	0.0	0.0
無回答	0.0	0.0	0.0
合計	100.0	100.0	± 0.0

表 1-4-6　3月と4月分の売り上げ減収割合の比較
（ショートステイ：2月との比較）

(%・ポイント)

	3月 (n=0)	4月 (n=51)	増減
0～10%未満	–	19.2	–
10%以上20%未満	–	53.8	–
20%以上40%未満	–	7.7	–
40%以上60%未満	–	3.8	–
60%以上80%未満	–	7.7	–
80%以上100%未満	–	3.8	–
100%	–	3.8	–
無回答	–	0.0	–
合計	–	99.8	–

表 1-4-7　3月と4月分の売り上げ減収割合の比較（その他：2月との比較）

(%・ポイント)

	3月 (n=83)	4月 (n=72)	増減
0～10%未満	72.3	70.8	▲ 1.5
10%以上20%未満	18.1	19.4	+ 1.3
20%以上40%未満	7.2	4.2	▲ 3.0
40%以上60%未満	1.2	0.0	▲ 1.2
60%以上80%未満	1.2	0.0	▲ 1.2
80%以上100%未満	0.0	5.6	+ 5.6
100%	0.0	0.0	0.0
無回答	0.0	0.0	0.0
合計	100.0	100.0	± 0.0

　すべてのサービスで減収割合が最も大きいのは「0～10%未満」である。3月・4月とも2月と比べて3割台～9割台までサービスによってばらつきがあるが、特養と有料老人ホーム、グループホームの施設系が5割台～9割台と大きくなっている。そして訪問介護（3月71.6%、4月54.8%）、通所介護（3月48.7%、4月37.7%）と続く。その他も7割台（3月72.3%、4月70.8%）と減収割合が大きい。

　3月と4月の「増減」について計算しているが、標本数の変動が

あることと、内容がわからないため、はっきりしたことはわからない。また、特別養護老人ホーム（表1-4-1）については、標本数が少ないことから参考値である。

2.「新型コロナウイルス感染症の介護サービス事業所の経営への影響に関する調査研究事業（速報）」

(1) 費用面への影響や今後の経営への影響等を把握するためのアンケート調査の実施

調査内容は、収支の状況、支出（費用）全体の変化、個別の経費の状況等について、新型コロナ感染症の流行前との比較を行った。回答数は26070件で、複数事業所分をまとめて回答することも可能であり、事業所数では39199事業所である。

収支状況を全体で見ると、新型コロナウイルス感染症の流行前と比較して「悪くなった」と回答した割合は、5月で47.5％、10月で32.7％であった。サービス別に見ると、5月に「悪くなった」と答えた事業所は、訪問介護36.5％、通所介護72.6％、通所リハビリテーション80.9％、短期入所生活介護62.5％、介護老人福祉施設48.7％、介護老人保険施設60.6％と、通所系サービスで高い傾向にあった。そして、10月に「悪くなった」と答えた事業所は、訪問介護26.8％、通所介護42.2％、通所リハビリテーション44.9％、短期入所生活介護45.2％、介護老人福祉施設39.7％、介護老人保健施設50.2％であった。

表1-5　収支が「悪くなった」割合

(％)

	5月	10月	増　減
訪問介護	36.5	26.8	▲ 9.7
通所介護	72.6	42.2	▲ 30.4
通所リハビリテーション	80.9	44.9	▲ 36.0
短期入所生活介護	62.5	45.2	▲ 17.3
介護老人福祉施設	48.7	39.7	▲ 9.0
介護老人保健施設	60.6	50.2	▲ 10.4
全体	47.5	32.7	▲ 14.8

注1）施設系サービスは、短期入所を含めて回答している可能性がある。
（出所）介護給付費分科会資料より作成。

　支出全体の変化を見ると、新型コロナ感染症の流行前と比較して
「増えている」と回答した事業所の割合は、5月で54.7%、10月で
53.3%と支出増が続いている。支出が「増えている」と回答した事
業所に支出の増加の過程を確認したところ、5月、10月とも「0〜
10%未満」と回答した事業所の割合が42.7%、53.3%と最も高く、
次に「10〜20%未満」と回答した事業所の割合が35.7%、34.7%
と高かった。つまり、5月と10月の3割未満の割合は順に78.4%
と78.5%と8割弱と大きかった。

　新型コロナウイルス感染症の流行前と比較した、個別の経費の増
減を人件費、衛生用品、研修関係費、通信運搬費、車輌費の順に確
認してみる。まず、人件費は5月で55.4%、10月でも53.4%とも
変化なし（無回答＝本問では変化がなかった場合は回答不要として
いるため。以下、同じ）の事業所割合が最も高かった。衛生用品に
係る経費（マスク、消毒液等）について「増加している」と回答し
た事業所割合は、5月で79.2%、10月でも74.5%となっている。研
修関係費は、「減少している」と回答した事業所割合は、5月で
51.7%、10月でも48.5%と最も高かった。しかし変化なしも5月で
44.8%、10月で44.9%と高い値となっていることにも注意が必要で
あろう。電話・郵送・インターネット接続料等の通信運搬費は、
「変化なし」と回答した事業所割合は、5月で51.2%、10月でも
51.0%と最も高かった。しかし「増加している」も5月で43.9%、
10月で44.0%と高い値となっていることにも注意が必要であろう。
最後に、利用者宅への訪問等に係る費用（車輌費）は、「変化なし」
と回答した事業所割合は、5月で63.7%、10月でも64.7%と最も高
かった。

　全体としては5月に比べると「悪くなった」事業所数は減少して
いるが、通所系サービスではいずれも4割以上で高い傾向が続いて
いる。10月に「悪くなった」事業所は短期入所生活介護45.2%、
通所リハビリテーション44.9%、通所介護42.2%と、いずれも4割
以上である。介護老人保健施設も50.2%と高い。一方、訪問介護は
26.8%と3割以下である。

(2) 決算関連情報をもとにした、新型コロナウイルス感染症への対応に伴う費用面への影響の把握

　調査内容は、2020 年 1 ～ 3 月、4 ～ 6 月の各四半期における決算（対前年同期比等）費目のうち、各介護サービス事業所等で新型コロナウイルス感染症による影響があったと判断する費目について提供を受け、2019 年度と 2020 年度における費用の変化を推計した。回答数は 22 法人・229 事業所である。ただし、新型コロナ感染症が発生した事業所は含まれていない。

　推計の考え方は、人件費は影響がなかったとした事業所の 9 割以上であったことから、費用のうち物件費を推計した。回答事業所で新型コロナウイルス感染症の影響等があったと判断した費目について、物件費全体に占める構成比を用いて推計した。2019 年度決算への影響については、2020 年 1 ～ 3 月に影響があったとし、当該期間の実績に基づき推計した[12]。2020 年度は、回答事業所における、4 ～ 6 月は実績、7 月以降は予測に基づき推計した[13]。

　新型コロナウイルス感染症の影響がなかった場合の 2019 年度の物件費を 100 とした場合、介護サービス事業所等における物件費は**表 1-6** のように推計され、全サービス平均では 2019 年度決算で 0.3 ポイント、2020 年度で 1.0 ポイントの上昇が見込まれている。

　主な物件費の内訳の変化について、新型コロナウイルス感染症の影響がなかったとした場合と比較した結果は次のとおりであった（n=22 法人・229 事業所）[14]。

　「保健衛生費」（マスク、手袋等の購入）は、影響がなかったとした場合、1.8 ポイントであったが、2019 年度は 2.1 ポイント（＋ 0.3）に、2020 年度は 2.9 ポイント（＋ 1.1）に増加した。「日用品費」（アルコール消毒液、消毒用ペーパー等の購入）は、影響がなかったとした場合、0.6 ポイントであったが、2019 年度は 0.7 ポイント（＋ 0.1）、2020 年度は 0.8 ポイント（＋ 0.2）に増加した。「研修研究費」（研修参加費）は、影響がなかったとした場合、0.3 ポイントであったが、2019 年度は 0.3 ポイント（± 0）、2020 年度は 0.1 ポイント（▲ 0.2）減少した。

表 1-6　新型コロナウイルス感染症の影響がなかった場合の 2019 年度の
物件費を 100 とした場合の介護サービス事業所等における物件費

(n=22 法人・229 事業所)

サービス類型		2019 年度決算	2020 年度決算
訪問サービス	訪問介護、訪問入浴介護、訪問看護定期巡回・随時対応訪問介護看護	100.1	100.2
通所サービス	通所介護、通所リハビリテーション、認知症対応型通所介護	100.1	100.6
施設サービス	介護老人福祉施設、介護老人保健施設	100.1	100.8
居住サービス	特定施設入居者生活介護、認知症対応型共同生活介護	100.2	103.3
その他のサービス	短期入所生活介護、福祉用具貸与、居宅介護支援、小規模多機能型居宅介護	101.0	100.9
全サービス平均		100.3	101.0

(出所) 介護給付費分科会資料より作成。

　サービス類型別の状況をみてみよう。

＜訪問サービス（n=7 法人・44 事業所）＞

　全体で、2019 年度に 0.1 ポイント、2020 年度に 0.2 ポイント増加している。費用の内訳を見ると、マスク、アルコール消毒液、消毒用ペーパー等の購入に係る「保健衛生費」は、2019 年度は 0.8 から 0.9 ポイントへ 0.1 ポイント増加し、2020 年度は 0.8 から 1.1 ポイントへ 0.3 ポイント増加した。「日用品費」は、2019 年度は 1.1 から 1.1 ポイント（±0）であったが、2020 年度は 1.1 から 1.3 ポイントへ 0.2 ポイント増加した。「車輌費」は、2019 年度は 6.0 から 5.9 ポイント（▲0.1 ポイント）であり、2020 年度は 6.0 から 5.6 ポイントへ 0.4 ポイント減少した。このケースは、サービス利用の自粛等により訪問回数が減ったことが推察された。

＜通所サービス（n=10 法人・89 事業所）＞

　全体で、2019 年度に 0.1 ポイント、2020 年度に 0.6 ポイント増加している。費用の内訳を見ると、「保健衛生費」は、2019 年度は 2.6 から 2.6 ポイント（±0）であったが、2020 年度は 2.6 から 3.4 ポ

イントへ 0.8 ポイント増加した。「通信運搬費」は、2019 年度は 1.7 から 1.8 ポイント（＋ 0.1）であったが、2020 年度は 1.7 から 1.9 ポイントへ 0.2 ポイント増加した。このケースは、サービス利用の自粛した者への対応のため電話や郵送の頻度の増加、インターネット環境の整備・増設等が実施されたことが推察された。

＜施設サービス、居住サービス（n=10 法人・35 事業所）＞

　施設サービスは、全体では、2019 年度に 0.1 ポイント、2020 年度に 0.8 ポイント増加している。居住サービスは、全体では 2019 年度に 0.2 ポイント、2020 年度に 3.3 ポイント増加した。

　いずれのサービスも「保健衛生費」は、2019 年度は 2.2 から 2.3 ポイント（＋ 0.1）であり、2020 年度は 2.2 から 2.7 ポイントへ 0.5 ポイント増加した。「研修研究費」は、2019 年度は 0.3 から 0.3 ポイント（± 0）であったが、2020 年度は 0.3 から 0.1 ポイントへ 0.2 ポイント減少した。つまり、「保健衛生費」は増加した一方、研修参加のための「研修研究費」や「旅費交通費」は減少した。特に居住サービスでは、認知症対応型共同生活介護において、感染拡大に伴う品薄、価格高騰のため、マスク購入費用が通常の 5 倍以上になった事業所があった。7 月以降は価格の安定によって通常の 2 倍程度の増加にとどまると見込まれた。

＜その他のサービス（n=5 法人・44 事業所）＞

　全体では、2019 年度に 1.0 ポイント、2020 年度に 0.9 ポイント増加している。

　「保健衛生費」は、2019 年度は 0.8 から 1.8 ポイント（＋ 1.0）であり、2020 年度は 0.8 から 1.9 ポイントへ 1.1 ポイント増加した。「研修研究費」は、2019 年度は 0.3 から 0.3 ポイント（± 0）であったが、2020 年度は 0.3 から 0.1 ポイントへ 0.2 ポイント減少した。

　「車輌費」が減少しており、利用者の自宅への訪問や自動車による通院・移動・外出支援等の頻度が低下したことが示唆された。

第4節　感染拡大第1波と介護経営の考察

　二つの調査結果から課題を抽出し、他の調査結果からの知見も加えて述べる。

1.　全国介護事業者連盟調査

　「経営への影響」を全体的に述べると、この時期は新型コロナウイルス感染症拡大の第1波のときであり、**表1-1**に見る通り、2月に比べて3月、4月は「影響を受けている」という回答が約5割となっていることは、当然と考える。「影響を受ける可能性がある」も、2月に比べて3月、4月は4割前後の回答で、2つの設問への回答数は「影響はない」の6.4%（3月）、6.6%（4月）を圧倒している。

　「経営への影響」について、サービス別に検討してみよう（**表1-2-1〜表1-2-7**）。

　2月と比較して3月と4月のすべてのサービスで「影響を受けている」（ショートステイの3月を除く）が、最も影響が大きいのは通所介護であり、3月の82.0%、4月の90.8%は大きな影響である。次はショートステイで4月の76.5%も大きな影響であろう。

　3〜4割台でみると、その他（3月48.0%、4月42.9%）、訪問介護（3月30.6%、4月47.1%）であり、2〜3割台では特養（3月22.7%、4月17.5%）、有料老人ホーム（3月29.1%、4月37.5%）となる。

　つまり、通所系の影響が最も大きく、次に訪問系が続き、施設系への影響はサービス種類別に見ると、他のサービスとの比較では小さいということである。特にグループホームは、10%前後（3月6.2%、4月13.3%）とより影響は小さくなる。参考として2月と比べて3月より4月の方が「影響を受けている」割合が大きい順に見ると、訪問介護（＋16.5）、通所介護（＋8.8）、有料老人ホーム（＋8.4）、グループホーム（＋7.1）であった。

　定性的な調査結果については省略するが、この調査が実施された時期が緊急事態宣言前であるとしても、その後、新型コロナウイルスの影響で全国に緊急事態宣言が出されたことにより、介護事業所

は営業の自粛や感染拡大予防策の徹底など、様々な対応に追われた
のである。したがって、経営への「影響を受けている」と「影響を
受ける可能性がある」を合わせた回答数が9割を超えていることは
当然と考えられる。

　表1-2ではサービス別の経営への影響を尋ねているが、通所系
のサービスへの影響が大きかったことは、利用者の自粛によるサー
ビス利用控えが原因であると推測できる。施設系サービスへの影響
が小さかったことは、施設は生活の場であり居宅であるので、利用
控えは起こりにくかったためと考える。利用者が通所介護や訪問介
護を控えたことが可動率低下を招いた。特に、ショートステイにつ
いては、事業者の営業自粛による稼働率低下や、新規利用者獲得の
ための営業活動や施設見学などが行えないため、新規利用がないこ
とにより稼働率の低下を招いたことが原因である。

　表1-3の「3月と4月分の売り上げ減収割合の比較（全種別：2
月との比較）」も利用控えや事業所の営業自粛が原因で減収が見込
まれているが、感染拡大予防策の徹底などの支出が増加し経費が嵩
んだことも要因である。この点は、次の三菱総合研究所調査からよ
り明らかにする。

2.　三菱総合研究所調査

　収支全体でみると、新型コロナ感染症の流行前と比較して「悪く
なった」と回答した割合は、5月で47.5％、10月で32.7％であった。
サービス別の回答でも、「悪くなった」と答えた事業所は通所系
サービスでは5月も10月も高い傾向が続いたものの、収支全体同
様に10月は5月より「悪くなった」の回答は減少し、先に見た3
月・4月や、そしてこの調査の5月と比べて和らいだ格好となった。

　他方、支出全体をみると、コロナ流行前と比べて「増えている」
と回答した事業所割合は5月で54.7％、10月で53.3％と支出増が
続いている。支出が「増えている」と回答した事業所に支出の増加
の過程を確認したところ、5月、10月とも「0～10％未満」と回答
した事業所の割合が42.7％、53.3％と最も高く、次に「10～20％
未満」と回答した事業所の割合が35.7％、34.7％と高かった。つま
り、5月と10月の3割未満の割合は順に78.4％と78.5％と8割弱

と大きかった。

　では何の経費が増減しているか。人件費は横ばいで変化はない。研修関係費は減少している。通信運搬費と車輌費は変化なしの回答が多かった。つまり衛生用品に係る経費（マスク、消毒液等）が増加していると回答した事業所が5月で79.2%、10月で74.5%と多かったのである。先に「感染拡大予防策の徹底などの支出が増加し経費が嵩んだことも要因である」と述べたが、衛生用品に係る経費（マスク、消毒液等）が増加していることは推測した通りである。

　三菱総合研究所調査は、新型コロナウイルス感染症の影響がなかった場合の2019年度の物件費を100とした場合の介護サービス事業所等における物件費についても調査している。表1-6の通り、訪問サービス、通所サービス、施設サービス、居住サービス、その他のサービス、そして全サービス平均を見ると、2019年度決算、2020年度決算とも増加しているが、特に全サービス平均では、2019年度決算は100.3であるが、2020年度決算は101.0と0.7ポイント増加している。その他サービス以外はすべてのサービスで増加しており、特に居住サービスは100.2から103.3へと3.1ポイント増加している。

3.　調査からの知見と今後の課題

　これまで述べてきたことをまとめてみると、新型コロナウイルス感染症による介護事業所の経営への影響は大きいが、サービス別にみた場合には影響は濃淡がある。しかし利用者の利用控えと事業所の自粛により減収の介護事業者は多く、特に衛生用品に係る経費が増加していることは、事業所の経営悪化の要因となっているといえるであろう。このような調査結果は予測した通りであり、一般的に受け入れやすい結果であるといえよう。

　しかし、まだ疑問がないわけではない。今回の調査対象時期である2020年3月、4月、5月は、新型コロナウイルス感染症が学術的にどのような性質のウイルスかもわからないまま手探り状態で医療・介護に従事しなければならなかったことからくる不安感があったことは間違いない。しかもワクチン開発の目処もたっていなかった時期であったので、不安感は社会全体として大きかった。バイア

スとしての過剰反応の可能性は否定できない。

　本章を執筆している 2020 年 12 月 30 日時点から 2020 年度を振り返るには、もう少し分析が必要と考える。それは、本章で取り上げなかった 6 月以降の状況はどうだったのか、少なくとも 9 月までの状況について、もう少し詳しく調査すべきと考える。三菱総合研究所調査では、5 月と 10 月のデータの比較はしているが、その間のデータの分析はされていない。この点は課題として、次章で展開することとしたい。

　また、介護保険事業所は「7 月以降回復の兆しがあったのではないか」との指摘もあるが、この点についても別途検討する。さらに、今回の新型コロナウイルス感染症による「2 区分上位特例の実施」については賛否がわかれており、この特例実施の評価も別途検討せざるをえない。

4.　介護事業所の厳しい経営状況を乗り切るために（第 1 波での国の政策）

　売り上げの減少、経費の増加、人員不足と現在の新型コロナウイルスの影響で多くの介護事業所の経営状況は厳しくなっている。この厳しい状況を乗り切るためには、持続化給付金をはじめ国が打ち出したさまざまな制度を利用する必要があったので述べておきたい。

(1)　持続化給付金

　持続化給付金は新型コロナウイルスの影響が大きい事業所に対し、事業の継続を図るための給付を行うものである。個人事業主の場合で最大 100 万円、法人で最大 200 万円の給付を受けることができる。介護事業所は法人である必要があるため、200 万円が給付の上限となる。前年同期比と比較して 50％以上収益が落ちている事業者が対象となるので、該当する介護事業所ではぜひ利用したい制度である。

(2)　人員基準の臨時的な取り扱い

　厚生労働省は、新型コロナウイルスの影響で介護事業所の人員基準が一時的に満たせなくなることを考慮して、臨時的に人員基準の

緩和や報酬の算定要件の拡大措置といった柔軟な対応をとっている。訪問介護ならば45分のサービスであるところを感染防止の観点から20分でサービスを終えた場合でも45分として算定可能とした。初任者研修以上の資格を持っていない介護職でも相応の経験があるならば訪問介護員として従事してもよいなどの対応が認められていた。

　通所介護においては、利用者宅へ訪問してサービスを提供した場合はその提供時間に応じて報酬の算定が可能とされているほか、事業所を休業している際に代替場所として公民館などを利用した際もサービス提供として算定可能とし、人員基準を満たせない場合でも減算としないといった対応が認められていた[15]。また、一定の条件で、健康状態、食事や入浴、外出の状況などを電話で確認した場合も、相応の介護報酬の算定ができる。自身の介護事業所に応じた人員基準等の臨時的な取り扱いを最大限利用し、収益の維持に努めることが必要であった。

(3) 学校休業等対応助成金

　新型コロナウイルスの影響による学校の休校で、出勤できなくなった職員に対し、有給休暇として賃金を保証するため事業者に対して助成金が出る制度である。事業所ごとではなく、法人が申請する必要があることに注意が必要である。

　人員が不足している厳しい状態で、さらに人件費で経営状況が悪化しないように活用したかった。なお、申請期限は2020年6月30日までであった。

(4) その他の融資制度の活用

　新型コロナウイルスの影響で経営状況が厳しい事業者に対して、日本政策金融公庫や自治体で様々な融資制度が設けられている。実質無利子で利用できるものもあるので、現在の介護事業所の厳しい経営状況を乗り切るために資金繰りに行き詰まる前にいざというときに備えて融資を受けておくことも必要な選択肢となるかもしれない。

まとめ

　新型コロナウイルスの影響により、第1波の感染拡大期の介護事業所は非常に厳しい経営状況にあったことがわかった。介護サービスは停滞していた経済を回していくためには必要不可欠なサービスである。厳しい経営状況を乗り切るために持続化給付金をはじめ様々な制度を利用して、事業の継続を図っていく必要がある。

注・文献

1)　内閣府「新型コロナウイルス感染症緊急事態宣言の実施状況に関する報告」2020年6月。

2)　内閣府「新型コロナウイルス感染症対策本部の設置について」2020年3月26日。

3)　新型コロナウイルス感染症対策本部「新型コロナウイルス感染症緊急事態宣言」2020年4月7日。

4)　新型コロナウイルス感染症対策本部「新型コロナウイルス感染症緊急事態宣言の区域変更」2020年4月16日。

5)　新型コロナウイルス感染症対策本部「新型コロナウイルス感染症緊急事態宣言の期間延長」2020年5月4日。

6)　新型コロナウイルス感染症対策本部「新型コロナウイルス感染症緊急事態宣言の区域変更」2020年5月14日。

7)　新型コロナウイルス感染症対策本部「新型コロナウイルス感染症緊急事態宣言の区域変更」2020年5月21日。

8)　新型コロナウイルス感染症対策本部「新型コロナウイルス感染症緊急事態解除宣言」2020年5月25日。

9)　全日本民主医療機関連合会は、日本の医療機関で構成する社会運動団体。通称全日本民医連、略称民医連。地方組織である都道府県民主医療機関連合会と直接加盟医療機関をもって組織する。

10)　林泰則「コロナ禍のもとでの介護事業所の現状と課題──『新型コロナウイルス感染症介護事業所緊急調査』結果から」全日本民主医療機関連合会『民医連医療』No.578、2020年11月号、pp.22-25。

11)　結城康博「新型コロナ問題における在宅介護サービスの実態調査報告」2020年10月1日。

12)　回答事業所で、2020年1～3月（第4四半期）に影響があったと判断した費目の対前年度同期比を当該費目の増加率とみなし、年間の増加率を算出。影響があったと判断された各費目の増加率を合計し、年間の物件全体の増加率を算出した。（以上、介護給付費分科会資料より。）

13)　回答事業所で、2020年4～6月（第1四半期）に影響があったと判断した費目の対前年度同期比を、第1四半期のその費目の増加率とみなすとともに、回答事業所が第2四半期以降も影響が継続すると判断した場合は、同

水準で推移するものとみなし、当該費目の年間の増加率を算出した。影響があったと判断された各費目の増加率を合計し、年間の物件費全体の増加率を算出した。（以上、介護給付費分科会資料より。）

14）この調査研究においては、物件費の増加率は、各サービスにおける物件費の増加率（この調査においては定量的なデータを得られた施設・事業所における増加率の単純平均値）と介護サービスの総費用額に対するサービス毎の費用額の構成比（厚生労働省「介護給付費等実態統計　令和元年度分」から算出）に基づいた加重平均値である。また、この調査では、物件費のうち、回答事業所が新型コロナウイルス感染症による影響があったと判断した費目についてのみ、構成比や対前年度同期比のデータを収集している。さらに、「その他の影響があった費用」は、回答事業所が新型コロナウイルス感染症の影響があったと判断した費目のうち、保健衛生費、日用品費、車輌費、研修研究費、旅費交通費、通信運搬費に区分されない費目に区分されない費目をまとめたものであり、回答事業所ごとに異なっている。（以上、介護給付費分科会資料より。）

15）厚生労働省健康局結核感染課や老健局高齢者支援課などは 2021 年 1 月 7 日付で、感染防止対策を十分に行った上で介護サービス事業所の事業が継続されるよう、「介護サービス事業所によるサービス継続について（その 2）」を都道府県などに事務連絡した。新型コロナウイルスなどの影響を踏まえ、一時的に人員や運営の基準が未達でも、介護報酬が減額されないなどの特例を活用し、柔軟にサービスが提供されるよう、事業所への周知を求めている。

第2章 感染拡大第2波と介護経営

第1節　問題の所在

1.　背景としての政府等の「緊急事態解除宣言」以降の動向（2020年6〜9月）

　前章では、2020年5月25日に、安倍晋三新型コロナウイルス感染症対策本部長（内閣総理大臣）が、特措法第32条第5項に基づき、緊急事態解除宣言を発出し[1]、この解除宣言をもって、緊急事態宣言は終了したことまでを述べた。したがって本章は、それ以降の政府等の動向について述べることとする。

　6月12日、新型コロナウイルス感染症の拡大に対応する2020年度第2次補正予算案が参議院で可決・成立した。使い方を政府に白紙委任することになる10兆円もの予備費について財政民主主義上問題とされた。

　6月18日、東京都知事選が告示され、7月5日の投開票で現職の小池百合子氏が当選した。

　7月16日、新型コロナウイルス感染拡大のもとで「Go To トラベル」キャンペーンを7月22日から開始する政府の方針に、国民の不安や懸念が拡大した。政府は東京都発着を除外すると発表した。

　7月21日、赤羽一嘉国土交通相が「Go To トラベル」で、東京都発着を除外した旅行の解約料を補償する方針を正式に発表し、補償しないとしていた方針を転換した。

　2020年4〜6月期の国内総生産（GDP、季節調整済み）速報値は、物価変動の影響を除いた実質で前期比7.8％減、この成長が1年続いた場合の年率換算で27.8％減となった。リーマン・ショック後の2009年1〜3月期を超える戦後最悪の下落となった。

　8 月 10 日、新型コロナウイルス国内感染者数（クルーズ船「ダイヤモンド・プリンセス」乗船者も含む）が累計 5 万人を突破した（読売新聞まとめ）。

　8 月 28 日、安倍晋三首相が記者会見で辞任する意向を表明した。持病の悪化などを理由に、国政に支障が出ることを避けると説明した。

　9 月 16 日、国会で首相指名を受けた菅義偉首相が組閣を行い、自民、公明両党連立による菅内閣が発足した。

2.　課題の設定

　新型コロナウイルス感染症の影響で、介護事業所経営は厳しい状況が続いていることを前章で述べた。そして前章では、これまで公表された介護事業所の実態調査報告書をもとに、資料調査の方法で検討した。

　本章では、介護事業所の経営状況はいつ変化したのか、そしてその原因は何か。それらを調査することが本章の課題であり目的である。

　ただし、資料の限界から、本章では、2020 年度の 6 月、7 月、8 月、そして 9 月を対象とせざるを得ない。つまり、緊急事態宣言解除発令以降から新型コロナウイルス感染症拡大の第 2 波の時期である。1 日当たり感染者の棒グラフが 6 月から上昇し 8 月に山となって 9 月に収束していることから、本章では便宜上「第 2 波の時期」と考えた。

第 2 節　　感染拡大第 2 波と介護経営の調査対象と方法

1.　調査対象

　本章で利用する資料は、国保中央会[2]が 2020 年 8 月 19 日に公表した 2020 年 1 月から 7 月審査分の「介護保険の事業者の支払い状況等」審査報告である。

　もう 1 つは、やはり国保中央会が 2020 年 10 月 19 日に公表した 2020 年 9 月審査分の「介護保険の事業者の支払い状況等」審査報告である。

2. 調査方法

　調査方法は、2つの調査報告を分析する形で行う資料調査である。調査方法等の限界を考慮しながら、データ分析することとする。なお、国保中央会の資料を利用する意味は、1997年12月に、介護保険制度が制定された際に、市区町村が65歳以上の保険料を設定し、徴収を国民健康保険団体連合会が代行することが具体化されたからである。介護保険制度では、翌月10日までに事業所のサービス実績（サービス回数や保険点数を報告する）を国民健康保険団体連合会へ保険請求する（ただし診療報酬は支払い基金、介護報酬は国保連合会へ請求する）。こうした国保連合会の事務を扱っているのが国保中央会である。

第3節　感染拡大第2波と介護経営の調査結果

1. 国保中央会「介護保険の事業者の支払い状況等」（2020年1〜7月）審査報告

(1) 事業者の支払状況等

　国保中央会が公表した2020年1月から7月審査分の「介護保険の事業者の支払い状況等」審査報告の、①支払い事業所数、②明細書件数、③保険給付額の動向は**表2-1**のとおりである。

　新型コロナウイルス感染拡大の影響で、特に5〜6月審査分は支払事業所数、明細書件数ともマイナスまで落ち込み、保険給付額も前年同期比で5月と6月は下がったが、7月審査分では回復しつつある状況がうかがえる。

　確かに、①支払事業所数、②明細書件数は、5〜6月審査分は前年同月比マイナスであった（5月は▲0.1％と▲0.7％、6月は▲0.5％と▲2.2％）が、7月審査分ではプラスに回復した（＋0.4と＋0.6）。そうはいっても、7月審査分の支払事業所数38万9895は、最も多かった2020年2月審査分の39万502と比べると、▲607であった。

表 2-1　介護保険の支払状況

審査月	支払事業所数	前年同月比(%)	明細書件数(千件)	前年同月比(%)	保険給付額(千万円)	前年同月比(%)
2020.1	360692	1.1	15097.1	3.6	84566.3	4.2
2020.2	390502	1.1	14979.3	3.9	83464.9	4.8
2020.3	390495	1.2	14931.3	4.0	80801.6	7.3
2020.4	389453	0.8	14822.8	1.9	84568.4	3.5
2020.5	386466	▲ 0.1	14566.4	▲ 0.7	81875.6	1.6
2020.6	385933	▲ 0.5	14476.1	▲ 2.2	83295.9	0.5
2020.7	389895	0.4	14956.6	0.6	84300.7	4.3

注 1）数値は、すべて出所の通りである。
（出所）国保保中央会資料より作成。

　一方、保険給付額の前年同月比はプラス基調だが、1 月～4 月審査分が 3.5％から 7.3％であったのに比べると、5 月審査分は 1.6％、6 月審査分は 0.5％と低い伸びであった。7 月審査分は 4.3％にまで回復した。

（2）法人種別の動向

　次に、直近の 7 月審査分のポイントは次のとおりである。①支払事業所数と②明細書件数を法人種別にみると**表 2-2** のとおりである。

　①支払事業所数は営利法人が 1 年で 3545 増え、医療法人が 202、社団・財団が 71、その他法人が 144、非法人が 155 と、合計で 4117 増えた。一方で、社会福祉法人が計 1790 減少した。NPO（▲ 345）や農協（▲ 90）、生協（▲ 37）、地方公共団体（▲ 24）、その他（▲ 110）を合わせて 2396 の支払事業所数が減少している。差し引き合計で見ると、1721 増加したことになるが、特に、営利法人数の増加が大きかったことが特徴であろう。増加した事業所数の 86.1％が営利法人である。

表 2-2　法人種別の状況（支払事業所数・明細書件数）

審査月	支払事業所数			明細書件数（千枚）		
	2020 年 7 月審査	前年同月比		2020 年 7 月審査	前年同月比	
			(%)			(%)
合計	389895	1721	0.4	14956.6	96.4	0.6
社福法人（社協以外）	73876	▲ 1415	▲ 1.9	3078.8	▲ 64.2	▲ 2.0
社福法人（社協）	10279	▲ 375	▲ 3.5	593.1	▲ 6.8	▲ 1.1
医療法人	65353	202	0.3	2617.5	21.8	0.8
社団・財団	6375	71	1.1	285.6	5.5	2.0
営利法人	189844	3545	1.9	7111.9	147.5	2.1
NPO	8706	▲ 345	▲ 3.8	195.9	▲ 5.2	▲ 2.6
農協	1683	▲ 90	▲ 5.1	68.6	▲ 3.5	▲ 4.8
生協	3925	▲ 37	▲ 0.9	166.7	▲ 1.3	▲ 0.8
その他法人	3609	144	4.2	102.9	4.4	4.4
地方公共団体	5091	▲ 24	▲ 0.5	291.2	▲ 3.5	▲ 1.2
非法人	8151	155	1.9	147.3	4.7	3.3
その他	13003	▲ 110	▲ 0.8	297.2	▲ 2.9	▲ 1.0

注 1）7 月審査、前年同月比、％の数値は、すべて出所の通りである。
（出所）国保保中央会資料より作成。

(3) サービス種類別保険給付額

　③保険給付額をサービス種類別にみると**表 2-3** のとおりである。

　訪問系は前年同月比プラスが多いが、短期入所と通所はマイナスが目立つ。具体的には、短期入所の小計は▲ 5.2％、内訳は、生活介護▲ 2.1％、療養介護（老健）▲ 25.9％、療養介護（病院等）▲ 31.1％となっている。唯一、療養介護（介護医療院）だけが174.6％のプラスである。短期入所の介護予防サービスは、16.5％～ 44.3％までのすべてがマイナスである。

　通所系では、介護予防通所介護が▲ 52.3％、介護予防通所リハビリテーションが▲ 1.7％、総合事業の通所型サービスが▲ 5.3％などとなっている。しかし、通所介護は＋ 4.3％、地域密着型通所介護も＋ 3.9％とプラスになっている。

表 2-3　サービス種類別保険給付額

(単位：百万円)

	7 月審査	前年比	%
合計	843007	34852	4.3
居宅サービス計	354740	17093	5.1
訪問通所小計	264823	16138	6.5
訪問介護	72374	6218	9.4
訪問入浴介護	4097	390	10.5
訪問看護	22215	3112	16.3
訪問リハビリテーション	3531	366	11.6
通所介護	96207	3946	4.3
通所リハビリテーション	30120	151	0.5
福祉用具貸与	23963	1210	5.3
介護予防訪問介護	▲ 0	0	▲ 21.9
介護予防訪問入浴介護	17	1	9.3
介護予防訪問看護	2687	436	19.4
介護予防訪問リハビリテーション	649	96	17.4
介護予防通所介護	▲ 1	1	▲ 52.3
介護予防通所リハビリテーション	5675	▲ 101	▲ 1.7
介護予防福祉用具貸与	3288	311	10.4
短期入所小計	36047	▲ 1996	▲ 5.2
短期入所生活介護	32313	▲ 708	▲ 2.1
短期入所療養介護（老健）	3270	▲ 1141	▲ 25.9
短期入所療養介護（介護医療院）	26	17	174.6
短期入所療養介護（病院等）	121	▲ 55	▲ 31.1
介護予防短期入所生活介護	285	▲ 91	▲ 24.3
介護予防短期入所療養介護（老健）	30	▲ 17	▲ 36.7
介護予防短期入所療養介護（介護医療院）	0	▲ 0	▲ 44.3
介護予防短期入所療養介護（病院等）	1	▲ 0	▲ 16.5
居宅療養管理指導	9362	700	8.1
特定施設入居者生活介護	41417	2180	5.6
特定施設入居者生活介護（短期）	29	▲ 26	▲ 47.2
介護予防居宅療養管理指導	608	52	9.4
介護予防特定施設入居者生活介護	2455	44	1.8
居宅介護支援	40035	922	2.4
介護予防支援	3297	149	4.7

市町村特別給付	3	▲ 0	▲ 1.3
地域密着型サービス計	138761	6359	4.8
定期巡回・随時対応型訪問介護看護	4555	800	21.3
夜間対応型訪問介護	224	▲ 11	▲ 4.6
地域密着型通所介護	30827	1170	3.9
認知症対応型通所介護	6154	18	0.3
小規模多機能型居宅介護	19623	640	3.4
小規模多機能型居宅介護（短期）	10	▲ 2	▲ 19.8
認知症対応型共同生活介護	52484	2155	4.3
認知症対応型共同生活介護（短期）	20	▲ 8	▲ 27.8
地域密着型特定施設入居者生活介護	1538	93	6.4
地域密着型特定施設入居者生活介護（短期）	1	0	3.0
地域密着型介護老人福祉施設入所者生活介護	18723	865	4.8
看護小規模多機能型居宅介護	3539	658	22.8
看護小規模多機能型居宅介護・短期	5	▲ 0	▲ 0.5
介護予防認知症対応型通所介護	41	▲ 2	▲ 4.6
介護予防小規模多機能型居宅介護	762	▲ 14	▲ 1.8
介護予防小規模多機能型居宅介護（短期）	0	▲ 0	▲ 35.0
介護予防認知症対応型共同生活介護	255	▲ 3	▲ 1.3
介護予防認知症型共同生活介護（短期）	0	▲ 0	▲ 5.2
施設サービス計	282602	11179	4.1
介護福祉施設サービス	160270	6897	4.5
介護保健施設サービス	103481	3002	3.0
介護医療院サービス	12148	6714	123.6
介護療養施設サービス	6704	▲ 5433	▲ 44.8
総合事業計	23569	▲ 851	▲ 3.5
訪問型サービス	6976	▲ 67	▲ 1.0
通所型サービス	14514	▲ 819	▲ 5.3
その他の生活支援サービス	0	0	55.8
介護予防ケアマネジメント	2079	35	1.7

注 1) 7 月審査、前年比、％の数値は、すべて出所の通りである。
（出所）国保保中央会資料より作成。

　一方、訪問看護は＋16.3％、訪問リハビリテーションは＋11.6％と比較的高い伸びとなっている。また、定期巡回・随時対応型訪問介護看護は＋21.3％、看護小規模多機能型居宅介護＋22.8％と高い伸びである。

(4) 都道府県別保険給付額の前年同期比

　保険給付額の前年同月比を都道府県別に見ると**表2-4**のとおりである。

表2-4　保険給付額の前年同月比（都道府県別）

(%・ポイント)

都道府県	6月審査	7月審査	増減
山　形	0.39	2.41	2.02
鳥　取	▲0.27	2.45	2.72
福　岡	▲0.90	2.55	3.45
山　梨	▲0.08	2.83	2.91
福　井	▲1.24	2.89	4.13
石　川	▲0.23	2.94	3.17
愛　媛	0.82	3.02	2.2
和歌山	0.69	3.05	2.36
佐　賀	0.36	3.10	2.74
長　崎	0.80	3.14	2.34
富　山	▲2.32	3.19	5.51
長　野	1.20	3.40	2.2
香　川	0.66	3.44	2.78
新　潟	1.56	3.49	1.93
島　根	1.04	3.52	2.48
熊　本	0.72	3.55	2.83
広　島	▲0.73	3.56	4.29
青　森	1.67	3.66	1.99
高　知	0.32	3.74	3.42
東　京	▲1.32	3.80	5.12
徳　島	1.25	3.95	2.7
山　口	0.91	4.01	3.1
三　重	0.19	4.10	3.91
秋　田	2.28	4.10	1.82
大　分	1.29	4.12	2.83
宮　崎	2.20	4.13	1.93
岐　阜	0.80	4.15	3.35
茨　城	0.20	4.21	4.01
岡　山	1.80	4.27	2.47
群　馬	0.01	4.28	4.27

福　島	1.18	4.39	3.21
沖　縄	▲ 1.11	4.40	5.51
北海道	1.18	4.53	3.35
兵　庫	▲ 0.04	4.58	4.62
愛　知	1.24	4.62	3.38
千　葉	0.06	4.69	4.63
栃　木	2.02	4.75	2.73
神奈川	0.70	4.82	4.12
岩　手	2.20	4.94	2.74
鹿児島	2.21	5.06	2.85
京　都	2.07	5.17	3.1
静　岡	1.67	5.19	3.52
宮　城	2.32	5.43	3.11
埼　玉	0.24	5.46	5.22
滋　賀	1.54	5.57	4.03
奈　良	1.38	5.62	4.24
大　阪	0.15	5.86	5.71
合　計	0.52	4.31	3.79

（出所）国保保中央会資料より作成。

　6月審査分では、前年同月比の増減をみると、富山▲ 2.32％、東京▲ 1.32％、福井▲ 1.24％、沖縄▲ 1.11％などの4都県は▲ 1.00％以上のマイナスであり、福岡▲ 0.90％、広島▲ 0.73％、鳥取▲ 0.27％、石川▲ 0.23％、山梨▲ 0.08％、兵庫▲ 0.04％の6県は▲ 1.00％未満のマイナスである。合計10都県がマイナスである。一方、プラスの県を見ると、最も高いのは宮城2.32％であり、以下、順に2.00％以上だけを見ると、秋田2.28％、鹿児島2.21％、宮崎・岩手2.20％、京都2.07％、栃木2.02％の7県のみであった。

　しかし7月審査分では、全都道府県がプラスになった。増減率の最低で見ても山形で2.41％、以下、順に3.00％未満だけを見ると、鳥取2.45％、福岡2.55％、山梨2.83％、福井2.89％、石川2.94％なども低い伸びの県となっており、愛媛で3.02％となる。一方、最高は大阪で5.86％である。以下、順に、奈良5.62％、滋賀5.57％、埼玉5.46％、宮城5.43％、静岡5.19％、京都5.17％、鹿児島5.06％の8県が5.00％以上である。

　保険給付額の前年同月比合計を6月審査分（0.52％）と7月審査分（4.31％）で比較すると、3.79ポイント増加したこととなる。

2. 国保中央会「介護保険の事業者の支払い状況等」（2020 年 9 月）審査報告

(1) 保険給付額の状況

　国保中央会「介護保険の事業者の支払い状況等」（2020 年 1 〜 7 月）審査報告では、かなり詳細な分析を行ったので、9 月審査分では、7 月、8 月、9 月分のサービス種類別の保険給付額の前年同月比について述べる。

　国保中央会は 2020 年 10 月 19 日、介護保険の事業者の支払状況等（9 月審査分）を公表した。保険給付額の前年同月比を見ると、5 〜 6 月審査分は 1.6％、0.5％と 2％未満の低い伸びであったが、7 月審査分は 4.3％、8 月審査分は 3.2％、9 月審査分も 3.4％と 3％台のプラスで推移しており、新型コロナウイルスの影響は減少しつつある。

(2) サービス種類別の保険給付額の状況

　サービス種類別に見ると、**表 2-5** のとおりである。

　短期入所は 7 月審査分▲ 5.2％、8 月審査分▲ 2.1％、9 月審査分▲ 1.4％と回復しつつあるものの、依然としてマイナスが続いている

　総合事業も厳しい状況で、7 月審査分▲ 3.5％、8 月審査分▲ 3.2％、9 月審査分▲ 4.0％（訪問型サービス▲ 1.2％、通所型サービス▲ 5.9％）と、出口がまだ見えない状況となっている。

　一方、9 月審査分では訪問介護 8.5％、訪問看護 7.9％、福祉用具貸与 6.9％などとやや高い伸びのサービスもある。定期巡回・随時対応型訪問介護看護は 23.2％、看護小規模多機能型居宅介護は 24.0％と、この 2 つは 2 割増しである。

　なお支払事業所数の前年同月比は 6 月審査分▲ 0.5％とマイナスであったが、7 月審査分 0.4％、8 月審査分 0.6％、9 月審査分 0.7％と増加している。

　同様に、明細書件数も 5 月審査分▲ 0.7％、6 月審査分▲ 2.2％とマイナスであったが、7 〜 9 月審査分は 0.6％、1.1％、1.3％と増加している。

表2-5　保険給付額の前年同月比（サービス種類別）

(単位：%)

	7月	8月	9月
合計	4.3	3.2	3.4
居宅サービス計	5.1	3.3	3.3
訪問通所小計	6.5	3.6	3.4
訪問介護	9.4	7.5	8.5
訪問入浴介護	10.5	5.7	4.2
訪問看護	16.3	8.6	7.9
訪問リハビリテーション	11.6	3.1	3.0
通所介護	4.3	1.4	0.2
通所リハビリテーション	0.5	▲ 3.5	▲ 4.0
福祉用具貸与	5.3	5.3	6.9
介護予防訪問介護	▲ 21.9	▲ 46.2	488.8
介護予防訪問入浴介護	9.3	3.9	2.5
介護予防訪問看護	19.4	11.2	11.0
介護予防訪問リハビリテーション	17.4	8.9	8.5
介護予防通所介護	▲ 52.3	17.1	▲ 105.6
介護予防通所リハビリテーション	▲ 1.7	▲ 0.5	▲ 2.6
介護予防福祉用具貸与	10.4	9.8	10.6
短期入所小計	▲ 5.2	▲ 2.1	▲ 1.4
短期入所生活介護	▲ 2.1	0.0	0.7
短期入所療養介護（老健）	▲ 25.9	▲ 16.3	▲ 15.3
短期入所療養介護（介護医療院）	174.6	165.7	163.8
短期入所療養介護（病院等）	▲ 31.1	▲ 31.0	▲ 31.8
介護予防短期入所生活介護	▲ 24.3	▲ 17.7	▲ 20.6
介護予防短期入所療養介護（老健）	▲ 36.7	▲ 31.3	▲ 33.3
介護予防短期入所療養介護（介護医療院）	▲ 44.3	52.4	17.6
介護予防短期入所療養介護（病院等）	▲ 16.5	▲ 4.8	▲ 35.2
居宅療養管理指導	8.1	7.6	8.7
特定施設入居者生活介護	5.6	5.5	5.9
特定施設入居者生活介護（短期）	▲ 47.2	▲ 35.7	▲ 43.4
介護予防居宅療養管理指導	9.4	8.3	10.2
介護予防特定施設入居者生活介護	1.8	2.8	2.9
居宅介護支援	2.4	2.2	2.6
介護予防支援	4.7	4.2	4.2

市町村特別給付	▲ 1.3	3.0	9.2
地域密着型サービス計	4.8	4.0	4.1
定期巡回・随時対応型訪問介護看護	21.3	21.4	23.2
夜間対応型訪問介護	▲ 4.6	62.3	18.6
地域密着型通所介護	3.9	0.5	▲ 0.5
認知症対応型通所介護	0.3	▲ 2.0	▲ 2.0
小規模多機能型居宅介護	3.4	3.5	3.3
小規模多機能型居宅介護（短期）	▲ 19.8	▲ 7.5	▲ 14.9
認知症対応型共同生活介護	4.3	4.2	4.7
認知症対応型共同生活介護（短期）	▲ 27.8	▲ 19.2	▲ 6.8
地域密着型特定施設入居者生活介護	6.4	5.2	5.8
地域密着型特定施設入居者生活介護（短期）	3.0	▲ 69.3	7.3
地域密着型介護老人福祉施設入所者生活介護	4.8	5.1	5.7
看護小規模多機能型居宅介護	22.8	22.6	24.0
看護小規模多機能型居宅介護・短期	▲ 0.5	17.3	13.1
介護予防認知症対応型通所介護	▲ 4.6	▲ 8.6	▲ 10.8
介護予防小規模多機能型居宅介護	▲ 1.8	▲ 0.6	▲ 0.4
介護予防小規模多機能型居宅介護（短期）	▲ 35.0	▲ 72.7	▲ 70.4
介護予防認知症対応型共同生活介護	▲ 1.3	▲ 6.7	2.7
介護予防認知症型共同生活介護（短期）	▲ 5.2	▲ 88.0	▲ 24.2
施設サービス計	4.1	3.6	4.0
介護福祉施設サービス	4.5	4.3	4.8
介護保健施設サービス	3.0	1.8	2.0
介護医療院サービス	123.6	125.1	115.7
介護療養施設サービス	▲ 44.8	▲ 45.7	▲ 45.2
総合事業計	▲ 3.5	▲ 3.2	▲ 4.0
訪問型サービス	▲ 1.0	▲ 1.6	▲ 1.2
通所型サービス	▲ 5.3	▲ 4.6	▲ 5.9
その他の生活支援サービス	55.8	32.6	62.9
介護予防ケアマネジメント	1.7	1.6	0.9

（出所）国保保中央会資料より作成。

第4節　感染拡大第2波と介護経営の考察

1. 7月以降の回復の兆し

新型コロナウイルス感染拡大の影響で、特に5～6月審査分は支払事業所数、明細書件数ともマイナスまで落ち込み、保険給付額も前年同期比で5月と6月は下がったが、7月審査分では回復しつつある状況がうかがえた。しかし、7月審査分の支払事業所数38万9895は、最も多かった2020年1月審査分の39万402と比べると▲607と減少しており、回復基調ではあるものの、元に戻ったわけではない。保険給付額の前年同月比はプラス基調だが、1月～4月審査分が3.5%から7.3%であったのに比べると、5月審査分は1.6%、6月審査分は0.5%と低い伸びであった。7月審査分は4.3%にまで回復した。

2. 法人種別の動向

社会福祉法人、NPO、協同組合、地方公共団体等の介護事業所が減少する中で、営利法人の介護事業所が大きく増加した。その結果、1年間の合計で1721事業所が増加した。特に、社会福祉法人（社協と社協以外）の支払い事業所数は▲1790と減少が大きく、減少した支払事業所数の74.7%を占めている。次に減少数の大きいNPO（▲345）は14.4%を占めている。この2つの法人種別で、減少した支払事業所数の89.1%となる。

3. サービス種類別の動向

サービス種類別保険給付額を見ると、全体としてはプラスに転じた。居宅サービスはプラスである。訪問通所はプラスだが短期入所はマイナスであった。居宅療養管理指導、特定施設入居者生活介護、介護予防居宅療養管理指導、介護予防特定施設入居者生活介護はプラスだが、（短期）はマイナスである。居宅介護支援、介護予防支援はプラスだが、市町村特別給付はマイナスである。

地域密着サービスを見ると、夜間対応型訪問介護、小規模多機能型居宅介護（短期）、認知症対応型共同生活介護（短期）、看護小規

模多機能型居宅介護・短期、そして介護予防サービスはすべてマイナスである。それ以外の地域密着サービスはプラスとなっている。施設サービスは、介護福祉施設、介護保健施設、介護医療院のサービスはプラスだが、介護療養施設サービスはマイナスである。

　総合事業は、訪問型サービスと通所型サービスはマイナスであるが、その他の生活支援サービスと介護予防ケアマネジメントはプラスとなった。

　サービス種類別保険給付額を見ると、全体としてはプラスに転じているが、サービス種別で回復したものと回復できていないサービスが混在していることが特徴である。

　介護予防と短期入所のサービスは概ねマイナスで回復していないといえそうである。総合事業も総じてマイナスであることは、一般的に考えても利用者が新型コロナ感染症への対処として、利用控えしたと考えられる。同時に、介護事業者も、新型コロナ感染症への懸念からサービス提供を控えている（自粛している）ことも原因と考えられよう。

4. 都道府県別及びサービス種類別保険給付額の動向

　表 2-4 からわかることは、6 月審査では 10 都県がマイナスであったが、7 月審査では 47 都道府県すべてでプラスに転じた。しかし、**表 2-5** をみるとわかるように、保険給付額の前年同月比（サービス種類別）では、全体では 7 月、8 月、9 月までプラスが続いている。サービス別に見た場合、7 月と比べて 8 月、9 月で悪化したサービスがある。同様に 7 月と比べて 8 月、9 月で改善したサービスもある。

　結論として、サービスに関しては、傾向として悪化と改善が交錯しており、現段階で原因を特定しても、あまり意味がないと考える。

注・文献

1)　新型コロナウイルス感染症対策本部「新型コロナウイルス感染症緊急事態解除宣言」2020 年 5 月 25 日。

2)　国民健康保険団体連合会（国保連合会）は、国民健康保険法第 83 条に基づ

き、47の都道府県単位に設立され、都道府県知事の指導監督を受ける公法人であり、各都道府県内の国民健康保険の保険者である都道府県・市町村及び国民健康保険組合（国保組合）が会員となり、共同で事務を行っている。国民健康保険中央会（国保中央会）は、一般社団法人及び一般財団法人に関する法律に基づき各都道府県の国保連合会を会員として組織され、公益社団法人及び公益財団法人の認定等に関する法律に基づき、内閣府から公益認定を受けた公益社団法人である。国民健康保険事業、高齢者医療事業、健康保険事業、介護保険事業及び障害者総合支援事業の普及、健全な運営及び発展を図り、社会保障及び国民保健の向上に寄与することを目的としている。

第3章 感染拡大第3波と介護経営
―2015～19年度の事業所経営状況分析からの示唆―

第1節 問題の所在

1. 背景としての政府等の主な動向（2020年10～12月）

2020年10月26日、臨時国会が招集され、菅義偉首相は所信表明演説した。

12月14日、政府は、8月上旬の開始予定を前倒しし、東京を除外して7月22日から実施した「Go Toトラベル」は、医療現場や政府の分科会からも運用の見直しや停止を求める意見が寄せられていたが、ようやく28日からの全国一斉停止を発表した。

12月20日、全国知事会は、新型コロナウイルス対策でオンライン会議を開き、国民に対して「静かな年末年始」を過ごすよう求める緊急のメッセージを出した。感染拡大地域とそれ以外の地域を往来する帰省や旅行を控えることを含め、慎重な行動を呼びかけた。知事会は、8月にもお盆の帰省で感染防止の徹底を国民に求めるメッセージを出している。

12月21日、新型コロナウイルスの感染拡大下で迎える年末年始を控え、小池百合子東京都知事が臨時の記者会見を開き、春の緊急事態宣言下で多用された「ステイホーム（家にいよう）」のフレーズを再び持ち出し、不要不急の外出を控えるよう強く訴えた。

12月22日現在の新型コロナ関連破綻（負債1000万円以上）は2月からの累計で814件となった（東京商工リサーチより）。業種別では飲食業が138件、次いでアパレル関連が79件、宿泊業は60件に達した。休廃業・解散した企業は1～10月で4万3802件で、調査開始以来最多だった2018年を大幅に上回るペースで推移している。コロナの影響による解雇や雇い止めは7.7万人に上る。

12月26日、厚生労働省は新型コロナウイルスに感染した東京都内の30歳代男性と、20歳代女性の計2人から、英国で流行している変異種が見つかったと発表した。政府は同日、全世界からの外国人の新規入国の停止を発表した。

2. 課題の設定

新型コロナウイルス感染症の影響で、介護事業所経営は厳しい状況が続いている。結城康博が9月7日〜17日にインターネットで実施した「新型コロナ問題における在宅介護サービスの実態調査報告」[1] では、新型コロナウイルス感染症の影響によって、在宅介護の事業所の経営状況について6割強の介護職員が「困っている」と回答した。6割強という割合は、6〜8月のコロナの影響を色濃く反映した結果であると推測できる。

しかし、「新型コロナウイルス感染症の介護サービス事業所の経営への影響に関する調査研究事業（速報）」（三菱総合研究所）[2] でも、経営影響調査で収支の状況をみると、新型コロナの流行前と比較して「悪くなった」と回答した事業所の割合は、10月でも32.7%と3割超となっている。

10月は、第3波ともいうべき、1日当たり感染者の棒グラフが上昇し12月の山へと向かっていく時期である。残念ながら本章執筆時点の12月においては、10月以降の経営状況を知る資料は入手できない。そこで、そもそも新型コロナウイルス感染症拡大前の経営状況はどうだったかを知る必要があると考えた。なぜなら、新型コロウイルス感染症によって急に経営悪化した事業所がないことはないが、むしろそれまでの経営状況がどうだったかを知ることで、新型コロナウルス感染症拡大は介護保険制度そのものの問題点を明らかにしたのではないか、と考えたからである。したがって本章では、2015〜19年度の事業所の経営状況を分析するとともに、とりわけ2018年度と19年度の経営状況を検討することとする。同時に、政府がこの間取り組んできた介護職員の処遇改善についても分析する。

第 2 節　2015 〜 19 年度の事業所経営状況分析の調査対象と方法

1.　調査対象

　本章で利用する資料は、平成 29 年度、令和元年度、及び令和 2 年度の「介護事業経営実態調査結果の概要」のデータを利用する。そして、厚労省が 2020 年 10 月 30 日、社会保障審議会介護給付費分科会の介護事業経営調査委員会と分科会に報告した、「令和 2 年度介護事業所経営実態調査結果（実態調査）」を利用する。

　そして、特定処遇改善加算の影響を知るために「介護従事者処遇状況等調査結果」と「令和 2 年度障害福祉サービス等従事者処遇状況等調査結果」のデータを利用する。

2.　調査方法

　調査方法は、4 つの調査報告を分析する形で行う資料調査である。調査方法等の限界を考慮しながら、データ分析することとする。そして考察では、「令和 3 年度介護報酬改定に関する審議報告」（第 199 回社会保障審議会介護給付費分科会資料 3、2021 年 1 月 18 日）も利用する。

第 3 節　2015 〜 19 年度の事業所経営状況分析の調査結果

1.　介護事業所経営実態調査
(1)　介護サービスにおける収支差率

　表 3-1 は、現在の様式に変更された、平成 29 年度、令和元年度、及び令和 2 年度の「介護事業経営実態調査結果の概要」のデータを集計した、各介護サービスにおける収支差率を 2015 〜 2019 年度までの 5 年間を集計した結果である。表の右端には 2019 年と 2015 年度との増減を示した一覧表である。

表 3-1　各介護サービスにおける収支差率（2015-19 年度）

（単位：%）

	2015（平成27）年度	2016（平成28）年度	2017（平成29）年度	2018（平成30）年度	2019（令和元）年度	2019-15年度増減
全サービス平均	3.8（-）	3.3（-）	3.9（3.5）	3.1（2.8）	2.4（2.1）	▲1.4（-）
施設サービス						
介護老人福祉施設	2.5（2.5）	1.6（1.6）	1.7（1.7）	1.8（1.8）	1.6（1.6）	▲0.9（▲0.9）
介護老人保健施設	3.2（2.7）	3.4（3.0）	3.9（3.7）	3.6（3.4）	2.4（2.2）	▲0.8（▲0.5）
介護療養型医療施設	3.7（2.7）	3.3（2.6）	5.0（4.0）	4.0（3.2）	2.8（2.3）	▲0.9（▲0.4）
介護医療院	-	-	-	-	※5.2（※4.7）	-
居宅サービス						
訪問介護	5.5（4.6）	4.8（4.1）	6.0（5.6）	4.5（4.1）	2.6（2.3）	▲2.9（▲2.3）
訪問入浴介護	2.7（1.6）	2.8（2.1）	3.5（2.0）	2.6（1.2）	3.6（2.7）	0.9（1.1）
訪問看護	3.0（2.3）	3.7（3.0）	4.6（4.3）	4.2（4.0）	4.4（4.2）	1.4（1.9）
訪問リハビリテーション	4.3（3.6）	3.5（2.9）	4.6（4.0）	3.2（2.6）	2.4（1.9）	▲1.9（▲1.7）
通所介護	7.1（5.6）	4.9（4.7）	5.5（4.9）	3.3（2.8）	3.2（2.9）	▲3.9（▲2.6）
通所リハビリテーション	4.6（4.0）	5.1（4.7）	5.7（5.1）	3.1（2.6）	1.8（1.4）	▲2.8（▲2.6）
短期入所生活介護	3.2（3.1）	3.8（3.8）	4.9（4.8）	3.4（3.3）	2.5（2.3）	▲0.7（▲0.8）
特定施設入居者生活介護	4.1（2.7）	2.5（1.9）	1.9（0.7）	2.6（1.3）	3.0（1.9）	▲1.1（▲0.8）
福祉用具貸与	3.7（3.0）	4.5（3.6）	4.7（4.0）	4.2（3.4）	4.7（3.5）	1.0（0.5）
居宅介護支援	▲1.8（▲2.1）	▲1.4（▲1.7）	▲0.2（▲0.4）	▲0.1（▲0.4）	▲1.6（▲1.9）	0.2（0.2）
地域密着サービス						
定期巡回・随時対応型訪問介護看護	※6.8（※6.5）	4.8（4.7）	6.3（6.0）	8.7（8.5）	6.6（6.0）	▲0.2 ＊（▲0.5）＊
夜間対応型訪問介護	※3.6（※3.6）	※1.5（※1.3）	※4.2（※4.2）	※5.4（※5.3）	※2.5（※2.0）	▲1.1 ＊（▲1.6）＊
地域密着型通所介護	3.2（2.8）	2.0（1.6）	4.4（4.0）	2.6（2.3）	1.8（1.5）	▲1.4（▲1.3）
認知症対応型通所介護	6.0（5.7）	4.9（4.7）	6.0（5.8）	7.4（7.2）	5.6（5.4）	▲0.4（▲0.3）
小規模多機能型居宅介護	5.4（5.4）	5.1（4.9）	3.4（3.0）	2.8（2.5）	3.1（2.9）	▲2.3（▲2.5）
認知症対応型共同生活介護	3.8（5.2）	5.1（4.8）	5.1（4.9）	4.7（4.4）	3.1（2.7）	▲0.7（▲2.5）

地域密着型特定施設入居者 生活介護	※5.2 (※5.0)	3.2 (2.9)	1.9 (1.6)	1.5 (1.2)	1.0 (0.6)	▲4.2　＊ (▲4.4)　＊
地域密着型介護老人福祉施 設	1.6 (1.6)	0.5 (0.5)	0.5 (0.5)	2.0 (2.0)	1.3 (1.3)	▲0.3 (▲0.3)
看護小規模多機能型居宅介 護	※6.3 (※6.3)	※4.6 (※4.1)	4.6 (4.2)	5.9 (5.6)	3.3 (3.1)	▲3.0　＊ (▲3.2)　＊

注1）収支差率に「※」のあるサービスについては、集計施設・事業所数が少なく、集計結果に個々のデータが大きく影響していると考えられるため、参考値として公表している。

注2）全サービス平均の収支差率については、総費用額に対するサービス毎の費用額の構成比に基づいて算出した加重平均値である。

注3）表の一番右側の「＊」は、注1）のとおり参考値が含まれた計算値であることを示している。

（出所）平成29年度、令和元年度、及び令和2年度の「介護事業経営実態調査結果の概要」より改編して作成。

なお、表中の言葉の意味は、次のように整理している。

「収支差率＝（介護サービスの収益額－介護サービスの費用額）／介護サービスの収益額」である。そして、（　）内は、税引き後収支差率であり、（－）は、データなしである。

「介護サービスの収益額は、介護事業収益と借入金利息補助金収益の合計額」である。

「介護事業収益は、介護報酬による収入（利用者負担含む）、保険外利用料収入、補助金収入（運営費に係るものに限る）の合計額」である。

「介護サービスの費用額は、介護事業費用、借入金利息及び本部費繰入（本部経費）の合計額」である。

2015年度から2019年度までの全サービス平均を見ると、3％台だった2019年度収支差率は2.4％に落ち込んだ。結果、2019年度から2015年度の収支差率の増減は▲1.4ポイントで減少となった。税引き後収支差率では2018年度（2.8％）から3％を割り込んだ。

施設サービスを見ると、サービスごとに収支差率にばらつきがあるが、2015年度と2019年度を比べるとすべてのサービスがマイナスである（税引き後も同様にマイナスである。以下、同様）。

居宅サービスは、訪問入浴介護、訪問看護、福祉用具貸与と居宅介護支援の収支差率はプラスだが、その他のサービスはマイナスに

なっている。ちなみに、居宅介護支援がプラスなのは、5年間ずっとマイナスであった収支差率のうち、2015年度の収支差率が▲1.8％（税引き後▲2.1％）でもっとも高かったために、プラス0.2（0.2）になったためである。

　地域密着サービスは、すべてのサービスがマイナスである。

　2015〜18年度までなんとか持ち堪えてきた介護保険のサービスの収支差率の減少の原因を知ることは重要と考える。そこで、令和2年度の介護事業経営実態調査を調べることとした。

(2) 令和2年度介護事業所経営実態調査

　厚労省は2020年10月30日、「令和2年度介護事業所経営実態調査結果（実態調査）」を公表した。同日開催された社会保障審議会介護給付費分科会の介護事業経営調査委員会と分科会に報告された。2019（令和元）年度の決算に基づく介護サービス全体の収支差率（税引き前）が、2018（平成30）年度から0.7ポイント低下し2.4％になったことは特に重視すべきである。厚労省は、低下した要因を人材確保難から人件費を増加させた影響と分析した。

　言うまでもなく、実態調査は介護サービス事業所・施設の経営状況を把握するもので、介護報酬改定の検討で活用される。改定後3年目の5月に実施され、改定後2年目の決算に基づき、収支状況や職員配置・給与などを把握した。全介護サービスを分析対象とし、サービスごとに層化無作為抽出法により、1分の1〜20分の1で抽出される。令和2年度のそれは23サービスの3万1773事業所を対象として有効回答は1万4376事業所（有効回答率45.2％）であった。なお改定後2年目の5月には改定前後のデータを把握する概況調査も実施される。今回の調査は、2019年12月に公表された概況調査よりも3ポイント回答率が低くなったことは今後の課題となった。

　平成30年度決算と令和元年度決算、対30年度増減を示した令和2年度実態調査を**表3-1**から抽出し改編して**表3-2**として掲示する。なお、表中の言葉の意味は、すでに整理しているとおりである。

表 3-2　各介護サービスにおける収支差率（2018-19 年度）

(単位：%)

	2018 （平成 30） 年度	2019 （令和元） 年度	2019-18 年度 増減	
全サービス平均	3.1(2.8)	2.4(2.1)	▲0.7(▲0.7)	
施設サービス				
介護老人福祉施設	1.8(1.8)	1.6(1.6)	▲0.2(▲0.2)	
介護老人保健施設	3.6(3.4)	2.4(2.2)	▲1.2(▲1.2)	
介護療養型医療施設	4.0(3.2)	2.8(2.3)	▲1.2(▲0.9)	
介護医療院	–	※ 5.2(※ 4.7)	–	
居宅サービス				
訪問介護	4.5(4.1)	2.6(2.3)	▲1.9(▲1.8)	
訪問入浴介護	2.6(1.2)	3.6(2.7)	1.0(1.5)	
訪問看護	4.2(4.0)	4.4(4.2)	0.2(0.2)	
訪問リハビリテーション	3.2(2.6)	2.4(1.9)	▲0.8(▲107)	
通所介護	3.3(2.8)	3.2(2.9)	▲0.1(0.1)	
通所リハビリテーション	3.1(2.6)	1.8(1.4)	▲1.3(▲1.2)	
短期入所生活介護	3.4(3.3)	2.5(2.3)	▲0.9(▲1.0)	
特定施設入居者生活介護	2.6(1.3)	3.0(1.9)	0.4(0.6)	
福祉用具貸与	4.2(3.4)	4.7(3.5)	0.5(0.1)	
居宅介護支援	▲0.1(▲0.4)	▲1.6(▲1.9)	▲1.5(▲1.5)	
地域密着サービス				
定期巡回・随時対応型訪問 介護看護	8.7(8.5)	6.6(6.0)	▲2.1(▲2.5)	
夜間対応型訪問介護	※ 5.4(※ 5.3)	※ 2.5(※ 2.0)	▲2.9(▲3.3)	＊
地域密着型通所介護	2.6(2.3)	1.8(1.5)	▲0.8(▲0.8)	
認知症対応型通所介護	7.4(7.2)	5.6(5.4)	▲1.8(▲1.8)	
小規模多機能型居宅介護	2.8(2.5)	3.1(2.9)	0.3(0.4)	
認知症対応型共同生活介護	4.7(4.4)	3.1(2.7)	▲1.6(▲1.7)	
地域密着型特定施設入居者 生活介護	1.5(1.2)	1.0(0.6)	▲0.5(▲0.6)	
地域密着型介護老人福祉施 設	2.0(2.0)	1.3(1.3)	▲0.7(▲0.7)	
看護小規模多機能型居宅介 護	5.9(5.6)	3.3(3.1)	▲2.6(▲2.5)	

注 1) 収支差率に「※」のあるサービスについては、集計施設・事業所数が少なく、集計結果に個々のデータが大きく影響していると考えられるため、参考値として公表している。

注 2) 全サービス平均の収支差率については、総費用額に対するサービス毎の費用額の構成比に基づいて算出した加重平均値である。

注 3) 表の一番右側の「＊」は、注 1) のとおり参考値が含まれた計算値であることを示している。

(出所) 2018 年度決算は「令和元年度概況調査」、2019 年度決算は「令和 2 年度実態調査」の数値。「令和 2 年度介護事業経営実態調査結果の概要」より改編して作成。

(3) 各サービスの給与費の割合

　前述したとおり、2019（令和元）年度の全サービス平均の収支差率は 2.4％（税引き前。以下同様）である。各サービス別にみると、17 サービスで前年度より下がった。プラスは 5 サービスにとどまった。訪問介護では 1.9 ポイント低下し、2.6％になった。また収支差率がマイナスになったのは居宅介護支援のみであり、前年度から 1.5 ポイント低下し▲ 1.6％になった。居宅介護支援は制度発足以来、マイナスが続いている。

　平成 30 年度に導入された介護医療院の収支差率は 5.2％であった（ただし、集計数が少なく参考値である）。しかし、介護老人福祉施設（特養）1.6％や介護老人保健施設 2.4％より高かった（以上、**表3-2** より）。

　収支率の低下の要因について、厚労省は、介護人材の確保が課題となる中で人件費が増加していることを指摘している。収入に対する給与費割合は全サービス平均で 0.4 ポイント上昇し 64.5％になっている（**表3-3**）。

　上昇が最も大きかったのは夜間対応型訪問介護で 6.1 ポイント上昇し 82.8％になった。給与割合が最も大きいのは居宅介護支援で 0.2 ポイント上昇し 83.6％になっている。

　介護現場では人材紹介会社等の利用も増えており、厚労省はその影響も指摘する。費用は委託費に含まれる。収入に対する委託費の割合を見ると、たとえば訪問介護では 2018（平成 30）年度決算と比べて 0.8 ポイント上昇し 1.7％になった。もう一つ給与費割合の増加については、特定処遇改善加算の影響が指摘されよう。そこで、次に特定処遇改善加算の影響について述べることとする。

表3-3　令和2年度介護事業経営実態調査結果（各サービスの給与費の割合）

（単位：%）

	2018 （平成30） 年度	2019 （令和元） 年度	2019-18 年度 増減
全サービス平均	64.1	64.5	0.4
施設サービス			
介護老人福祉施設	63.6	63.6	0.0
介護老人保健施設	60.5	61.7	1.2
介護療養型医療施設	59.8	60.9	1.1
介護医療院	–	59.4	–
居宅サービス			
訪問介護	77.2	77.6	0.4
訪問入浴介護	65.7	66.0	0.3
訪問看護	76.5	78.0	1.5
訪問リハビリテーション	71.1	72.3	1.2
通所介護	63.3	63.8	0.5
通所リハビリテーション	66.2	66.7	0.5
短期入所生活介護	64.1	63.7	▲0.4
特定施設入居者生活介護	44.6	44.9	0.3
福祉用具貸与	36.5	33.9	▲2.6
居宅介護支援	83.4	83.6	0.2
地域密着サービス			
定期巡回・随時対応型訪問介護看護	79.1	78.8	▲0.3
夜間対応型訪問介護	76.7	82.8	6.1
地域密着型通所介護	64.5	64.2	▲0.3
認知症対応型通所介護	65.5	66.9	1.4
小規模多機能型居宅介護	68.5	67.9	▲0.6
認知症対応型共同生活介護	61.8	64.2	2.4
地域密着型特定施設入居者生活介護	58.4	59.3	0.9
地域密着型介護老人福祉施設	63.6	64.7	1.1
看護小規模多機能型居宅介護	67.7	68.9	1.2

注1）介護予防サービスがあるサービスは、介護予防サービスも含め集計されている（介護予防支援を除く）。

（出所）2018年度決算は「令和元年度概況調査」、2019年度決算は「令和2年度実態調査」の数値。「令和2年度介護事業経営実態調査結果の概要」より改編して作成。

2. 特定処遇改善加算の影響

(1) 処遇改善加算全体のイメージ

<特定処遇改善加算の取得要件>	<キャリアパス要件>※就業規則等の明確な書面での整備・全ての介護職員への周知を含む
・処遇加算（Ⅰ）から（Ⅲ）まで取得していること ・処遇改善加算の職場環境等要件に関し、複数の取組を行っていること ・処遇改善加算に基づく取組について、ホームページへの掲載等を通じた見える化を行っていること	① 職位・職責・職務内容等に応じた**任用要件と賃金対系**を整備していること ② 資質向上のための計画を策定して**研修の実施又は研修の機会を確保**すること ③ 経験若しくは資格等に応じて**昇給する仕組み又は一定の機銃に基づく定期に昇給を判定する仕組み**を設けること
<サービス種類内の加算率> ・サービス提供体制強化加算（最も高い区分）等の取得状況を加味して、加算率を二段階に設定	<職場環境要件> ○賃金改善を除く、職場環境等の改善

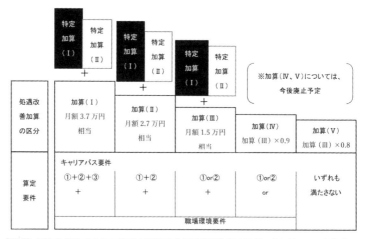

（出所）厚生労働省「令和 2 年度介護従事者処遇状況等調査結果の概要」p.2 より作成。

図 3-1 処遇改善加算全体のイメージ

(2) 介護従事者処遇状況等調査結果

　2019 年 10 月に創設した介護職員等特定処遇改善加算を算定している事業所では、勤続 10 年以上の介護福祉士（月給・常勤）の 2019（平成 31）年 2 月と 2020（令和 2）年 2 月の平均給与額を比較すると、2 万 740 円増加したことがわかった（**表 3-4**）。加算を

取得している事業所の介護職員では1万8120円増加した（**表3-5**）。

表3-4　経験・技能のある介護職員への重点化の状況

【今回調査：特定処遇改善加算（Ⅰ）〜（Ⅱ）取得事業所の状況】

	20（令和2）年2月	19（平成31）年2月	差額
介護福祉士（全体）	338,340 円	319,950 円	18,390 円
勤続1〜4年	310,780 円	291,420 円	19,360 円
勤続5〜9年	326,550 円	309,700 円	16,850 円
勤続10年以上	266,900 円	346,160 円	20,740 円

↑

【平成30年度調査：処遇改善加算（Ⅰ）〜（Ⅱ）取得事業所の状況（特別集計）】

【加算（Ⅰ〜Ⅲ）】	18（平成30）年9月	17（平成29）年9月	差額
介護福祉士（全体）	313,970 円	310,670 円	9,300 円
勤続1〜4年	294,200 円	280,980 円	13,220 円
勤続5〜9年	303,590 円	294,480 円	9,110 円
勤続10年以上	340,490 円	331,185 円	8,640 円

注1）調査対象となった施設・事業所に両年ともに在籍している介護福祉士の平均給与
を比較している。
注2）平均給与＝基本給（月額）＋手当＋一時金（10〜3月（平成30年調査は4〜9月）
支給金額の1/6）。

表3-5　令和2年度調査による介護職員（月給・常勤）の平均給与額の比較

	20（令和2）年2月	19（平成31）年2月	差額
特定処遇改善加算（Ⅰ）〜（Ⅱ）を取得した施設・事業所の介護職員	32,550 円	307,430 円	18,120 円

注1）調査対象となった施設・事業所に平成30年度と令和元年度ともに在籍している
者の平均給与額を比較している。
注2）平均給与額＝基本給（月額）＋手当＋一時金（10月〜3月支給金額の1/6）。
注3）平均給与額は10円単位を四捨五入している。

　同加算の目的は、経験・技能のある介護職員に重点化しつつ介護
職員の処遇改善を進めることであり、一定程度の効果が確認された
（厚労省「令和2年度介護従事者処遇状況等調査結果」2020年10
月30日）。

　調査結果は、同日相次いで開催された社会保障審議会介護給付費分科会の介護事業経営調査委員会と分科会に報告された。

①経験・技能のある介護職員に重点化した処遇改善の実施

　令和2年度調査では、2019年10月に創設した特定処遇改善加算の影響や調査対象事業所に在籍する介護従事者等の給与などを把握した。対象は介護保険施設や訪問介護、通所介護、通所リハビリテーション、特定施設入居者生活介護、小規模多機能型居宅介護、認知症グループホームなど10サービスである。1万1323事業所を調査客体として、有効回答は7346事業所（有効回答率64.9％）であった。

　特定処遇改善加算は、勤続年数10年以上の介護福祉士など経験・技能のある介護職員に重点化しつつ介護職員のさらなる処遇改善を進めるために導入された。リーダー級の介護職員について他産業と遜色ない賃金水準を実現するため、経験・技能のある介護職員において「月額8万円」の賃金改善、または全産業平均賃金水準（役職者を除く。年収440万円）を設定・確保することとした。

　他方で、一定の柔軟な運用を認め、介護職員以外の職種の処遇改善も可能とした。具体的に、平均処遇改善額について、経験・技能のある介護職員は、その他の介護職員の2倍以上とする。その他の職種は、その他の介護職員の2分の1を上回らないこととされた。その他の職種では、全産業平均賃金水準以上の者は対象外とされた。特定処遇改善加算の算定は、従前の介護職員処遇改善加算（Ⅰ）〜（Ⅲ）のいずれかを取得していることが前提とされた。さらに処遇改善加算の職場環境等要件で複数の取り組みを実施していることや加算に基づく取り組みをホームページ等で公表していることが要件である。

　加算率は、加算（Ⅰ）と加算（Ⅱ）の2段階がある。サービス提供体制強化加算（最も高い区分）や特定事業所加算（従事者要件のある区分）、日常生活継続支援加算、入居継続支援加算のいずれかを取得している場合は加算（Ⅰ）を算定できる。それ以外は加算（Ⅱ）となる。算定率はサービスにより異なり、たとえば訪問介護では加算（Ⅰ）6.3％、加算（Ⅱ）4.2％となる。なお介護職員が配

置されない一部のサービスは加算の対象外である。

②介護福祉士全体では賃金が1万8390円増加

　令和元年度に特定処遇改善加算の算定について届出している事業所は63.6％であった（表3-6）。このうち加算（I）は34.7％、加算（II）は28.6％となっている。

表3-6　特定処遇改善加算の取得状況

令和元年度に届出をしている	令和元年度に届出をしていない
63.6％	36.7％

　同加算（I）〜（III）を取得した事業所の介護職員（月給・常勤）の平成31年2月と令和2年2月の平均給与額を比較すると、1万8120円増加した。

　同様に介護福祉士全体では1万8390円増加した。勤続10年以上では2万740円増加しており、勤続1〜4年や勤続5〜9年よりも高かった。また平成30年度の調査における勤続10年以上の賃金改善は8640円であり、その2倍以上になった。このような状況から厚労省は、「所与の目的を果たしているのではないか」と評価した。

　増額分には、介護職員処遇改善加算の取得が進んでいる影響も含まれる。処遇改善加算の取得状況も進み、2019（平成30）年度調査と今回の2020（令和2）年度調査とを比べると、加算全体では2.4ポイント上昇し93.5％になった。特に加算（I）は、6.3ポイント上昇し75.6％になった（表3-7）。

表3-7　介護処遇改善加算の取得状況

（％・ポイント）

	令和2年度調査	平成30年度調査	前回調査との差
加算全体	93.5	91.1	＋2.4
加算（I）	75.6	69.2	＋6.3
加算（II）	10.0	11.6	▲1.6
加算（III）	7.0	9.1	▲2.1
加算（IV）	0.3	0.4	▲0.1
加算（V）	0.5	0.6	▲0.1

表 3-8 介護処遇改善加算の取得状況 (サービス別)

	取得 (届出) して いる	加算 I	加算 II	加算 III	加算 IV	加算 V	取得 (届出) して いない
全体	93.5	75.6	10.0	7.0	0.3	0.5	6.5
介護老人福祉施設	99.3	90.1	6.5	2.3	0.2	0.2	0.7
介護老人保健施設	97.6	79.0	11.4	5.6	0.3	1.3	2.4
介護療養型医療施設	62.7	35.1	9.6	15.8	0.4	1.7	37.3
介護医療院	78.5	57.2	9.1	10.8	0.5	0.9	21.5
訪問介護	92.2	70.0	12.0	9.2	0.4	0.6	7.8
通所介護	92.3	73.1	10.9	7.4	0.4	0.6	7.7
通所リハビリテーション	81.9	64.2	9.2	7.8	0.4	0.3	18.1
特定施設入居者生活介護	98.8	90.2	4.4	3.9	0.0	0.0	1.2
小規模多機能型居宅介護	99.2	89.2	6.7	3.0	0.0	0.3	0.8
認知症対応型共同生活介護	99.0	84.1	8.5	6.1	0.2	0.1	1.0

注1) 通所介護には地域密着型通所介護を含む。
注2) 令和元年度の取得 (届出) 状況である。
注3) 介護職員処遇改善加算の種類
加算 (I):介護職員処遇改善加算 (I) 37,000 円相当 (キャリアパス要件 I、要件 II、要件 III、職場環境等要件の全てを満たす場合)
加算 (II):介護職員処遇改善加算 (II) 27,000 円相当 (キャリアパス要件 I、要件 II、職場環境等要件の全てを満たす場合)
加算 (III):介護職員処遇改善加算 (III) 15,000 円相当 (キャリアパス要件 I または要件 II のどちらかを満たすことに加え、職場環境等要件の全てを満たす場合)
加算 (IV):介護職員処遇改善加算 (IV) (III) × 0.9 相当 (キャリアパス要件 I、要件 II、職場環境等要件のいずれかを満たす場合)
加算 (V):介護職員処遇改善加算 (V) (III) × 0.8 相当 (キャリアパス要件 I、要件 II、職場環境等要件のいずれも満たさない場合)
注4) キャリアパス要件:(就業規則等の明確な書面での整備・全ての介護職員への周知を含む)。①職位・職責・職務内容等に応じた任用要件と賃金体系を整備すること。②資質向上のための計画を策定して研修の実施または研修の機会を確保すること。③経験もしくは資格等に応じて昇給する仕組みまたは一定の基準に基づき定期に昇給を判定する仕組みを設けること。
注5) 環境要件:賃金改善を除く、職場環境等の改善。
(出所)厚生労働省「令和2年度介護従事者処遇状況等調査結果の概要」(統計表第 22 表)より作成。

　表 3-8 は、表 3-7 をさらにサービス別に加算別に表示した表である。サービス別に見ても「取得(届出)している」は最低の介護療養型医療施設の 62.7%から最も高い介護老人福祉施設の 99.3%までと全体として高い水準となっている。加算別に見ると、加算 IV と

Ⅴは、介護老人保健施設と介護療養型医療施設で、加算Ⅴでそれぞれ 1.3％と 1.7％となっている他はすべて 1.0％以下であり、全体が低い水準であることは明らかに理解できる。

　賃金引き上げの実施方法は、「手当の引き上げ・新設」が 54.0％など（複数回答。それぞれ予定を含む）である。

　経験・技能のある介護職員の賃金改善の状況は、「既に賃金が年額 440 万円以上となっている者がいる」が 41.5％、「改善後の賃金が年額 440 万円以上となる賃金改善を実施」が 38.6％であった。一方、「月額平均 8 万円以上の賃金改善を実施」は 10.3％にとどまった。

　特定処遇改善加算は、その他の職種にも配分が可能である。配分された職で最も多かったのは生活相談員・支援相談員であり 69.1％であった。次いで看護職員の 65.3％であった（**表 3-9**）。

表 3-9　特定処遇改善加算を配分した職員の範囲

(MA,%)

経験・技能のある介護職員	他の介護職員	その他の職種
93.4	85.4	60.0

その他の職種に対する配分状況

(MA,%)

看護職員	生活相談員	介護支援専門員	事務職員
65.3	69.1	47.1	64.4

注1）上位 4 職種。調査対象サービスを運営する法人における状況である。

　「特定処遇改善加算（Ⅰ）〜（Ⅱ）取得事業所の状況」（**表 3-10**）と「処遇改善加算（Ⅰ）〜（Ⅲ）取得事業所のうち、特定処遇改善加算未取得事業所の状況」（**表 3-11**）をみると、看護職員、生活相談・支援相談員、介護支援専門員、事務職員とも 2019 年と 2020年とでは、「特定処遇改善加算（Ⅰ）〜（Ⅱ）取得事業所」の方の差額が大きくなっており、重点化されていることがわかる。

表 3-10　特定処遇改善加算（Ⅰ）～（Ⅱ）取得事業所の状況

	20（令和2）年2月	19（平成31）年2月	差額
看護職員	383,560 円	376,850 円	6,710 円
生活相談員・支援相談員	355,150 円	343,970 円	11,180 円
介護支援専門員	362,510 円	351,440 円	11,070 円
事務職員	312,470 円	304,600 円	7,870 円

注1）調査対象となった施設・事業所に平成30年度と令和元年度ともに在籍している
　　　者の平均給与額を比較している。
注2）平均給与額＝基本給（月額）＋手当＋一時金（10月～3月支給金額の1/6）。
注3）平均給与額は10円単位を四捨五入している。

表 3-11　処遇改善加算（Ⅰ）～（Ⅲ）取得事業所のうち、
　　　　　特定処遇改善加算未取得事業所の状況

	20（令和2）年2月	19（平成31）年2月	差額
看護職員	366,170 円	359,870 円	6,300 円
生活相談員・支援相談員	316,570 円	307,960 円	8,610 円
介護支援専門員	339,410 円	331,510 円	7,900 円
事務職員	307,600 円	301,440 円	6,160 円

注1～3）は、上に同じ。

　同加算の届出を行わない理由は、「職種間の賃金バランスがとれなくなることが懸念」38.2％などである。

　介護給付費等実態統計の特別集計によると、同加算の算定率は徐々に上昇している。2020年4月には64.3％になっている。

(3)　令和2年度障害福祉サービス等従事者処遇状況等調査結果

　2019年10月に導入した「福祉・介護職員等特定処遇改善加算（特定処遇改善加算）」を取得している事業所における「経験・技能を有する障害福祉サービス等従事者（常勤）」の平均給与額を2019（平成31）年2月と2020（令和2）年2月で比較すると、2万1540円増加した。また、同加算を取得している事業所の福祉・介護職員では1万7250円増加した。同加算は、経験・技能を有する従事者に重点化しつつ福祉・介護職員のさらなる処遇改善を進めることが狙いであり、一定の効果が確認された[3]。

①４割の事業所で加算を算定

　「福祉・介護職員等特定処遇改善加算」は、同時期に介護サービスで導入された「介護職員特定処遇改善加算（特定処遇改善加算）」と同様の仕組みである。

　福祉・介護職員処遇改善加算（処遇改善加算）Ⅰ〜Ⅲのいずれかを算定していることを前提に、処遇改善加算の職場環境等要件に関して複数の取り組みを行なっていることや加算に基づく取り組みについて、ホームページへの掲載等で「見える化」を行っていることが算定要件である。サービスごとで福祉専門職員配置等加算等の取得の有無により加算率を２段階で設定している。経験・技能のある従事者に重点化しつつ、他の福祉・介護職員、さらに事務員などの他の職種にも一定の柔軟な配分を認めている。

　調査は、居宅介護や施設入所支援など23サービスを対象に実施した。層化無作為抽出法で抽出した9470事業所を対象として5904事業所から回答を得た（有効回答率62.3％）。処遇改善加算Ⅰ〜Ⅲを取得している事業所は81.1％で、このうち加算Ⅰが61.8％と最も多い。

　さらに処遇改善加算を取得している事業所で特定処遇改善加算を取得している事業所は53.3％である。このうち加算Ⅰが40.4％、加算Ⅱが12.9％である。なお、全体に対する取得の割合は42.7％である。このうち加算Ⅰが32.4％、加算Ⅱが10.3％となっている。

②６割が定期昇給の実施

　経験・技能を有する障害福祉サービス等従事者（福祉・介護職員のうち介護福祉士等の資格を有する者やサービス提供責任者等、常勤、平均勤続年数10.6年）の平均給与額を2019（平成31）年２月と2020（令和2）年２月で比較すると、２万1540円増加した（**表3-12**）。また特定処遇改善加算を取得している事業所の福祉・介護職員では１万7250円増加した（**表3-13**）。

表 3-12　経験・技能を有する障害福祉サービス等従事者の平均給与額の状況
（常勤の者、勤続年数別）

	20（令和 2）年 2 月	19（平成 31）年 2 月	差　額
全体 【平均勤続年数：10.6 年】	375,120 円	353,580 円	215,40 円
1 年〜 4 年	322,890 円	297,160 円	25,730 円
5 年〜 9 年	350,060 円	330,610 円	19,450 円
10 年以上	429,680 円	409,730 円	19,950 円

注 1）勤続年数は令和 2 年 2 月までに勤続した年数であり、同一法人の経営する施設・
　　事業所における勤続年数を通算して計上している。
（出所）厚労省資料より作成。

表 3-13　令和 2 年度障害福祉サービス等従事者処遇改善状況結果（平均給与額）

平均給与額（常勤の者）	20（令和 2）年 2 月	19（平成 31）年 2 月	差　額
特定処遇改善加算を取得した施設・事業所の福祉・介護職員	321,820 円	304,570 円	17,250 円
特定処遇改善加算を取得した施設・事業所の経験・技能を有する障害福祉サービス等従事者	375,120 円	353,580 円	21,540 円

注 1）福祉・介護職員：ホームヘルパー、生活支援員、保育士、障害福祉サービス経験者、
　　世話人、職業指導員、地域移行支援員、就労支援員、訪問支援員。
注 2）経験・技能を有する障害福祉サービス等従業員：福祉・介護職員のうち、介護福祉
　　士、社会福祉士、精神保健福祉士または保育士の資格を有する者、心理指導担当職員（公
　　認心理士を含む）、サービス管理責任者、児童発達支援管理責任者、サービス提供責任者。
注 3）調査対象となった施設・事業所に 2018（平成 30）年度と 2019（令和元）年度とと
　　もに在籍している者の平均給与額を比較している。
注 4）平均給与額＝基本給（月額）＋手当＋一時金（10 〜 3 月支給金額の 1/6）。
注 5）平均給与額は 10 円単位を四捨五入している。
注 6）処遇改善加算（Ⅰ）〜（Ⅴ）を取得した施設・事業所の福祉・介護職員の平均給
　　与額は、29.6 万円（平成 31 年）から 31.1 万円（令和 2 年）に増加（＋ 1.5 万円）。
（出所）厚労省資料より作成。

　給与等の引き上げの実施方法については、「定期昇給を維持して実施」が最も多く 57.2％で、次いで「各種手当を引き上げ・新設」が 39.1％（いずれも予定を含む）であった（表 3-14）。

表 3-14　給与等の引き上げの実施方法

(MA,%)

定期昇給以外の賃金水準を引き上げ（予定）	定期昇給を維持して実施（予定）	各種手当を引き上げ・新設（予定）	一時金（賞与等）の引き上げ・新設（予定）
22.2	57.2	39.1	37.9

注 1）給与等の引き上げの実施方法は、調査対象となった施設・事業所に在籍している
　　　従業者全体（福祉・介護職員に限定していない）の状況。
（出所）厚労省資料より作成。

　経験・技能のある従事者の賃金改善状況を見ると、「既に賃金が
年額 440 万円以上となっている者がいる」が 60.0％と最も多く、次
いで「改善後の賃金が年額 440 万円以上となる賃金改善を実施」が
38.4％となっている（表 3-15）。

表 3-15　経験・技能のある障害福祉サービス等従事者の賃金改善の状況

(一部 MA,%)

月平均 8 万円以上の賃金改善を実施	9.0
改善後の賃金が年俸 440 万円以上となる賃金改善を実施	38.4
既に賃金が年俸 440 万円以上となっている者がいる	60.0
月額平均 8 万円以上となる者又は改善後の賃金が年額 440 万円となる者を設定できなかった	18.5

（出所）厚労省資料より作成。

　特定処遇改善加算はその他の職種にも柔軟に配分できるが、最も
多かったのは事務員で 78.9％、次いで看護職員 52.9％であった（表
3-16）。
　特定処遇改善加算の届出を行わない理由については、「賃金改善
の仕組みを設けるための事務作業が煩雑であるため」が 30.7％であ
り、次いで「賃金改善の仕組みを設けることにより、職種間の賃金
のバランスが取れなくなることが懸念されるため」が 30.5％であっ
た（表 3-17）。

表 3-16　特定処遇改善加算を配分した職員の範囲

(MA,%)

経験・技能のある障害福祉人材	88.9
他の障害福祉人材	38.4
その他の職種	46.6
事務員	78.9
看護職員	52.9
管理栄養士・栄養士	47.0
調理員	40.6

注 1）上位 4 つを掲載。
(出所) 厚労省資料より作成。

表 3-17　特定処遇改善加算の届出を行わなかった理由

(MA,%)

賃金改善の仕組みを設けるための事務作業が煩雑であるため	30.7
賃金改善の仕組みを設けることにより、職種間の賃金のバランスが取れなくなることが懸念されるため	30.5
賃金改善の仕組みをどのようにして定めたらよいかわからないから	29.4
賃金改善の仕組みを設けることにより、福祉・介護職員間の賃金バランスがとれなくなることが懸念されるため	22.4

注 1）上位 4 つを掲載。
(出所) 厚労省資料より作成。

第 4 節　2015 ～ 19 年度の事業所経営状況分析の考察

1.　2015 ～ 19 年度（5 年間）の集計結果

　平成 29 年度、令和元年度、及び令和 2 年度の「介護事業経営実態調査結果の概要」のデータを集計した、各介護サービスにおける収支差率を 2015 ～ 2019 年度までの 5 年間を集計した結果から、2019 年と 2015 年度との増減を見ると、▲ 1.4 ポイントの減少であった。サービス別に見ても、施設サービスはサービスによってばらつきがあるが、すべてのサービスがマイナスであった。居宅サービスは、ほとんどのサービスで収支差率はマイナスであったが、訪問入浴介護、訪問介護、福祉用具貸与と居宅介護支援の収支差率はプラスであった。しかし居宅介護支援については、そもそも 5 年間ず

っと収支差率がマイナスであったため、収支差率のマイナスが0.2
ポイント改善されたためプラスになっただけである。そもそも介護
保険制度発足以来、居宅介護支援サービスが黒字になったことはな
く、赤字が続いている。20年も赤字で継続できる事業所は本来あ
りえない。居宅介護支援サービスは、他の介護サービス事業所を併
設し、その報酬で居宅介護支援事業所の赤字を補填しているのが実
態である。地域密着サービスは、すべてのサービスがマイナスであ
る。

2.　令和2年度介護事業所経営実態調査
(1)　介護サービス全体の収支差率の低下

　2019（令和元）年度の決算に基づく介護サービス全体の収支差率
（税引き前）が、2018（平成30）年度から0.7ポイント低下し2.4%
になったことは特に重視すべきである。厚労省は、低下した要因を
人材確保難から人件費を増加させた影響と分析した。つまり、コロ
ナ禍の前年には、収支差率が低下し、事業所経営は悪化していたこ
ととなる。5年間の収支差率の推移をみると、2015～18年度まで
全サービス平均で3%を超えていた収支差率が0.7ポイント低下し
た2019年度が注目すべき年度であった。

　収支差率の悪化の原因として、厚労省は介護人材の確保が課題と
なる中で人件費が増加していることを指摘している。実際収入に対
する給与費割合は全サービス平均で0.4ポイント上昇し64.5%とな
っている。この点を否定するつもりはないが、特定処遇改善加算と
の関係について整理する必要があった。

(2)　人材紹介手数料負担

　福祉・医療分野の人材不足が進むなか、人材紹介手数料が経営の
負担になっている。独立行政法人福祉医療機構が、特別養護老人
ホームの人材紹介手数料について調査した結果[4]について述べる。
　2019年度の特養（併設サービスを含む）の人材紹介会社への平
均支払額は284.4万円でサービス活動収益対人材紹介手数料比率
（以下、「人材紹介手数料率」という）は、0.73%であった（**表
3-18**）。一部の施設数が少ない区分を除き、小規模施設になるほど

人材紹介手数料率の割合は上昇していた。

表 3-18　定員規模別人材紹介手数料率

定員規模	施設数	人材紹介手数料率（％）
29 人以下	17	0.95
30 〜 49 人	5	0.76
50 〜 79 人	89	0.81
80 〜 99 人	62	0.74
100 人以上	46	0.64
全　　体	219	0.73

注1）分母のサービス活動収益及び分子の人材紹介手数料率が適正な状態の施設数の
　　データ。
（出所）独立行政法人福祉医療機構「Research Report　2020 年度特別養護老人ホーム
　　の人材確保に関する調査について——第一弾（コロナ禍の人材確保、長期的な人材
　　確保の取組等）——」2020 年 12 月 10 日より作成。

　なお、一部においてサービス活動収益の 2.0％以上となる施設も
あった。特養のサービス活動収益対策事業利益率はユニット型
5.8％、従来型 2.7％（いずれも平成 30 年度決算）となっており、
決して余裕があるわけではなく、人材紹介手数料はかなりの割合を
占めている。さらに人材紹介手数料額が 1000 万円を超える施設も
複数みられたと報告している。
　人材紹介手数料に関する水準は、96.1％の施設が「とても高い」
「やや高い」と回答しており、人材紹介手数料が経営上大きな負担
となっていることがうかがえる。しかも、人材紹介会社利用の場合
の定着率について、通常の採用で採用した職員と比較したところ、
「同じくらい」との回答が 53.6％、「定着率が低い」との回答が
43.2％であり、採用後の定着率に課題があることがうかがえる。
　さらにこの調査では、人材紹介会社に関する満足度を調べている
が、「とても満足している」「やや満足している」が 21.5％であるの
に対して、「やや不満」「とても不満」の割合は 78.5％であり、満足
度が低い結果となったことは課題と考える。

3. 令和2年度介護従事者処遇状況等調査と令和3年度介護報酬改定

　2020年10月30日に公表された令和2年度介護従事者処遇状況等調査[5]では、介護職員等特定処遇改善加算を取得した事業所の勤続年数10年以上の介護福祉士（月給・常勤）でも2019（平成31）年2月と2020（令和2）年2月の平均給与額を比較した結果、2万740円の処遇改善が実現したことが報告されている。介護・障害双方で直接処遇に従事する経験・技能を有する者の処遇改善が進んだことが示された。

　同加算の目的は、経験・技能のある介護職員に重点化しつつ介護職員の処遇改善を進めることであり、一定程度の効果が確認された。

　2021年1月18日の社会保障審議会介護給付費分科会に提出された「令和3年度介護報酬改定に関する審議報告」[6]では、「Ⅰ　令和3年度介護報酬改定に係る基本的な考え方」で「(4) 介護人材の確保・介護現場の革新が求められる中での改定」との「基本認識」を示した。その上で「少子高齢化が進展する中、足下の介護人材不足は厳しい状況にあるが、2025年以降は生産年齢人口の減少が顕著となり、地域の高齢者介護を支える人的基盤の確保が大きな課題になることが見込まれる」と述べる。そして「介護人材の確保に向けて、介護報酬において、これまで累次にわたる処遇改善を行なってきたことに加え、令和元年10月からは経験・技能のある職員に重点化を図りつつ、更なる処遇改善を行っているほか、多様な人材の確保・育成、離職防止・定着促進・生産性向上、介護職の魅力向上など総合的な人材確保対策を講じてきている」と述べている（3頁）。この文脈は、前述したとおりである。

　ここで特徴的なのは、「2018（平成30）年度に『介護現場革新会議』において基本方針が取りまとめられ、業務の切り分けや介護助手等の取組を通じた、人手不足の中でも介護サービスの質の維持・向上を実現するマネジメントモデルの構築、テクノロジーの活用、介護業界のイメージ改善と人材確保・定着促進を図る必要性が共有された」ことと、2019（令和2）年制度改正で、「持続可能な制度の構築・介護現場の革新を進める観点から、介護人材確保及び業務効率化の取組の強化等を図る見直しが行われた」と述べていること

である。

　したがって、上述のことから導かれる答えは、「足下の介護人材不足や将来の担い手の減少を踏まえ、総合的な介護人材確保対策や生産性向上をはじめとする介護現場の革新の取組を一層推進していくことが必要である」となる（3-4頁）。特に、マネジメントモデルの構築やテクノロジーの活用といった言葉が目を引くように、介護現場の変革を求めていることが特徴である。

　これらは、「Ⅲ　今後の課題」において「介護人材の確保・介護現場の革新」としてまとめられている。中身は、①介護人材の確保、②テクノロジーの活用、③認知症グループホームの夜勤職員体制、④いわゆるローカルルール、⑤文書負担軽減や手続きの効率化による介護現場の業務負担軽減の推進、である（①から⑤の番号は筆者が便宜上付けたものである）（61-62頁）。ここでわかりにくいのが④のローカルルールである。これは、「人員配置基準等について、自治体ごとに異なる解釈や取扱い（いわゆるローカルルール）が行われている状況について、引き続き実態の把握を行うとともに、対応を検討していくべきである」というものである。①介護人材の確保の中に、「ハラスメント対策について、実態も踏まえつつ、必要な対応を引き続き検討していくべきである」と書かれていることは重要である。ハラスメントというと、介護者が要介護者に行うイメージがあるが、むしろ問題なのは、利用者（要介護者）からの職員へのセクハラ・パワハラなどのハラスメントであろう。そして管理職の立場にある上司が、こうしたハラスメントにきちんと対処できていないことが、若い職員のやる気を削いで離職につながるし、介護現場の魅力をなくさせている事例を耳にする。こういった点から、介護現場を革新することは重要であろう。

4.　介護職員処遇改善加算Ⅳ・Ⅴの扱い

　介護職員処遇改善加算Ⅳ・Ⅴは、2018（平成30）年度介護報酬改定で廃止の方向性が決まっていたが、その時期は未定であった。厚労省はこの間、加算Ⅳ・Ⅴを算定している事業所に対するⅠ〜Ⅲの上位区分の算定に向けた支援を行ってきた経過がある。処遇改善加算全体の算定率は、サービス提供月でみると、平成30年3月の

90.7％から2020（令和2）年3月には92.3％に上昇した。一方、加算Ⅳの算定率は0.8％から0.4％にそれぞれ低下しており、厚労省は「上位区分の取得が進んでいる」と説明している。また、介護職員等特定処遇改善加算について、2020年3月までのサービス提供分での請求状況をみると、算定率は上昇傾向で59.4％の事業所が算定している。

　社会保障審議会介護給付費分科会では介護職員処遇改善加算Ⅳ・Ⅴの廃止を支持する委員がいるが、民間介護事業推進委員会の委員は処遇改善加算を「基本報酬に含める」ことの検討を求めている。処遇改善加算は元々、平成21年度補正予算により開始された介護職員の処遇改善の取り組みについて、平成24年度改定で「例外的かつ経過的な取扱い」として加算に位置づけた経緯がある。過去の議論では基本報酬に含めることが幾度か指摘されてきた。加算の算定率は9割を超え、上昇傾向である。簡素化の観点から基本報酬に含めることも考えられた。

　しかし、「令和3年度介護報酬改定に関する審議報告」では、「介護職員処遇改善加算及び介護職員等特定処遇改善加算について、引き続き上位区分の算定や取得促進を強力に進めながら、その在り方や処遇改善、介護分野への人材の参入促進を含めた総合的な人材確保の取組について、引き続き検討していくとともに、介護人材の確保等の目的が達成されたか状況を迅速に把握しつつ、効果検証を行なっていくべきである」と述べている。内容としては、「介護職員処遇改善加算について、職場要件見直し後の状況の把握を進め、介護職員等特定処遇改善加算については、経験・技能のある介護職員が多い事業所や職場環境が良い事業所をより精緻に把握するとともに、その評価方法について今後検討するほか、配分方法についても引き続き検討していくべきである」としている。

5.　令和2年度障害福祉サービス等従事者処遇状況等調査結果

　この調査結果から「福祉・介護職員等特定処遇改善加算」を取得している事業所は53.3％である。2019年度と2020年度の比較では、全体（平均勤続年数は10.6年）で2万1540円増加した。「既に賃金が年俸440万円になっている者がいる」割合が6割となっていた

り、「改善後に賃金が年俸440万円以上となる賃金改善を実施」の事業所が38.4％あったりなど、改善が進んでいる様子がうかがえた。このような賃金の引き上げ政策が介護業界全体の給与の引き上げに貢献したことは認めるところであるが、加算として介護報酬が支払われていることもあり、介護職員の処遇改善のための賃金引き上げが政策範囲を超えて、収支差率の悪化を引き起こした主因とするには少々無理があるように考える。この点は、人材不足の観点から再度検討することとする。

注・文献

1)　結城康博「新型コロナ問題における在宅介護サービスの実態調査報告」2020年10月1日。
2)　株式会社三菱総合研究所「新型コロナウイルス感染症の介護サービス事業所の経営への影響に関する調査研究事業（速報）」（令和2年度老人保健健康増進等事業）、第31回介護給付費分科会介護事業経営調査委員会参考資料1、2020年10月30日。
3)　厚生労働省「令和2年度障害福祉サービス等従事者処遇状況等調査結果」2020年11月12日。
4)　独立行政法人福祉医療機構「Research Report　2020年度特別養護老人ホームの人材確保に関する調査について——第一弾（コロナ禍の人材確保、長期的な人材確保の取組等）——」2020年12月10日。
5)　厚労省「令和2年度介護従事者処遇状況等調査結果」2020年10月30日。
6)　第199回社会保障審議会介護給付費分科会参考資料3「令和3年度介護報酬改定に関する審議報告」2021年1月18日。

Ⅱ　コロナ危機と介護保険制度の主な論点

第4章　コロナ危機と介護報酬特例

第1節　問題の所在

1. 厚労省通達「第12報」

　コロナ禍の特例措置として厚労省が認めた介護報酬「引き上げ特例」が現場の混乱や不満を招いた。厚労省は2020年6月1日、通達「新型コロナウイルス感染症に係る介護サービス事業所の人員基準などの臨時的な取り扱いについて（第12報）」を出した。

　内容は通所系サービス事業と短期入所系サービス事業について、利用者から事前同意を得ることを条件に、通常とは異なる介護報酬を臨時的に算定可能とするものである。

　デイサービスは提供時間で介護報酬が決まる。例えば、通常規模型デイサービスでの提供時間が「6時間以上7時間未満」という報酬区分であれば7840円（要介護3の場合）である。今回の通達ではこれを2段階上の区分で算定してよいというものである。つまり「8時間以上9時間未満」で9020円となり、1180円の報酬増となる。月10回以上提供する場合は「上限月4回まで」なので4720円の増額である。事業所としては良いが、これには問題もある。

2. 課題の設定

　第一に、利用者負担増の問題である。利用者にしてみればサービスの提供時間・内容が以前と何ら変わらないのに、利用料負担が増大することになる。

　第二に、利用者に対する合理的な説明が困難である。いくらコロナ対策とはいえ、2段階上の介護報酬を請求する明確な根拠を示す

ことは難しい。

　第三に、利用者に対して事実上の強制力が働くという問題である。利用者としては「お世話になっている」事業所に対して断ることは困難である。

　第四に、同意した利用者と同意しない利用者が事業所に混在する可能性があり、不公平が生じることである。

　このほか、通所リハビリや短期入所系サービス事業についても同様の問題があるが、それらは後述することとする。

第2節　コロナ危機と介護報酬特例の調査対象と方法

1. 調査対象

　本章で利用する資料は、厚生労働省老健局「介護保険最新情報」Vol.842（2020年6月1日）で、「新型コロナウイルス感染症に係る介護サービス事業所の人員基準などの臨時的な取り扱いについて（第12報）」の事務連絡と別紙、及び参考資料である[1]。もう一つは、三菱総合研究所が実施した「新型コロナウイルス感染症拡大防止に係る取組に関する通所介護事業所への調査結果」[2]を利用する。

2. 調査方法

　調査方法は、資料と調査報告の2つを分析する形で行う資料調査である。調査方法等の限界を考慮しながら、データ分析することとする。

第3節　介護報酬特例の失敗

1. 介護報酬特例のルールと報酬

　厚生労働省は「介護保険最新情報 Vol.842」で、通所系サービスの介護報酬を上位区分で算定可能にする施策を通知した。新型コロナウイルス感染症の影響で、通所系サービスの事業継承が困難な状況を背景に、「事業所の感染防止対応を評価する」として2020年6

月1日から介護保険の請求適用を開始した。特例は、本書執筆中の1月もまだ続いている。要件などの詳細は次になる。

(1) 上位区分の報酬の算定要件と留意点

通知された施策により、毎月決まった回数に限り、実際にサービスを提供した時間よりも、2区分上位の報酬を算定できるようになった。例えば、2時間以上3時間未満のサービスを提供した場合、報酬としては4時間以上5時間未満のサービスを提供したものとして算定できる（表4-1）。

表4-1　通常規模型の通所介護・要介護3の場合

居宅サービス計画上の報酬区分		2区分上位の報酬区分	
2時間以上3時間未満	347単位 →	4時間以上5時間未満	495単位
3時間以上4時間未満	472単位 →	5時間以上6時間未満	765単位
4時間以上5時間未満	495単位 →	7時間以上8時間未満	784単位

「2時間以上3時間未満」の場合、2区分上位の報酬区分となり、「4時間以上5時間未満」となって、＋148単位の報酬を算定できる。以下、同様に計算すると、＋293単位、＋289単位の報酬が算定できる。

2区分上位の報酬を算定するためには、ケアマネジャーと連携の上、利用者から事前の同意を得る必要がある。また、次の点も通知されている。

・通所介護計画等とケアプランで、サービス提供回数の整合性を図ること。

・区分支給限度基準額の取り扱いに変更はないこと。

・請求にあたって、事業所が作成する介護給付明細書と、居宅介護支援事業所が作成する給付管理票のそれぞれに反映させること。

・訪問・電話によるサービス提供については、本取り扱いの対象外（サービス提供回数に訪問・電話によるサービスは含まない）とすること。

・利用者が複数の事業所を利用している場合は、各事業所において、各サービス提供回数を算定基礎として算定を行うこと。

①通所介護の具体的なルール

　上位区分の報酬を算定できる回数については、サービス提供時間をもとに決まる。通所介護の場合は、サービス提供時間によってＡ群とＢ群に分けられ、それぞれ上限回数が異なる（図4-1）。

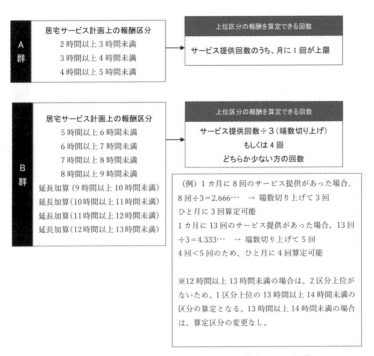

図4-1　Ａ群とＢ群の上位区分の報酬を算定できる回数

　Ａ群とＢ群の報酬区分を組み合わせてサービスを提供する場合は、サービス提供回数が最も多い報酬区分（回数が同じ場合は時間が長い方の報酬区分）が属する方で、月の算定上限回数を決定し、算定する（図4-2）。

　例をあげると、次のようになる。
【3時間以上4時間未満が3回、7時間以上8時間未満が5回の場合】
①7時間以上8時間未満が属するＢ群が適用

②合計回数の 8 回÷ 3 ＝ 2.66…（＜ 4 回）により、3 回が算定上限回数

③ 7 時間以上 8 時間未満の 5 回のサービス提供のうち 3 回分を、2 区分上位の 910 時間未満（延長加算）の単位数で算定可能

　同じ群の報酬区分を組み合わせてサービス提供する場合は、サービス提供回数が最も多い報酬区分（回数が同じ場合は時間が長い方の報酬区分）に対して、上位区分の算定が適用される。

【5 時間以上 6 時間未満が 5 回、6 時間以上 7 時間未満が 3 回の場合】
① B 群が適用
②合計回数の 8 回÷ 3 ＝ 2.66…（＜ 4 回）により、3 回が算定上限回数
③ 5 時間以上 6 時間未満の 5 回のサービス提供のうち 3 回分を、2 区分上位の 7 時間以上 8 時間未満の単位数で算定可能

②通所介護の報酬上の取り扱い
例）通所介護　A 群・B 群において、以下の方法に基づき算定。
A 群　サービス提供回数のうち、月 1 回まで 2 区分上位の報酬区分にて算定可能。

（例1）通常規模型・要介護3の場合

居宅サービス計画上の報酬区分	単位数	月1回まで	2区分上位の報酬区分	単位数
2時間以上3時間未満	347単位		4時間以上5時間未満	495単位（＋148）
3時間以上4時間未満	472単位	➡	5時間以上6時間未満	765単位（＋293）
4時間以上5時間未満	495単位		7時間以上8時間未満	784単位（＋289）

B群　1カ月サービス提供回数（算定基礎）を3で除した数（端数切り上げ）と4回を比較し、少ない方の数について2区分上位の報酬区分にて算定可能。

（例2）通常規模型・要介護3、1カ月のサービス提供回数が13回の場合
→　1カ月のサービス提供回数13回÷5＝5回。5回と上限4回を比較し、少ない方の4回まで2区分上位の報酬区分にて算定可能。

居宅サービス計画上の報酬区分	単位数	（例2）の場合 月4回まで	2区分上位の報酬区分	単位数
5時間以上6時間未満	765単位		7時間以上8時間未満	887単位（＋122）
6時間以上7時間未満	784単位		8時間以上9時間未満	902単位（＋118）
7時間以上8時間未満	887単位		延長加算（9時間以上10時間未満）	952単位（＋65）
8時間以上9時間未満	902単位	➡	延長加算（10時間以上11時間未満）	1002単位（＋100）
延長加算（9時間以上10時間未満）	952単位		延長加算（11時間以上12時間未満）	1052単位（＋100）
延長加算（10時間以上11時間未満）	1002単位		延長加算（12時間以上13時間未満）	1102単位（＋100）
延長加算（11時間以上12時間未満）	1052単位		延長加算（13時間以上14時間未満）	1152単位（＋100）
延長加算（12時間以上13時間未満）	1102単位		延長加算（13時間以上14時間未満）	1152単位（＋50）
延長加算（13時間以上14時間未満）	1152単位		※上位区分がないため、左記と同単位	1152単位（±0）

（出所）厚生労働省「新型コロナウイルス感染症に係る介護サービス事業所の人員基準などの臨時的な取り扱いについて（第12報）」2020年6月1日より作成。

図4-2　通所介護（A群・B群）

（2）通所リハビリテーションの場合

①通所リハビリテーションの具体的なルール

　通所リハビリテーションの場合は、サービス提供時間によって、2区分上位の7時間以上8時間未満の単位数で算定可能である。

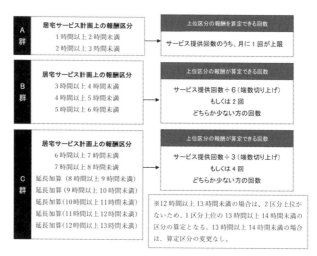

図4-3　A群、B群とC群の上位区分の報酬を算定できる回数

　A群とB群またはB群とC群の報酬区分組み合わせてサービスを提供する場合は、通所介護と同様、サービス提供回数が最も多い報酬区分（回数が同じ場合は時間が長い方の報酬区分）が属する方で、月の算定上限回数を決定し、算定する（図4-3）。

②通所リハビリテーションの報酬上の取り扱い

例）通所リハビリテーションの場合（通常規模・要介護3の場合）

A群・B群・C群それぞれにおいて、以下の方法に基づき算定（図4-4）。

A群：サービス提供回数のうち、月1回まで2区分上位の報酬区分にて算定可能。

居宅サービス計画上の報酬区分	単位数	月1回まで	2区分上位の報酬区分	単位数
1時間以上2時間未満	390単位	➡	3時間以上4時間未満	599単位（＋209）
2時間以上3時間未満	457単位		4時間以上5時間未満	684単位（＋227）

B群：1カ月のサービス提供範囲回数を6で除した数（端数切り上げ）と2回を比較し、少ない方の数について2区分上位の報酬区分にて算定可能。

居宅サービス計画上の報酬区分	単位数	月1回まで	2区分上位の報酬区分	単位数
3時間以上4時間未満	599単位	➡	5時間以上6時間未満	803単位（＋204）
4時間以上5時間未満	684単位		5時間以上6時間未満	929単位（＋245）
5時間以上6時間未満	803単位		7時間以上8時間未満	993単位（＋190）

C群：1カ月のサービス提供範囲回数を3で除した数（端数切り上げ）と4回を比較し、少ない方の数について2区分上位の報酬区分にて算定可能。

（例2）サービス提供回数が13回の場合→1月のサービス提供回数13回÷3＝5回。5回と4回を比較し、少ない方の4回まで2区分上位の報酬区分にて算定可能。

居宅サービス計画上の報酬区分	単位数	例2の場合 月4回まで	2区分上位の報酬区分	単位数
6時間以上7時間未満	929単位	➡	延長加算（8時間以上9時間未満）	1043単位（＋114）
7時間以上8時間未満	993単位		延長加算（9時間以上10時間未満）	1093単位（＋100）
延長加算（8時間以上9時間未満）	1043単位		延長加算（10時間以上11時間未満）	1143単位（＋100）
延長加算（9時間以上10時間未満）	1093単位		延長加算（11時間以上12時間未満）	1193単位（＋100）
延長加算（10時間以上11時間未満）	1143単位		延長加算（12時間以上13時間未満）	1243単位（＋100）
延長加算（11時間以上12時間未満）	1193単位		延長加算（13時間以上14時間未満）	1293単位（＋100）
延長加算（12時間以上13時間未満）	1243単位		延長加算（13時間以上14時間未満）	1293単位（＋50）
延長加算（13時間以上14時間未満）	1293単位		※上位区分がないため、左記と同単位	1293単位（±0）

（出所）厚生労働省「新型コロナウイルス感染症に係る介護サービス事業所の人員基準などの臨時的な取り扱いについて（第12報）」2020年6月1日より作成。

図4-4　通所リハビリテーション（A群・B群・C群）

(3) 短期入所系サービスの場合

①短期入所生活介護の算定ルール

　短期入所生活介護費等については、事業所が提供するサービス日数を3で除した数（端数は切り上げ）の回数分について【緊急短期入所受入加算】を算定できることになった（利用者が複数の事業所を利用している場合は、各事業所で各サービス提供回数を算定基礎とする）。

（例）1カ月のサービス提供日数が10日で、加算取得なしの場合

→　基本報酬に加えて、4日分（10日÷3=3.33を切り上げ）の【緊急短期入所受入加算】を算定可能とする。

　また、ケアプランに計画されていないショートステイ（指定短期入所生活介護等）を緊急に行った場合には、通常どおり「指定短期入所生活介護等を行った日から起算して7日間（短期入所生活介護に限り、利用者の日常生活上の世話を行う家族の疾病等やむを得ない事情がある場合は14日間）を限度とし算定する」ことになるが、その算定以降、継続して短期入所生活介護等を提供する場合には、「残りの日数を3で除した日数（端数は切り上げ）」と、「通常どおり算定した日数」との合計が、短期入所生活介護では14日、短期入所療養介護では7日になるまで、追加で【緊急短期入所受入加算】が算定可能である。

（例）短期入所生活介護の1カ月のサービス提供日数が25日で、加算取得なし、やむを得ない事情（日常生活上の世話を行う家族の疾病等）がなく緊急受入を行った場合

→　短期入所生活介護を行った日から起算して7日間（やむを得ない事情がないため）は、通常どおり【緊急短期入所受入加算】が算定可能である。

→　「残り日数（25日－7日）を3で除した日数」（18÷3＝6日）と「通常どおり算定した日数（上記7日）」と合計した13日分について、本特例によって【緊急短期入所受入加算】が算定可能である。

（例）短期入所生活介護の1カ月のサービス提供日数が25日で、加算取得なし、やむを得ない事情（日常生活上の世話を行う家族の疾病等）のために緊急受入を行った場合

→　短期入所生活介護を行った日から起算して14日間（やむを得

ない事情があるため）は、通常どおり【緊急短期入所受入加算】が算定可能である。

→　「残り日数（25日 − 14日）を3で除した日数」は4日（11 ÷ 3＝3.66を切り上げ）であるが、すでに通常どおり算定した日数が14日であるため、追加の加算算定は不可である。

　なお、【認知症行動・心理症状緊急対応加算】を算定している場合は、【緊急短期入所受入加算】を算定できないため、まず【認知症行動・心理症状緊急対応加算】を算定し、「同加算を算定できない日数を3で除した日数」と、「短期入所生活介護については14日、短期入所療養介護については7日」と比較して少ない日数について、【緊急短期入所受入加算】の算定が可能となる。

（例）短期入所生活介護を30日利用し、【認知症行動・心理症状緊急対応加算】を7日間算定した場合

→　「残り日数（【認知症行動・心理症状緊急対応加算】を算定できない日数）を3で除した日数」（（30 − 7）÷ 3＝7.66を切り上げて8日）と、「14日間（短期入所生活介護のため）」とを比較して少ない日数である8日間分、【緊急短期入所受入加算】が算定可能である。

②短期入所生活介護の報酬上の取り扱い

例）短期入所生活介護の場合

（例1）短期入所生活介護、単独型（Ⅰ）、要介護3、1カ月のサービス提供日数が10日、加算取得なしの場合

→　1月のサービス提供日数10日 ÷ 3＝4日であるため、4日間緊急短期入所受入加算を算定可能。

基本報酬（10日分）7650単位	＋	緊急短期入所受入加算（4日分）360単位	＝	合計 8010単位

（例2）短期入所生活介護、単独型（Ⅰ）、要介護3、1カ月のサービス提供日数が25日、加算取得なし、緊急受入を行った場合

①利用者の日常生活上の世話を行う家族の疾病等やむを得ない事情がない場合

→　短期入所生活介護を行った日から起算して7日間は、通常どお

り緊急短期受入加算が算定可能。

→ 残り日数（18日）を3で除した日数は6日であるため、通常どおり算定した日数（7日）と合計して13日分算定が可能。

②利用者の日常生活上の世話を行う家族の疾病等やむを得ない事情がある場合

→ 短期入所生活介護を行った日から起算して14日間は、通常どおり緊急短期受入加算が算定可能。

→ 残り日数（11日）を3で除した日数は4日であるが、すでに通常どおり算定した日数14日であるため、追加加算は不可。

（例3）短期入所生活介護、単独型（Ⅰ）、要介護3、1月のサービス提供日数が30日、認知症行動・心理症状緊急対応加算を7日間算定した場合

→ 残り日数（認知症行動・心理症状緊急対応加算を算定できない日数（23日））を3で除した日数（8日）と14日を比較して少ない日数（8日）につき、緊急短期入所受入加算を算定可能。

（出所）厚生労働省「新型コロナウイルス感染症に係る介護サービス事業所の人員基準などの臨時的な取り扱いについて（第12報）」2020年6月1日より作成。

2. 2区分上位特例の実施の現状

　介護給付費分科会介護事業経営調査委員会（第31回、2020年10月30日）に参考資料として提出された「新型コロナウイルス感染

症の介護サービス事業所の経営への影響に関する調査研究事業（速報）」（調査実施主体は株式会社三菱総合研究所：令和 2 年度老人保健健康増進等事業）の他に、もう 1 つ、同じ三菱総合研究所が実施した「新型コロナウイルス感染症拡大防止に係る取組に関する通所介護事業所への調査結果」が、同分科会に提出された。同調査結果から、通所介護事業所の調査結果について述べる。

　通所介護事業所調査は、休業・利用制限・利用控え等の有無などについて全国の 8000 の事業所（地域密着型含む）を対象に 2020 年 7 月末時点で調査された。有効回答数は 1788 である。

　調査結果の概要は表 4-2 のとおりである。自主的に通所介護の利用を控えた利用者がいた事業所は 81.7％と 8 割強にのぼった。訪問によるサービス提供を行った事業所は 8.4％（このうち報酬請求を行ったのは 82.1％）である。訪問時に提供したサービスは、機能訓練が約 7 割、健康状態の確認が約 6 割であった。

表 4-2　通所介護事業所における実施等の回答割合

(%)

主な調査事項	割合
休業の実施	7.3
利用制限の実施	8.1
自主的に利用を控えた利用者がいた	81.7
提供時間を短縮	7.4
訪問によるサービス提供（注 1）	8.4
電話等による安否確認（注 2）	37.2
事業所以外の場所でのサービス提供（注 1）	1.2
2 区分上位特例の実施（注 3）	50.6

感染拡大防止策（事務連絡等で案内）は概ね実施

注 1）厚生労働省老健局ほか「新型コロナウイルス感染症に係る介護サービス事業所の人員基準等の臨時的な取扱いについて（第 2 報）」。
注 2）同第 6 報。
注 3）同第 12 報。
（出所）介護給付費分科会資料より作成。

　2 区分上位特例（通常の報酬区分の 2 区分上位での算定を可能とする特例）を適用した事業所は 50.6％であった。適用事業所利用登録者のうち特例適用者は平均 79.3％であった。適用事業所数・適用

利用者数はそれぞれ約2万2000事業所、63万1000人と推計された。電話等で安否確認を行った事業所は37.2％で、うち報酬請求を行った事業所は15.8％であった。安否確認時に利用者と話したことは、健康状態の確認が約10割、直近の食事内容・時間が約5割であった。自主的に通所介護の利用を控えた利用者がいた事業所は81.7％と約8割にのぼったことは、全国介護事業者連盟調査で、2月に比べて3月と4月の「経営への影響」がそれぞれ「影響を受けている」が82.0％と90.8％であることを裏付けている。三菱総合研究所調査で収支状況が「悪くなった」と答えた事業所のうち、通所介護が72.6％であったことの理由と考えられる。

第4節　コロナ危機と介護報酬特例のまとめ

1．報酬区分2段階上乗せ請求の特例措置の評価

　社会保障審議会介護給付費分科会は2020年12月9日、厚生労働省が示した2021年度介護報酬改定の審議報告案を議論した。報告案では、感染症や災害への対応力強化が求められる改定との観点を織り込み、感染症や災害が発生した場合でも利用者に必要なサービスを安定的・継続的に提供することが重要と明記した。具体的には、通所系サービスで新型コロナウイルス感染症の影響を踏まえて実施してきた報酬区分の2段階上乗せして請求できる特例措置を2021年3月末で廃止し、利用者の減少にあった場合の減収を補うための新たな報酬上の対応を導入するとした。

　新たな報酬上の対応は2021年4月に導入し、通所介護や通所リハビリテーションを対象とする。報酬区分を決めるに当たり「大規模型」は前年度の利用者実績を基に報酬区分を決めているが、感染症や災害で利用者が減った場合は単月の利用者実績を基により単価が高い報酬区分を算定できるようにする。「通常規模型」も単月の利用者実績を回復するまでの時限的な措置とし、実際に利用者が減った月の2カ月後から適用する。新型コロナの流行を踏まえ、2021年度当初から介護事業者が適用できるように今後、運用方法を示すこととなった。

　この問題は、コロナ対策の負担を、不安と体力低下の介護保険利用者につけかえることである。受けているサービスの量は変わらないのに、サービス単価をアップし、それを利用者に負担させるのは「誤り」である。これこそ国の財源で負担すべきであった。

　介護保険の利用者は1割から3割の負担がある。さらにほとんどの利用者が薬や通院や訪問診療などの医療保険の利用者である。「ケアマネジャーと連携し」「利用者の事前同意が得られた場合」とあるが、介護保険の限度額を超え、自費が出ている利用者にも「事前了解いただきました」とケアマネジャーに連絡が来る例もあったという。いつもお世話になっているサービス提供者に「嫌とは言えない」現実があるなかでの厳しい現状である。

　この特例措置のため利用者負担が重くなってしまう問題で、日本弁護士連合会は「利用者負担の撤回と公費による財政的支援の拡充」を求める会長声明を出した[3]。声明は「特例措置の適用条件として利用者に負担を求めることは不適切」と強調した。提供されるサービスとは直接関係のない特別の負担の同意を利用者に求めることは「福祉サービス提供に関する公的責任の更なる後退につながりかねない」と指摘している。そのうえで国に対して、特例措置の適用条件として利用者負担を求めることを改め、介護事業所に、介護保険財源ではなく公費で感染対策に必要な財政的支援を拡充することを強く求めている。

　筆者が最も問題と考えたのは、社会保険制度からの逸脱である。そもそも介護保険制度は社会保険である。保険料は所得に応じて公平に徴収されているのに、サービスの提供に対する対価としての介護報酬が「利用者の同意」という制度上の根拠のない理由で給付されることは、利用者間の不公平を制度に取り入れてしまったばかりか、社会保険制度の理念にも反してしまった。提供されるサービスとは直接関係ない特別の負担について、利用者の同意を求めることは、「措置から契約」に移行した福祉サービス提供に関する公的責任のさらなる後退につながりかねないと考える。そしてそもそも新型コロナウイルス感染症防止は当該事業所やその利用者だけの問題ではなく、国民全体に関わる国の公衆衛生の問題であって、一部の当事者に負担を求めて対応すべき問題ではないのである。

この問題は間違った政策の見本として明記しておきたい。

2. 2段階特例の廃止

　厚生労働省老健局高齢者支援課などは 2021 年 1 月 22 日付で、「『新型コロナウイルス感染症に係る介護サービス事業所の人員基準等の臨時的な取扱いについて（第 12 報）』（2020 年 6 月 1 日付厚生労働省老健局総務課認知症施策推進室ほか連名事務連絡）等の 21 年度における取扱いについて」を都道府県などに事務連絡した。

　21 年度介護報酬改定で、通所リハビリなどの通所系サービスで感染症や災害により利用者が減少した場合の新たな報酬上の特例措置を導入するのに合わせ、利用者の同意を得た上で 2 段階上の報酬区分を算定できる現行の特例措置を 2021 年 3 月末提出分で廃止することを周知した。現行の特例を適用する場合の請求時効は通常と同じ 2 年間である。

　2 段階特例以外の新型コロナウイルスに関する介護サービス事業所も人員基準等の臨時的な取り扱いについて、当面の間は変更がないことも説明した。

　このような対応は適当と考える。今回のような特例を制度設計することは、事業者の困難を利用者への負担に置き換える施策であり、やはり制度上無理があった。

注・文献

1）　厚生労働省老健局「介護保険最新情報」Vol.842、事務連絡「新型コロナウイルス感染症に係る介護サービス事業所の人員基準などの臨時的な取り扱いについて（第 12 報）」、及び「新型コロナウイルス感染症に係る通所介護・短期入所生活介護における報酬上の取扱い」（参考資料）、2020 年 6 月 1 日。

2）　第 31 回介護給付費分科会介護事業経営調査委員会に参考資料として提出された、三菱総合研究所「新型コロナウイルス感染症拡大防止に係る取組に関する通所介護事業所への調査結果」、2020 年 10 月 30 日。

3）　日本弁護士連合会「新型コロナウイルス感染症にかかる介護報酬の特例措置における利用者負担の撤回と公費による財政的支援の拡充を求める会長声明」2020 年 10 月 30 日。

第5章 コロナ危機と介護人材

第1節 問題の所在

1. 背景としての要介護（要支援）者数と介護者数の推移

　介護保険法の施行以来、要介護（要支援）認定者数は増加してきており、サービス量の増加に伴い、介護職員数も16年間で3.3倍に増加している。2000（平成12）年度の要介護（要支援）者数は218万人であったが、2016（平成28）年度のそれは622万人と2.85倍に増加した。同様に2000年度の介護職員数は54.9万人であったが、2016年度のそれは183.3万人と3.3倍に増加した[1]。

　第7期介護保険事業計画の介護サービス見込み量等に基づき、都道府県が推計した介護人材の需要を見ると、2020年度末までに約216万人、2025年度末には約245万人が必要である。2016年度の介護人材数約190万人に加え、2020年度末までに約26万人、2025年度末までに約55万人、年間6万人程度の介護人材を確保する必要がある[2]。さらに、2040年を展望すると、2025年以降は現役世代（担い手）の減少が顕著となり、地域の高齢者介護を支える人的基盤の確保が大きな課題となる[3]。

　国は、①介護職員の処遇改善、②多様な人材の確保・育成、③離職防止・定着促進・生産性向上、④介護職の魅力向上、⑤外国人材の受入環境整備など総合的な介護人材確保対策に取り組むこととしている。

2. 課題の設定

　現在においても、現場の深刻な介護人材不足によって、介護保険制度はあっても、実際にサービスを依頼しても利用できない事態が

生じている。いくら金銭を払っても介護職がいなければ、安定した介護サービスを享受することはできない。そして、経営者が介護職を集めることができなければ、「介護人材不足倒産」といった事態も実際に起こっている。一定の人材を確保しなければ、要介護者を受け入れることができず、その結果、収入が減り倒産にいたってしまう。

　新型コロナウイルス感染症の拡大は、こうした介護現場と事業所経営に、人材不足の面から追い討ちをかける状況となっている。本章は、これまでの人材不足の課題を確認し、コロナ禍で何が求められているかについて検討する。

第2節　コロナ危機と介護人材の調査対象と方法

1.　調査対象
　本章で利用する資料は、厚生労働省の「2017（平成 29）年度介護従事者処遇状況等調査結果の概要」及び「2020（令和 2）年度介護従事者処遇状況等調査結果の概要」を参考にしながら、「介護人材の処遇改善について」（社会保障審議会介護給付費分科会資料）[4]のデータを主に利用する。
　そして、厚生労働省の「2018（平成 30）年度『介護労働実態調査』の結果」及び「2019（令和元）年度『介護労働実態調査』の結果」のデータを適宜利用する。

2.　調査方法
　調査方法は、調査対象の調査結果報告を分析する形で行う資料調査である。調査方法等の限界を考慮しながら、データ分析することとする。

第3節　介護人材の分析

1. 介護職の賃金

　介護保険制度の現状に覆いかぶさるように、今回の新型コロナ感染症が介護保険業界に大きく影響したことは間違い無く、人手不足に悩む介護業界をコロナ禍が直撃した。それは、介護保険のサービス基盤の崩壊が進行しているのではないかとも言われるほどである。

　図5-1は、一般労働者の産業別賃金水準を示した図である。2017年の産業別賃金なので、少し前の賃金水準であることに留意する必要がある。

　この図からわかるように、介護職員の賃金は、全産業平均に及ぶはずもなく、最も高い水準にある「電気・ガス・熱供給・水道業」と比べて15万円以上もの差が確認できる。

　このように介護職員の賃金は低く、2019年度の全国平均で見ても月24.45万円、全産業平均は月33.8万円で、月給は全産業と比べ9.35万円低く（2019年度賃金構造基本統計調査）、低賃金が極度の人手不足を招いている。たとえば、介護施設を作っても必要な職員が確保できず、待機者がいても定員まで利用者の受け入れができない事業所もある。人手不足で閉鎖しているベッドがあるため、空床ベッド数分の介護報酬が入らず、経営危機の原因にもなっている施設もある。一般企業に比べて賃金が見劣りする介護には職員が集まらない[5]。

　率直に言って、現在の平均的な介護事業所の時給では他産業にかなわない。責任の重さに対して低すぎるのである。「近所のコンビニよりも安い時給では人は来ない」と筆者も介護の現場で耳にすることがある。厚労省の調査でも、職員が不足状況にあるとした介護事業所は65.3%（2019年度介護労働実態調査）に上る。

　もう少し職種を絞って、**図5-1**と同じ厚生労働省老健局老人保健課が作成した資料（**表5-1**）から見てみよう。

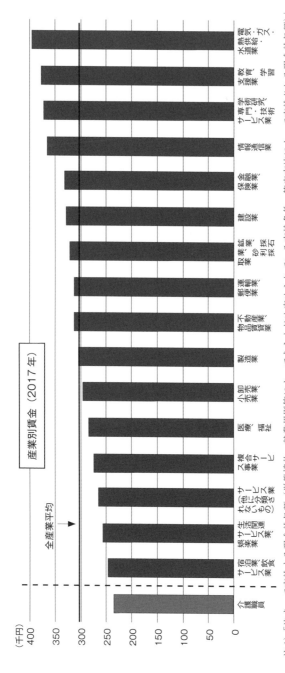

図 5-1 一般労働者の産業別賃金水準

注1）「決まって支給する現金給与額（労働協約、就業規則等によってあらかじめ定められている支給条件、算定方法によって支給される現金給与額）」を集計している。

注2）産業別賃金は「100人以上規模企業に対ける役職者」を除いて算出。

注3）介護職員は「ホームヘルパー」と「福祉施設介護員」の加重平均。

（出所）厚生労働省「平成29年賃金構造基本統計調査」に基づき老健局老人保健課において作成（第161回社会保障審議会介護給付費分科会資料「介護人材の処遇改善について」p.20）。

表 5-1　介護人材の賃金の状況（一般労働者、男女計）

		平均年齢（歳）	金属年数（年）	賞与込み給与（万円）
産業別	産業計	41.8	10.7	36.6
職種別	医師	42.1	5.3	102.7
	看護師	39.3	7.9	39.9
	准看護師	49	11.6	33.8
	理学療法士、作業療法士	32.7	5.7	33.7
	介護支援専門員（ケアマネジャー）	48	8.7	31.5
	介護職員【(C) と (D) の加重平均】	41.3	6.4	27.4
	ホームヘルパー（C）	46.9	6.6	26.1
	福祉施設介護員（D）	40.8	6.4	27.5

注1）一般労働者とは、「短時間労働者」以外の者をいう。短時間労働者とは、1日の所定労働時間が一般の労働者よりも短い者、又は1日の所定労働時間が一般の労働者と同じでも1週の所定労働日数が一般の労働者よりも少ない者をいう。

注2）「賞与込み給与」は、「決まって支給する現金給与額（労働協約、就業規則等によってあらかじめ定められている支給条件、算定方法によって支給される現金給与額）」に、「年間賞与その他特別給与額(前年1年間(原則として1月から12月までの1年間)における賞与、期末手当等特別給与額（いわゆるボーナス))」の1/12を加えて算出した額。

注3）「福祉施設介護員」は、児童福祉施設、身体障害者福祉施設、老人福祉施設その他の福祉施設において、入所者の身近な存在として、日常生活の身の回りの世話や介助・介護の仕事に従事する者をいう。

（出所）厚生労働省「平成29年賃金構造基本統計調査」に基づき老健局老人保健課において作成。

　介護職員について産業計と比較すると、平均年齢41.8歳、勤続年数10.7年と介護職員の平均年齢41.3歳、勤続年齢6.4年と、勤続年数が短くなっているとともに、賞与込み給与も36.6万円と27.4万円と9.2万円低くなっている。ホームヘルパーでは、平均年齢46.9歳、勤続年数6.6年で賞与込み給与は26.1万円で、産業計36.6万円より10.5万円低くなっている。

　医療職と介護職の賞与込み給与の差でみれば、かろうじて介護支援専門員が平均年齢48歳、勤続年数8.7年で、賞与込み給与31.5万円で、医療職の理学療法士、作業療法士より2.2万円低い状況となっている。しかし、理学療法士、作業療法士の平均年齢32.7歳、勤続年数5.7年に比べると、医療職との差も大きいといえよう。

2. 介護職の有効求人倍率

　コロナ禍の下、雇用状態が悪化しても施設介護員の有効求人倍率は 2014 年から一般職業紹介の有効求人倍率（年平均）の 2 倍以上で高止まり状態である（**表 5-2**）。なかでも 2019 年のホームヘルパーの同倍率は 15 倍を上回っている[6]。2019 年の一般職業紹介と比べて 9.34 倍にもなっている。背景には高齢化したホームヘルパーの離職の広がりがある[7]。高齢ヘルパーは自分が感染して重症化しないか、感染を広げないか、不安を抱えながら利用者の暮らしを守るために頑張っている。このもとで在宅生活を続けるうえで必要なサービスを十分に受けられない高齢者がさらに増える懸念が強い。介護サービスが使えなくなる事態が広がっており、それがコロナ禍でいっそう深刻になっている。

表 5-2　一般職業及び介護職員の有効求人倍率

年	一般職業紹介	施設介護員	ヘルパー
2013（平成 25）	0.97	1.91（1.97）	3.29（3.39）
2014（平成 26）	1.11	2.27（2.05）	4.95（4.46）
2015（平成 27）	1.20	2.60（2.17）	7.04（5.87）
2016（平成 28）	1.36	3.07（2.26）	9.30（6.84）
2017（平成 29）	1.39	3.66（2.63）	11.33（8.15）
2018（平成 30）	1.50	4.02（2.68）	13.10（8.73）
2019（令和　1）	1.61	4.31（2.67）	15.03（9.34）

注 1) 厚生労働省職業安定局雇用政策課「一般職業紹介状況について」（各年）より作成。
　　　有効求人倍率は、その年の平均の有効求人倍率。
注 2) 施設介護員とヘルパーについては、2020 年 8 月 19 日の「第 182 回社会保障審議会
　　　介護給付費分科会」資料より作成。
注 3) 施設介護員及びヘルパーの（　）内の数値は、一般職業紹介を 1 として計算（小
　　　数点第 3 位を四捨五入）。

　このような状況を改善しようと、自治体独自の取り組みも始まっている。神戸市では 2020 年 1 月以降に新型コロナウイルスの影響で失業した人が介護職に就職した場合、介護資格の有無を問わないで、市内の介護事業所や障害福祉サービス事業所に正規またはフルタイム職員として採用された場合に祝い金 1 万円を本人に支給する。6 ヵ月継続して勤務すれば、一時金 10 万円を支給する。市は、補正予算に約 5600 万円を計上した。介護現場の人手不足解消につな

げたい考えである。政令指定都市では、熊本市で介護資格所有者に
限定した支給制度が実施されている。

　いずれにしても、ヘルパーの処遇改善は必要であり、事態を好転
させる手を早急に打つ必要がある。次期改定の大きな焦点になるこ
とは必至であった。

3. 就業形態と年齢構成

(1) 就業形態（職種別）

表 5-3　就業形態（職種別）

(%)

	正規職員	非正規職員	うち常勤労働者	うち短時間労働者
介護職員 （施設等）	61.0	39.0	15.4	23.6
訪問介護員	30.3	69.7	12.3	57.3

注1) 正規職員：雇用している労働者で雇用期間の定めのない者。非正規職員：正規職
　　員以外の労働者（契約職員、嘱託職員、パートタイム労働者等）。
注2) 介護職員（施設等）：訪問介護以外の指定事業者で働く者。訪問介護員：訪問介
　　護事業所で働く者。
(出所)（公財）介護労働安定センター「平成29年度介護労働実態調査」を老健局老人
　　保健課において作成。

　表 5-3 を見ると一目瞭然であるが、介護職員（施設等）の正規
職員の割合は非正規職員の割合と比べて、61.0％と39.0％で、およ
そ6対4となっている。それに対し、訪問介護員のそれは正規職員
が30.3％と非正規職員が69.7％で、およそ3対7の割合となってい
る。しかも訪問看護員においては、常勤労働者は12.3％であり、短
時間労働者は57.3％で、82.2％が非正規職員のうち短時間労働者で
あり、17.6％が常勤労働者という状況となっている。

(2) 年齢構成（職種別）

　介護職員（施設等）の年齢構成は、30歳から49歳で47.0％を占
めているが、訪問介護員の年齢構成は40歳から59歳までで44.9％
を占めている。さらに60歳以上の38.5％を加えると83.4％となり、
訪問介護員のうちの83.4％が40歳以上である。50歳以上で計算して
も63.8％となる（表 5-4）。訪問介護員の高齢化は深刻な状況である。

表 5-4　年齢構成（職種別）

(%)

	20歳未満	20〜29歳	30〜39歳	40〜49歳	50〜59歳	60歳以上
介護職員 （施設等）	0.7	15.0	22.9	24.1	19.9	15.9
訪　問 介護員	0.2	4.0	10.1	19.6	25.3	38.5

注1) 調査において無回答のものがあるため、合計しても100％とならない。
（出所）（公財）介護労働安定センター「平成29年度介護労働実態調査」を老健局老人保健課において作成。

4. コロナの職員採用への影響

　福祉医療機構（WAM）は、特別養護老人ホームでの人材確保の調査の一環として、新型コロナウイルス感染症の影響に関する調査結果（調査は2020年10月8〜26日にかけてウェブ上で実施し、919法人949施設が回答した）を発表した。職員の採用活動を行う上でどのような影響があったのかを尋ねる（複数回答）と、「施設見学を全部または一部制限」が69.3％、「合同説明会や就職セミナー等の機会が減った」が58.8％、「説明会が従来の形式で行えなくなった」が43.4％となった。

　採用方法で工夫したことを聞く設問（複数回答）に対しては、「少人数・個別での説明・面接を実施」との回答が48.2％と最も多く、次いで「紹介会社・派遣会社の利用」が30.7％、「密にならないよう説明会の参加者・定員を減少」が17.4％、「募集要件の幅を広げた（無資格・未経験可など）」が17.2％の順となった。

　コロナを契機とした職員の離職があったか聞いたところ、離職があったと回答したのは全体の8.0％で、このうち離職者1人が5.3％、2人が1.8％で大半を占めた。

第4節　コロナ危機と介護人材のまとめ

1. 介護職の賃金・有効求人倍率・就業形態と年齢構成

　介護職員の賃金は低く、2019年度の全国平均で見ても月24.45万円、全産業平均は月33.8万円で、月給は全産業と比べ9.35万円低く、

低賃金が極度の人手不足を招いている。その結果、介護施設を作っても必要な職員が確保できず、待機者がいても定員まで利用者の受け入れができない事業所もある。人手不足で閉鎖しているベッドがあるため、空床ベッド数分の介護報酬が入らず、経営危機の原因にもなっている施設もある。

　コロナ禍の下、雇用状態が悪化しても施設介護員の有効求人倍率は2014年から一般職業紹介の有効求人倍率（年平均）の2倍以上で高止まり状態である。なかでも2019年のホームヘルパーの同倍率は15倍を上回っている。2019年の一般職業紹介と比べて9.34倍にもなっている。背景には高齢化したホームヘルパーの離職の広がりがあることは深刻である。

　介護職員（施設等）の正規職員の割合は非正規職員の割合と比べて、61.0％と39.0％で、およそ6対4となっている。それに対し、訪問介護員のそれは正規職員が30.3％と非正規職員が69.7％で、およそ3対7の割合となっている。しかも訪問看護員においては、常勤労働者は12.3％であり、短時間労働者は57.3％で、82.2％が非正規職員のうち短時間労働者であり、17.6％が常勤労働者という状況である。介護保険制度の開始以降、訪問介護員の非正規職員の課題は続いている状況である。働き方改革が推進されている現状において、介護職員の働き方をもう一度検討すべきと考える。

　特に、介護職員（施設等）と訪問介護員の年齢構成をみても、訪問介護員の高齢化は大きな課題であろう。まさに介護という職業が魅力あるものにならなければ、厳しい状況は変わらない。

2.　これまでの政府の取り組み

　「人生100年時代において、介護は、誰もが直面し得る現実かつ喫緊の課題である。政府は、在宅・施設サービスの整備の加速化や介護休業を取得しやすい職場環境の整備など、これまでも介護離職ゼロに向けた重層的な取組を進めてきたところである」（新しい経済政策パッケージ）[8]。当時の安倍内閣は、2020年初頭までに、50万人分の介護の受け皿を整備することとしていたが、最大の課題は介護人材の確保であった。介護人材を確保するために、2017年度予算においては、介護職員について、経験などに応じて昇給する仕

組みを創り、月額平均 1 万円相当の処遇改善を行うなど、これまで月額 4 万 7000 円の改善を実現してきた。そして介護人材確保のための取組をより一層進めるために、経験・技能のある職員に重点化を図りながら、介護職員の更なる処遇改善を進めてきた。

　具体的には、他の介護職員などの処遇改善にこの処遇改善の収入を充てることができるよう柔軟な運用を認めることを前提に、介護サービス事業所における勤続年数 10 年以上の介護福祉士について月額平均 8 万円相当の処遇改善を行うことを算定根拠に、公費 1000 億円程度を当時、処遇改善を行ってきた。こうした処遇改善については、消費税率の引き上げに伴う報酬改定において対応し、2019 年 10 月から実施してきた。

　このように介護人材の処遇改善を進めており、介護事業所の経営努力も相まって一定の改善が図られてきているものの、依然として他の産業や職種と比較し、賃金水準が低く、勤続年数が短いという面があるとともに、有効求人倍率が高いなど人手不足分野となっている。

3. 2040 年問題と介護人材

　2021 年度の介護保険制度見直しに関する社会保障審議会介護保険部会の議論では、「2040 年問題」が焦点となった。これは、団塊ジュニア世代が 2040 年前後に高齢者となり、高齢者人口がピークを迎えるとともに現役世代が急激に減少する [9)] と予測される問題である。

　生産年齢人口は減少傾向を強めており、人材確保難はあらゆる産業において共通の問題（難題ともいえよう）になってくる。人材確保が課題となっている看護師などの医療分野は、セミ・クローズドな専門職労働市場を形成しているという特徴があり、給与などの処遇改善施策や養成課程の定員増といった対策が効果をあげやすい。一方、介護分野ではオープンで流動性の高い一般労働市場のなかで人材確保等の競争を行う部分が多く、処遇改善策の効果は限定的であり、養成課程の定員増は難しい状況となっている。

　こうしたなかで政府の介護人材確保策として、これまで述べてきた「処遇改善施策」のほかに、「外国人介護職員の受け入れ拡大施

策」「生産性向上施策」の3つでの対応が進められている。

　処遇改善については、2009年以降、介護報酬とその算定基準の枠内で、一部は消費税増税の財源を活用しつつ、給与水準向上とキャリアパスの改善が図られている。介護分野でのこうした改善策は限定的ではあるものの、この10年間で介護職員の給与水準は格段に向上し、一般産業との人材確保競争のスタートラインに立てるレベルまで近づきつつあるように思われる。

　2つめの外国人の受け入れ拡大策については、徐々に効果は表れているものの、人材確保の問題を抜本的に解決できるほどの効果を見通せていない。

　主な受け入れ策として、①EPA（経済連携協定）に基づく外国人介護福祉士候補者（資格取得後の永続的な就労が可能）、②介護福祉士養成校卒業の在留資格「介護」をもつ外国人（永続的な就労が可能）、③技能実習制度を活用した外国人技能実習生（原則として最長5年の就労が可能）、④在留資格「特定技能1号」の外国人（原則として最長5年の就労が可能）の4つの制度があるが[10]、現時点では人材確保の実効をあげているとは言い難い。

　では、「外国人介護職員の雇用はどのくらい進んでいるか」。EPAに基づく介護福祉候補者の受け入れは、2008（平成20）年度から始まっており、その受け入れ人数は年々増加し、2018（平成30）年度までに4302人を受け入れ、EPA介護職員[11]は過去808カ所の施設等で雇用されてきた。2019（平成31）年1月1日現在、EPA介護職員は677カ所の施設等において3165人が雇用されている。主な受け入れ施設は、特別養護老人ホーム、介護老人保健施設などである。また、介護福祉士の資格を取得して日本の介護事業所で働くため、外国人が日本の介護福祉養成校に留学するケースでは、留学生入学者数は、平成28年度257人、平成29年度591人、平成30年度1142人と増加している（厚生労働省資料：平成31年1月時点）。

　近年は①から④を総合的に拡大する施策が進められてきたが、外国人介護職員の定着のためには、日本での生活に関する支援が欠かせないという実態もあり、事業所・自治体による支援も欠かせない。そして何より現在はコロナの影響で、外国からの入国が不可能な状

141

況となっており、技能実習生等の入国再開がいつになるかはわからない[12]。

　３つめの生産性向上施策については、2015年度の制度改正以降、介護ロボット導入・介護業務のICT化の推進策が注目されるようになった。産業界からも大きな期待が寄せられているが、実践的な技術開発は著についたばかりである。介護現場でのデジタル・リテラシー[13]の涵養などの課題もあり、生産性向上や業務効率化に大きな効果をみせる状況にはない。

まとめ

　これまで見てきた通り、介護人材の確保策は処遇改善施策を中心に取り組まれて、一定の効果を見せてきているが、未だ限定的である。外国人の受け入れ策についても、進んできているものの、十分な効果を確認できるまでに至ってはいない。

　「介護分野への人材の参入促進を含めた総合的な人材確保の取組について、引き続き検討していくとともに、介護人材の確保等の目的が達成されたか状況を迅速に把握しつつ、効果検証を行っていくべきである」[14]。筆者も同じ考えである。

注・文献

1) 厚生労働省「介護サービス施設・事業所調査」（介護職員数）、「介護保険事業状況報告」（要介護（要支援）認定者数）より計算。
2) 需要見込み（約216万人・245万人）については、市町村により第7期介護保険事業計画に位置付けられたサービス見込み量（総合事業を含む）等に基づく都道府県による推計値を集計したもの。そして、2016年度の約190万人は、「介護サービス施設・事業所調査」の介護職員数（回収率等による補正後）に、総合事業のうち従前の介護予防訪問介護等に相当するサービスに従事する介護職員数（推計値：約6.6万人）を加えたものである（第161回社会保障審議会介護保険給付費分科会資料2「介護人材の処遇改善について」2018年9月5日、p.24）。
3) 社会保障審議会介護保険部会「介護保険制度の見直しに関する意見」2019年12月27日、p.19。
4) 第161回社会保障審議会介護給付費分科会資料2「介護人材の処遇改善について」2018年9月5日。
5) 「21世紀・老人福祉の向上をめざす施設連絡会のアンケート」（2019年10

～ 11 月実施、回答 2363 施設）によると、人材紹介業や求人広告に年 1000 万円以上払ったとの回答が 177 件あった。人手不足解消のため、多額の介護報酬が人材紹介業者などに流れ、肝心の職員の処遇改善ができない異常な事態となっている。

6)　2020 年 8 月 19 日の「第 182 回社会保障審議会介護給付費分科会」において、ホームヘルパーの有効求人倍率は 2015 年の 7.04 倍から 15 倍を超えた（15.03 倍）ことが明らかとなった（厚生労働省「令和元年度『介護労働実態調査』の結果」）。介護の現場での人手不足は以前から大きな問題となっていたが、仕事を探すヘルパー 1 人に対して 15 人以上の求人が来ていることを意味する。そして、4 年間で 2 倍以上になったことは、その現状を改めて再認識させられるデータである。

7)　2020 年 8 月 19 日の「社会保障審議会介護給付費分科会」においては、ヘルパーの高齢化が進んでいることも報告された。60 歳以上が 36.4%、70 歳以上は全体の 10.5% と 1 割を超えたという（2018 年度「介護労働実態調査」結果より厚労省が集計。3 年前は 2015 年度の同調査より集計）。

8)　内閣府「新しい経済政策パッケージ」2017 年 12 月 8 日閣議決定。対象の箇所は「第 2 章　人づくり革命」「5. 介護人材の処遇改善」。

9)　社会保障審議会介護保険部会「介護保険制度の見直しに関する意見」2019 年 12 月 27 日、p.1.

10)　三菱 UFJ リサーチ＆コンサルティング株式会社「外国人介護職員の雇用に関する介護事業者向けガイドブック」2019 年 3 月。

11)　「EPA 介護職員」とは、「日インドネシア EPA」、「日フィリピン EPA」または「日ベトナム EPA」に基づき、介護福祉士候補者または介護福祉士として雇用されている外国人介護職員のことを指す。

12)　「新型コロナウイルスに係る日本からの渡航者・日本人に対する各国・地域の入国制限措置及び入国に際しての条件・行動制限措置」2021 年 2 月 5 日。外務省海外安全ホームページ（https://www.anzen.mofa.go.jp/covid19/pdf-history_world.html）。

13)　「デジタルリテラシー」とは、インターネットを中心にデジタル情報や通信について、さらにはそれらを活用するパソコンやスマートホンなどの機器やアプリについて知識を持ち、利用する能力のこと。「リテラシー（literacy）」とは単純に訳せば「読み書き能力」といった意味。

14)　第 199 回社会保障審議会介護給付費分科会参考資料 3「令和 3 年度介護報酬改定に関する審議報告」2021 年 1 月 18 日、p.61.

第6章 コロナ危機と介護報酬改定

第1節　問題の所在

1.　本章の目的

　介護報酬は、介護サービスの対価として介護保険財政から事業所に支払われる報酬である。事業所の収入の大部分を占め、訪問介護や通所介護では9割を超えている。報酬改定の動向は事業所の存続に直結している。新型コロナウイルス感染症拡大によって、介護事業所経営が厳しくなっている状況下で、これまでの報酬改定の経過を踏まえて、2021（令和3）年度の介護報酬はどのようになったかを知ることが本章の目的である。

2.　課題の設定

　介護保険制度創設以来、介護報酬はどのような経過をたどってきたかについて、まず知る必要がある。そして、そもそも新型コロナウイルス感染症拡大前の介護報酬は経営に対してどう影響したのかを知る必要がある。なぜなら、新型コロウイルス感染症によって急に経営悪化した事業所がないことはないが、むしろそれまでの介護報酬と経営状況の関係はどうだったかを知ることで、新型コロナウイルス感染症拡大は介護保険制度そのものの問題点を明らかにしたのではないか、と考えたからである。

　したがって本章では、これまでの介護報酬について分析するとともに、令和3年度介護報酬改定について検討することとする。

第 2 節　コロナ危機と介護報酬改定の調査対象と方法

1.　調査対象

　本章で利用する資料は、過去の介護報酬改定資料、「令和 3 年度介護報酬改定に関する審議報告」、「令和 3 年度介護報酬改定に関する審議報告の概要」及び「令和 3 年度介護報酬改定の主な事項について」を利用する。

2.　調査方法

　調査方法は、過去の報酬改定資料とそれに付随する資料、そして令和 3 年度介護報酬改定資料等を分析する形で行う資料調査である。調査方法等の限界を考慮しながら、データ分析することとする。

第 3 節　介護報酬改定と介護保険法改正

1.　介護報酬改定の主な視点と改定率

　まず、これまでの介護報酬改定の主な視点と改定率を見ておこう（表 6-1）。

　2000 年の介護保険制度の開始以来、2018 年までの過去 6 回の改定は民主党政権時の 2009 年度介護報酬改定率が 3.0％でこれまでで最も高かった。しかも、介護職処遇改善対策交付金として 2009 年 10 月から 2011 年度末までの間、合計約 3975 億円（全国平均で介護職員 1 人当たり 1.5 万円の相当）の予算措置がなされて、実質約 5％相当の引き上げ幅となった。しかし、2012 年度改定では交付金が介護報酬内に組み込まれこともあり、改定率はプラス 1.2％となっているが、実質はマイナス 0.8％と厳しい状況となった。しかも、2016 年度介護報酬改定はさらに厳しいマイナス 2.27％（基本報酬等でマイナス 4.48％）という結果になった。2018 年度改定のプラス 0.54％（通所介護等で▲ 0.5％の適正化）の財政措置で約 500 億円弱が増額された。

表 6-1　介護報酬改定の主な視点と改定率

改定時期	改定にあたっての主な視点	改定率
2003（平成 15）年度改定	・自立支援の観点に立った居宅介護支援（ケアマネジメント）の確立 ・自立支援を指向する在宅サービスの評価 ・施設サービスの質の向上と適正化	▲ 2.3%
2005（平成 17）年 10 月改定	・居住費（滞在費）に関連する介護報酬の見直し ・食費に関連する介護報酬の見直し ・居住費（滞在費）及び食費に関連する運営基準等の見直し	
2006（平成 18）年度改定	・中重度者への支援強化 ・介護予防、リハビリテーションの推進 ・地域包括ケア、認知症ケアの確立 ・サービスの質の向上 ・医療と介護の機能分担・連携の明確化	▲ 0.5% ［▲ 2.4%］ ※ ［ ］は平成 17 年 10 月改定分を含む
2009（平成 21）年度改定	・介護従事者の人材確保・処遇改善 ・医療との連携や認知症ケアの充実 ・効率的なサービスの提供や新たなサービスの検証	3.00%
2012（平成 24）年度改定	・在宅サービスの充実と施設の重点化 ・自立支援型サービスの強化と重点化 ・医療と介護の連携・機能分担 ・介護人材の確保とサービスの質の評価（交付金を報酬に組み込む）	1.20%
2015（平成 26）年度改定	・消費税の引き上げ（8%）への対応 　→　基本単位数の引き上げ 　→　区分支給限度基準額の引き上げ	0.63%
2016（平成 27）年度改定	・中重度の要介護者や認知症高齢者への対応の更なる強化 ・介護人材確保対策の推進（1.2 万円相当） ・サービス評価の適正化と効率的なサービス提供体制の構築	▲ 2.27%
2017（平成 29）年度改定	・介護人材の処遇改善（1 万円相当）	1.14%
2018（平成 30）年度改定	・地域包括ケアシステムの推進 ・自立支援・重度化防止に資する質の高い介護サービスの実現 ・多様な人材の確保と生産性の向上 ・介護サービスの適正化・重点化を通じた制度の安定性・持続可能性の確保	0.54%
2019（令和元）年 10 月改定	・介護人材の処遇改善 ・消費税の引き上げ（10%）への対応 　→　基本単位数等の引上げ 　→　区分支給限度基準額の引上げ 　→　補足給付に係る基準費用額の引上げ	2.13% 処遇改善 1.67% 消費税対応 0.39% 補足給付　0.06% ※ 四捨五入の関係で、合計しても 2.13% とはならない。
2021（令和 3）年度改定	・感染症や災害への対応力強化 ・地域包括ケアシステムの推進 ・自立支援・重度化防止の取組の推進 ・介護人材の確保・介護現場の革新 ・制度の安定性・持続可能性の確保	0.70% ※うち、新型コロナウイルス感染症に対応するための特例的な評価 0.05%（令和 3 年 9 月末までの間）

（出所）第 157 回社会保障審議会介護給付費分科会（2018 年 1 月 17 日）参考資料 1、及び、第 198 回社会保障審議会介護給付費分科会（2021 年 1 月 13 日）参考資料 1 より作成。

　2020 年度においては、コロナ禍における介護職への「慰労金」一律 1 人 5 万円給付といった財政出動により、2020 年度第二次補正予算で全額国庫負担として 4132 億円が計上され、介護保険 20 年の歴史上単年度ベース最高額の財政措置がなされた。

2. 介護報酬改定と介護保険法改正の主な内容 [1]

　介護報酬改定は非常に重要である。そこで、もう少し詳しく述べておきたい。政府の表はきれいにまとまっているが、実際はだいぶ違うことを、理解されるのではないかと思われる。

(1) 第 1 回介護報酬改定（2003 年度）

　2003 年 4 月時点の介護サービス事業所の収支では、赤字だったのは居宅介護支援事業所（20.2％）、訪問介護事業所（25.0％）、訪問入浴事業所（0.2％）で、それ以外は黒字であった。こうした中で第 1 回介護報酬改定が行われたのである。

　財源の効率化と適正化を理由にマイナス改定となった。全体ではマイナス 2.3％で、在宅がプラス 0.1％、施設がマイナス 4.0％であった。改定の柱は、在宅重視、自立支援、介護予防であり、訪問介護の生活援助は報酬が減額され、身体介護は増額された [2]。

(2) 第 1 回介護保険法改正（2005 年度）

　予定通り、介護保険制度のスタートから 5 年経った 2005 年 10 月に介護保険法が改定され、2006 年に大きな報酬改定が行われた。介護保険制度が定着し、利用者が増え、サービスも増えて順調な滑り出しを背景に行われた改定であった。しかし結果的に、利用者にも事業者にも大変厳しい内容の改定となった。ポイントを上げると次のようになる。

ア）要介護 1 を要支援 2 に

　軽度の人の介護度が重くなってしまうのはケアプランに原因があるからだとして、利用者の 32％を占めていた要介護 1 を要支援 2 に移した。そのため、利用できる介護保険限度額が大きく下がった。要支援 1・2 と要介護 1 の介護サービスは予防サービスに移行し、この改定で誕生した地域包括支援センターがケアプランを作成する

ことになった³⁾。また、要介護認定更新時に要介護１の人を認定審査会が振り分けることになり、要介護１に残れるのは認知症の自立度２以上の人と、半年以内に急変が予想される不安定な状態の人のみになった。

　このようにして、軽度者（要支援・要介護１）の大幅な増加や、軽度者の状態像を踏まえた介護予防重視の観点から、介護予防重視型システムへの転換を図ることとされた⁴⁾。しかし要介護が軽度の利用者からすると、保険料を払ってもサービスが利用できないことから、今日まで長く続く「軽度者切り捨ての始まり」とも言われている。

イ）地域密着型サービスの創設

　市区町村が指定し、市区町村の住民のみが利用できる地域密着型サービスが創設され、認知症グループホーム、認知症専用デイサービスが地域密着型サービスに移行した。

ウ）小規模多機能型サービスの創設

　小規模特定施設と小規模特別養護老人ホームが新設され、訪問介護、デイサービス、ショートステイの３つを一つの事業所が提供する小規模多機能型サービスが創設された。これは都道府県から市区町村への介護保険の権限移行の始まりであった。

エ）事後規制の導入

　事業所の６年ごとの指定更新制と連座制（指定取り消しを受けた法人の介護事業指定は５年間はしない）、事業所の情報開示のための行政のチェック、ケアマネジャーの資格更新制が導入され、ケアマネジャーを通じて行政が介護保険の利用をコントロールする仕組みの始まりとなった。

オ）市区町村による介護認定前の人への介護予防事業開始

　改正前の予防給付を、対象者の範囲、サービス内容、ケアマネジメント体制を見直した新しい予防給付が創設された。すなわち、従来の要支援の人は要支援１とし、従来の要介護１のうち状態の維持・改善可能性の高い人は要支援２とされた。これらの要支援者への介護予防ケアマネジメントは、地域包括支援センターが実施することとされた。また、通所介護において、筋力トレーニングや栄養改善、口腔機能向上といった、筋力トレーニングや介護予防に効果

的なメニューが加わることとされた。さらに市町村は、要支援・要
介護になる恐れのある高齢者を対象とした効果的な介護予防事業を
実施することとされた[5]。

　したがって、2005 年改定のもう一つの特徴は、本来介護サービ
スのためである介護保険給付の使い道を、65 歳以上の人の介護予
防に広げたことである。要支援 1 と 2 に加え、65 歳以上人口の 5%
に対し、筋力トレーニング、低栄養予防、口腔ケア、閉じこもり予
防などを行うことに介護保険財源を使用することになった。

カ）地域包括支援センターの創設

　公正・中立な立場から、地域における介護予防ケアマネジメント
や総合相談、権利擁護などを行う中核機関として、地域包括支援セ
ンターが創設された[6]。

キ）情報公表

　利用者が適切に介護サービスを選択することができるよう、すべ
ての介護サービス事業者に介護サービスの内容や運営状況に関する
情報の公表を義務づける仕組みが導入された[7]。

ク）ケアマネジャーの相談・指導をする主任介護支援専門員の創設

　事業所の指定が受けられない欠格事由の追加が行われるとともに、
事業者の指定に 6 年ごとの更新制度が導入された。さらに、介護支
援専門員に 5 年ごとの資格の更新制が導入されたほか、主任介護支
援専門員の資格の創設等が行われた[8]。

ケ）施設給付の見直し

　居宅と施設の利用者負担の公平性、介護保険と年金給付の調整の
観点から、介護保険施設等における食費と居住費が保険給付の対象
外とされ、利用者が負担することとされた。対象外となったのは、
介護保険施設における食費・居住費、短期入所系サービスにおける
食費・滞在費、通所系サービスにおける食費である。

　なお、市町村民税非課税等の低所得者に対しては、決められた負
担限度額と施設における食費・居住費の平均的な費用（基準費用
額）との差額が補足的な給付（補足給付）として、保険から給付さ
れる（特定入所者介護サービス費等）ことにより、施設等の運営に
支障がなく、低所得者の負担軽減が図られることとなった[9]。

コ）負担のあり方・制度運営の見直し

　保険料設定について、従来の5段階から6段階が基本とされた。また、利用者の利便性の向上や市町村の事務負担の軽減の観点から、保険料の特別徴収（年金からの天引き）の対象を、従来の老齢退職年金から遺族年金・障害年金にまで拡大することとされた。要介護認定のための認定調査について、公平・公正の観点から、新規認定の場合は、市町村実施が原則とされたほか、要介護認定の申請代行を行える者の見直しが行われた[10]。

サ）その他

　そのほか、将来がん患者が増加することが予測されたため、末期がんを特定疾病に追加し、第二号被保険者の介護保険の対象に加えた。これにより、入院患者を退院させ、在宅復帰させることで医療保険から介護保険に移行する流れがつくられた。給付額は20～30億円と予測された。

　さらに、従来は老人保健事業、介護予防・地域支え合い事業、在宅介護支援センター（老人福祉事業）で行ってきた事業を介護保険の事業とし、誕生したばかりの地域包括支援センターがこれらを担うことになった。ここでも介護保険の財源を使う地域支援事業が始まった。これにより、老人福祉法で24時間相談窓口として設置されていた在宅介護支援センターは助成金を失い、地域包括支援センターに移行する指導が行われた。

　2005年改定では老人病院削減の方針も出された。当時、老人病院は医療保険の療養型病床が25万床、介護保険の療養型病床が13万床あり、これを合わせて15万床に削減することとなった。また、2012年までに介護保険の療養型病床は廃止されることになった。

　高齢者の虐待は、介護保険導入後も一層深刻になっていた。こうしたなかで「高齢者虐待防止法（高齢者虐待の防止、高齢者の養護に対する支援等に関する法律）」が2005年に成立し、2006年に施工された。しかし同法の施行後も虐待件数、虐待死ともに増加傾向が続いている。

(3) 第2回介護報酬改定（2006年度）

　第2回介護報酬改定は2006年4月に行われ、2003年の1回目に

続きマイナス改定であった。全体としてマイナス2.4%、在宅軽度はマイナス5%、在宅中重度はプラス4%、施設はマイナス4%、そして要支援移行で限度額が引き下げられた。

改定の柱は在宅重視、自立支援であり、国がコントロールしようとしているケアマネジャーに対しては、「質の向上」のためとして特定事業所加算（介護予防プラン受託は対象外）が新設され、ケアプラン作成数が制限されるとともに、要介護3・4・5のケアプランの単価を上げ、要介護1・2のプランと分離した。重度中心への誘導であることは明確であった。

また、介護給付削減を目的に、介護保険の施設に居住費（家賃）が導入され、食事は当初材料費のみだったが、厨房の人件費も加わり、その分施設への報酬減額が行われた。あわせて施設とショートステイの利用者のうち、住民税非課税の低所得者に対しては、補足給付（家賃・食事代の減額）が導入された。

さらに、要支援1・2と要介護1の福祉用具の利用に制限が導入された。特殊寝台、車椅子、褥瘡予防マット、認知症徘徊センサー、移動用リフトがケアプランに入れられなくなった。これは寝ているベッドを取り上げる「引き剥がし」と呼ばれて批判された。

この第2回目の介護報酬改定を、「軽度者切り捨ての第二弾」と見る識者もいる。

(4) 第2回介護保険法改正（2008年度）

2005年の介護保険法改定で、サービス事業所の指定更新制と連座制が導入されたが、2007年、東京都はコムスン[11]を含む大手3者に改善勧告を出した。2社はこれに対応したが、コムスンは事業所指定を取り下げることで「処分逃れ」をした。また、数カ所の訪問介護事業所でヘルパー人数の水増しが発覚し、結果として連座性が適用され、2007年から5年間指定更新が受けられなくなった。そのためにコムスンは都道府県ごとに売却され、介護事業から撤退し、2009年に解散した。かつて優良企業であったコムスンの悲劇は介護保険制度の改定に翻弄された結果ともいえよう。

コムスン事件を受けて介護保険法が再び改定され、2008（平成20）年に事業所の指定取り下げが法制化された。①介護事業所は、

業務管理体制の整備を義務づけられるとともに、その内容を厚生労働大臣、都道府県知事または市町村長に届け出なければならないとされた。すべての事業者は、法令遵守責任者を選任するほか、中規模事業者には法令遵守マニュアルの整備、大規模事業者には法令遵守に関する監査の実施が義務づけられた。②不正行為への組織的な関与が疑われる場合、国、都道府県、市町村による事業者の本部への立ち入り検査権が創設された。③事業所の処分逃れを防ぐために、事業所の廃止、休止届けの提出について、従来の事後届出制から、廃止または休止の1カ月前までに届け出なければならないとする事前届出制に改められた。④連座制（1つの事業所が指定取り消しを受けた場合、他の事業所の指定更新が受けられなくなるという仕組み）について、組織的な不正行為への関与の有無によってその適用の可否が決められたり、その及ぶ範囲を居宅系と居住系のサービスとで分けたりすることとされた。連座制は届出先（自治体）が判断できるように変更することとされた。これらが主な内容である。

(5)　第3回介護報酬改定（2009年度）

　2009年、3回目の介護報酬改定が行われた。プラス3%の改定となった。このときは一律ではなく、個別に加算をつけるなどの改定が行われ、①地区加算で増減（通所・特定・認知症グループホーム）、②専門職配置と常勤率で加算、③医療系サービスのアップが行われるとともに、大規模なデイサービス（利用者が1日30人として月900人以上）を減算するなどの細かい改定も実施された。

　こうした改定によりサービス事業所間に格差が出てきた。同年10月には、介護職の低賃金是正のため、処遇改善交付金が国税から出された。

(6)　第3回介護保険法改正（2011年度）

　2010年、介護保険制度は開始から10年を迎えた。介護認定者は500万人、サービス利用者は400万人になり、在宅でサービスを利用する人が71%になった。2008年の国民生活基礎調査では、高齢者世帯は老夫婦のみが30%、独居が22%、親と独身の子の二人暮らしが18%と、在宅の介護力が乏しい世帯が70%に達した。こう

した状況の中で、国は市区町村に日常生活圏域を設定し、複数の
サービスを地域限定でパッケージ化する地域包括ケアを打ち出した。
これが 2011 年 6 月に行われた第三回介護保険法改正の柱である。
なおこのとき、直前の 3 月 11 日に東日本大震災と津波、福島原発
事故が発生し、国民の生命、健康、生活の危機が一挙に拡大した[12]。

　医療、介護、予防、住まい、生活支援サービスを柱とする地域包
括ケアのポイントは、次の通りである。

　①独居、重度適応の 24 時間定期巡回型と随時サービス、複合型
のサービスが創設された。②介護福祉士等の介護職に「医療行為」
が解禁（介護職員等によるたんの吸引と経管栄養（喀痰吸引等）を
業務としての実施）された。③「高齢者住まい法（高齢者の居住の
安定確保に関する法律）」の制定（施設からサービス付き（安否確
認と相談付き）住宅へ）された。④市町村の判断により、要支援
者・二次予防事業対象者向けの介護予防・日常生活支援のための
サービスを総合的に実施できる介護予防・日常生活支援総合事業が
創設された。⑤介護療養型医療施設の廃止（期限の猶予あり）。
2012 年 3 月末までに廃止することとされていた介護療養型医療施
設について、老人保健施設等への転換が進んでいない現状を踏まえ、
転換期限を 6 年間、すなわち 2018 年 3 月末までに延長することと
された。さらに 2012 年度以降、新設は認めないこととされた。

(7) 第 4 回介護報酬改定（2012 年度）

　2012 年には 4 回目の介護報酬改定が行われ、1.2％のプラス改定
となったが、処遇改善交付金の財源が 100％国税から介護保険財源
に移行したため、実質マイナス 0.8％の改定となった。定期巡回・
随時対応型訪問介護看護と訪問介護、看護、デイサービス、ショー
トステイを一つの事業所が提供し、介護度別の一律報酬の看護小規
模多機能（複合型）のサービス基準や報酬が出された。また、生活
援助の報酬削減が行われた[13]。

　介護報酬改定と同時に「高齢者住まい法」が改定され、サービス
付き高齢者向け住宅（サ高住）が誕生した。なお、「サービス付き」
と言っても、付いているサービスは安否確認と相談のみであり、医
療法人も運営することができる。また、サ高住に介護サービスを併

設することが想定され、施設に代わるものとして位置付けられた。
併設されるサービスは、定期巡回・随時対応型介護看護や看護・介護・通所などを複合化したものなどである。

　背景には、2009 年に起こった老人福祉施設「たまゆら」の火災で入所者 10 人が死亡した事件があり、無届施設の問題がクローズアップされたことがあった。また、42 万人に上る特養の入所待機者への対応でもあった。

(8)　第 4 回介護保険法改正（2014 年度）

　2012 年 8 月に社会保障・税一体改革の関連法案が成立し、同年 8 月、社会保障制度改革推進法が制定され、同法に基づく社会保障制度改革国民会議が社会保障制度全般について検討を進めた。同国民会議は、2013 年 8 月報告書を取りまとめた。この報告書を基に、同年 10 月、「持続可能な社会保障制度の確立を図るための改革の推進に関する法律」（社会保障改革プログラム法）が制定された。

　2014 年の介護保険制度の見直しは、基本的に社会保障改革プログラム法に規定された内容に基づくものであり、医療法改正案と介護保険法改正案等を一括にした「地域における医療及び介護の総合的な確保を推進するための関係法律の整備等に関する法律」（医療介護総合確保推進法）が 2014 年 6 月に成立した [14]。

　2014 年の 4 回目の介護保険法改定時には、以上のような経過から医療保険関係の法律とともに合計 19 もの法律が改定された。医療は病床の機能分化を行い、「施設から地域へ」「医療から介護へ」移行する方向で、認知症施策も入院、入所から地域まで認知症をケアする方向へ転換が行われた。また、退院後は地域でかかりつけ医と連携し、地域では地域包括ケアにより、医療・介護が連携する。そのコーディネートをケアマネジャーや地域包括支援センターが行うようにシステム化された [15]。

　また、診療報酬も地域包括ケアの観点から改定された。主な内容は、①機能強化型訪問看護ステーションの創設（ただし居宅介護支援併設が条件（24 時間対応、ターミナルケア、重症度の高い患者の受け入れ））、②地域包括診療料の創設（慢性患者の継続的・全人的医療を提供（高血圧症、糖尿病、脂質異常症、認知症のうち 2 つ

に対応))、③維持期リハビリテーションをケアマネジャーと連携して行い、介護保険に移行した場合の支援料を創設、④在宅受け入れ、在宅復帰支援の実績による地域包括ケア病棟入院料の新設であった。介護保険法の改定では、要支援の訪問介護と通所介護が市区町村の介護予防・日常生活支援総合事業（総合事業）に移行した。また、特養に入所できるのは要介護3以上の人とされ、施設とショートステイの補足給付に条件がつき、所得に応じて2割負担が導入された。また、医療、介護、予防、住まい、生活支援の5つを日常生活圏で確保する地域包括ケアが法制化された。

(9) 第5回介護報酬改定（2014年度）

　2014年の医療・介護の法律改正を受けて、2015年に行われた第5回介護報酬改定はマイナス2.27％となり、実質史上最大のマイナス改定となった。内容は次の通りである[16]。

ア）利用者負担増

　・65歳以上に、所得により2割負担とした（これにより、介護保険給付費を740億円削減）。

　・住民税非課税であっても、補足給付に預貯金による制限を加えた（ケアマネジャーは毎年預金通帳のコピーを確認することになった）。

イ）サービス利用者の削減

　・要支援の訪問介護とデイサービスは市区町村の総合事業に移行した（要支援の43.5％が予防通所介護、42.2％が予防訪問介護を利用している）。

　・介護認定ではなくチェックリストの活用。

　・特養入所は要介護3以上となる（要介護2以下で在宅生活が困難な人は自費で有料老人ホームへ行くのだろうか）。

ウ）保険者機能の市区町村への移行

　・ケアマネジメント事業の指定は市区町村に移行（2017年に実施）、主任ケアマネジャーに更新制導入、居宅の集中減算導入（全サービスで80％）。

　・住宅改修の事前届出制（市区町村へ）。

　・小規模デイサービス（18人以下）を地域密着型に移行し、小

規模多機能型のサテライトに。

　・お泊まりデイサービスの届出制。

エ）地域包括支援センターの機能強化（生活支援コーディネーター配置、地域ケア会議、在宅医療・介護連携、認知症初期集中支援チーム、認知症地域支援推進員が業務追加）

オ）集合住宅減算（養護老人ホーム・経費老人ホーム・有料老人ホーム・サ高住にサービス事業所が併設、隣接の場合に減算導入）。

　この史上最大のマイナス改定のショックが続くなか、2016 年に「ニッポン一億総活躍プラン」が閣議決定[17]され、全世代型社会保障が打ち出された。しかし結局このプランは経済政策であった。2018 年の未来投資会議では 65 歳以上の継続雇用が提言され、2020 年 2 月に 70 歳までの就業機会確保が閣議決定された[18]。

　2018 年、生活困窮者自立支援制度でも就業促進が打ち出され、加えて障害者雇用率もこの年から引き上げられた。2021 年にはさらに引き上げられることが決まっている。国は、勤労者が広く被用者保険でカバーされる、勤労者皆保険制度の実現を目指している。これは、全世代型社会保障制度を目指して雇用者を増やしているということでもある。

　また、2016 年には地域共生社会の実現を目指して「我が事・丸ごと」地域共生社会実現本部が設置された[19]。

(10) 第 5 回介護保険法改正（2017 年度）

　2017 年、5 回目の介護保険法改正が行われた。改正のポイントは次の通りである。

ア）「共生型訪問介護・共生型デイサービス・共生型ショートステイ」の誕生

　高齢者と障害児者等が同一事業所でサービスを受けやすくするため、介護保険と障害福祉制度に新たに共生型サービスを位置づけた。「障害者の訪問介護・デイサービス・ショートステイ」が介護保険の指定事業所になることができることとなった。

イ）3 割負担の導入（利用者負担割合の引き上げ）

　2015 年に利用者負担 2 割負担を導入したばかりにもかかわらず、2 割負担者のうち、特に所得の高い層の負担割合を 3 割とする、所

得に応じて3割負担が導入された（2018年8月1日から施行された）。

ウ）総報酬制の導入

　第二号被保険者の被用者保険等保険者の保険料にあたる介護給付費、地域支援事業支援納付金の額の算定が、人数比例から健康保険加入者の所得に応じた配分に改定された。

　各医療保険者が納付する介護納付金（40〜64歳の保険料）について、被用者保険間では総報酬割（報酬額に比例した負担）とした。2017年8月分から介護納付金から2分の1を適用し、2018年度2分の1適用、2019年度から4分の3適用とし、2020年度から全面適用とした[20]。

エ）市区町村の保険者機能強化

　介護保険において、都道府県から市区町村へ権限（責任）を移行させる方向性は、第1回介護保険法改正（2005年）から出されていたが、その後もじわじわと拡大し、第5回改正で要介護認定率や地域支援事業でインセンティブ交付金を出すなど競争強化が進んだ。

　さらに、市区町村のサービス量を公募制や総量規制でコントロールする方向も検討され、地域密着型のサービス普及のために都道府県の訪問介護やデイサービスの指定に市区町村が協議を求めることなども提起されている。極め付けは市区町村の成果に合わせて現金を市区町村に出す「財政的インセンティブ（保険者機能強化推進交付金）」の規定の整備である。これは要介護認定率の項目などについて、全国の市区町村を順番に並べ、自立支援、重度化防止で成果の出た市区町村に現金を出すというもので、全国の市区町村競争システムの導入である[21]。

　こうした改定に関連して、次のことも行われた。

　まず、老人福祉法の改正により、有料老人ホームの指定取り消しが制度化された。これには特定施設の取り消しも連動する。また、ケアマネジメントの標準化のために、2019年2月に3000万円の予算が閣議決定され、日本総合研究所に委託された。医療介護の連携強化として、介護療養型医療施設の廃止期限は6年間延長されるとともに、長期療養を必要とする要介護者を対象とした介護医療院が制度化され、第二種社会福祉事業になった。さらに、要介護認定の有効期間が65歳以上は3年まで延長可能になり、前回と同じ介護

度の場合には、「簡素化」のために、認定審査会で論議しないで同じ介護度にすることが可能になった²²⁾。

(11) 第6回・第7回介護報酬改定（2018・19年度）

　介護保険法改正に合わせて 2018 年に第 6 回目の介護報酬改定が行われた。プラス 0.54％の改定となった。この改定では、在宅介護の三大サービスである福祉用具、訪問介護、デイサービスの報酬が集中的に切り下げられた。

　福祉用具は 2018 年 10 月から単価を毎年見直すこととなり、標準偏差で全国平均を 16％以上上回る場合は自費になった。

　訪問介護は、資格要件からヘルパー 3 級が外れ、資格がなくても「緩和型研修」受講者が生活援助をすることができるようになり、介護度別の月の生活援助サービスの回数を超えたケアプランを事前に市区町村に提出させ、市区町村を通じて「適正化」することが制度化された。

　デイサービスは、大規模な減算が行われた。報酬は介護度別 1 時間単位に変更され、ADL（activities of daily living：日常生活動作）²³⁾を点数化して半年後の改善度に応じて加算をつけることになった。

　そのほか、ケアマネジメントでは、居宅介護支援事業所の管理者は 2021 年から主任介護支援専門員に限られることになった（その後条件付きで 6 年間延長になった）。2018 年の時点で 43％の事業所には主任介護支援専門員がいないなかで、厳しい改定になった。その反面、国が進める上限設定サービス（小規模多機能型、看護小規模多機能型、定期巡回・随時対応型訪問介護看護）などには、医療介護総合確保基金から、市区町村を通じて開設資金と備品装備に補助金が出ることになった²⁴⁾。

　2019 年 10 月の消費税アップにより、介護報酬が 0.39％引き上げられ（7 回目の介護報酬改定）、介護職の処遇改善加算、利用者負担増となった。

(12) 第6回介護保険法改正（2019年度）

　制度開始から 20 年、介護保険制度は相次ぐ改定に翻弄されてきた。また介護保険の給付抑制と自己負担増に高齢者とその家族も翻

弄されてきた。

　2019 年、ア）ケアプランの有料化、イ）要介護 1 と 2 の生活援助、デイサービスの総合事業移行、ウ）2 割負担の対象者拡大などの第 6 回介護保険法改正案が社会保障審議会に提出された。これに対して市民がいちはやく反対運動を起こし、結果としてどれも先送りになったが、特養などを利用する低所得者の自己負担引き上げ（補足給付の切り下げ）、高所得世帯の自己負担上限の引き上げは実施された（表 6-2）。

表 6-2　2020 年介護保険法改正の方向性

1　介護給付・サービス削減
ケアマネジメントに自己負担導入　→ 見送り
要介護 1・2 の生活援助、デイサービスは介護保険から除外し、総合事業へ　→ 見送り
居宅介護支援管理者は主任介護支援専門員に限定　→ 6 年間延長
2　介護給付・サービスの効率化
地域支援事業の有効活用（さらなる拡大）
市区町村への成果に合わせた現金給付（さらなる拡大）
3　介護負担のさらなる見直し
2 割負担の対象者拡大→ 見送り
多床室の室料自己負担、施設への給付削減→ 見送り
ショートステイ、施設の住民税非課税世帯の食費自己負担額増額（補足給付の切り下げ）→ 非課税世帯に 2 万 2000 円上乗せ徴収
高額介護サービス費の基準額変更（高所得者 4 万 4000 円）→ 9 万 3000 円／ 14 万 100 円に引き上げ
4　介護認定有効期間の延長　→ 前回と同じ介護度の場合は 4 年延長可能

（出所）厚生労働省資料をもとに、服部万里子が作成。筆者が一部改編。

　2021 年度介護報酬改定については、第 4 節で述べることとする。

3.　介護保険料

「介護保険料を滞納し、市区町村から資産の差し押さえ処分を受けた 65 歳以上の高齢者が 2018 年度に 1 万 9000 人を超えたと知り驚いた。我が家もそう遠くない日に、そのような事態を迎えるのではないかと心配している。

　65 歳以上が払う保険料は、制度が始まった 2000 年度は全国平均
で月額 2911 円だったが、18 ～ 20 年度は月額 5869 円にまで上昇し
ている。高齢化で保険料の上昇が続けば、もっと多くの滞納者が出
ることは目に見えている。

　保険料を上げるだけではなく、介護保険制度そのものを見直す時
期なのではないだろうか。年金以外に収入のない高齢者にとって今
以上の負担が厳しい」。

　これは、『読売新聞』（2020 年 12 月 16 日）の投書欄に、板橋区
在住無職 84 歳の三上和夫さんが「介護保険払えるか心配」と題し
た投稿である。

　世界有数の長寿国・日本。寿命が延びる一方で、介護を必要とす
る人が増え続けている。厚生労働省の報告[25]によれば、75 歳以上
高齢者の 5 人に 1 人が要介護になるという。生命保険文化センター
の調査[26]によると、介護が必要な平均期間は約 5 年、月額費用は
約 8 万円にもなるという。「家族に負担をかけたくない」「トイレや
お風呂で人の手を借りたくない」と誰もが願っているが、現実はそ
う甘くない。

　介護保険料は事業計画を策定するごとに上がり続けている。

　最後に、介護保険は黒字が続いていることを述べておく（**表
6-3**）。財源不足を理由にサービスを切り下げることは許されない。
たとえば、現在第 8 期介護保険事業計画策定にあたって、中間報告
案が区民に提示され、2020 年 10 月に 6 地域で公聴会が開催され、
その後にパブリックコメントが実施された（10 月 16 日～ 11 月 16
日）。第 7 期介護保険事業計画で、足立区は東京 23 区で一番高い介
護保険料基準額 6580 円になった。それを今回さらに値上げ案を提
示している。基準月額約 6580 円を最大 7270 円に値上げしようと提
案している。介護保険会計は毎年 20 ～ 30 億円も余らせているのに、
である。第 8 期の介護保険料は 2021 年 3 月に決められる。

　2021 年の介護保険の動向を注目しなければならない。

表6-3　黒字続きの介護保険

（百万円）

年度	歳入	歳出	財政安定化基金拠出金	地域支援事業	基金積立金	介護給付費準備基金保有額
2000（平成12）	3,800,035	3,589,877	22,142	−	113,983	112,252
2001（平成13）	4,656,612	4,552,963	23,075	−	86,787	188,765
2002（平成14）	5,047,969	4,983,532	22,607	−	43,392	194,396
2003（平成15）	5,486,275	5,407,034	4,986	−	53,751	225,934
2004（平成16）	5,930,853	5,828,866	5,130	−	32,802	202,093
2005（平成17）	6,231,257	6,105,336	4,980	−	25,007	166,257
2006（平成18）	6,568,831	6,340,094	4,369	101,889	55,252	214,015
2007（平成19）	6,918,883	6,743,671	4,138	119,218	107,960	317,781
2008（平成20）	7,235,052	7,046,869	4,049	152,603	159,703	404,965
2009（平成21）	7,538,262	7,417,417	4	161,825	83,071	442,630
2010（平成22）	7,832,641	7,731,758	−	166,889	39,098	396,163
2011（平成23）	8,209,330	8,111,041	−	165,330	32,538	284,815
2012（平成24）	8,787,477	8,654,528	−	171,049	78,040	312,270
2013（平成25）	9,164,964	9,017,242	−	176,353	57,955	315,359
2014（平成26）	9,614,200	9,444,600	−	184,900	59,400	302,400
2015（平成27）	9,933,700	9,724,400	−	203,400	105,200	388,000
2016（平成28）	10,237,100	9,947,200	−	274,200	105,000	475,900
2017（平成29）	10,688,900	10,402,400	−	440,100	137,600	578,600

注1）厚生労働省介護保険事業状況報告（各年）及び厚生労働省介護給付費等実態調査の概況（4月審査）各期（3年ごと）の介護保険料（全国平均）を基に作成。
（出所）服部万里子「第Ⅱ部　介護保険　翻弄され続けた二〇年」、p.81。

4.　介護報酬改定の経過と老人福祉・介護事業所の倒産件数

（1）介護報酬改定と倒産件数

　改定率とともに、老人福祉・介護事業所の倒産件数を合わせて見てみよう。表6-1は政府の公式発表であるが、この表6-4は実質改定率を算出して掲載した。

表6-4　介護報酬改定の経過と老人福祉・介護事業所の倒産件数

年度	改定率 （実質改定率）（％）	倒産件数 （件）	備　考
2000		3	
2001		3	
2002		8	
2003	▲ 2.3	4	
2004		11	
2005		15	
2006	▲ 2.4	23	2005 年 10 月改定を含む
2007		35	
2008		46	
2009	3	38	唯一の実質プラス改定（民主党政権）
2010		27	
2011		19	
2012	+ 1.2（▲ 0.8）	33	実質▲ 0.8％。介護処遇改善交付金廃止と相殺
2013		54	
2014	0.63	54	消費税及び区分支給限度額引き上げ
2015	▲ 2.27（▲ 4.48）	76	基本報酬等で▲ 4.48％
2016		108	
2017	1.14	111	介護人材の処遇改善
2018	+ 0.54（▲ 0.5）	106	通所介護等で▲ 0.5％の適正化
2019		111	1 月〜 12 月 2 日までの倒産件数
2020	単年度換算 + 3.7	118	新型コロナ関連 4132 億円計上（公費）

（出所）老人福祉・介護事業所の倒産件数は、東京商工リサーチ調査より、改定率等は
社会保障新議会介護給付費分科会資料（2018 年 1 月 7 日）より改編して作成。

　介護人材の人手不足については、政府は処遇改善を進めてきたと
言う。ところが制度創設以来、6 回の介護報酬改定のうち 4 回は引
き下げ（実質含む）であった。介護事業所の経営は悪化し 2019 年
度の平均利益率は過去最低になった。さらにコロナ禍の利用控えで
約 5 割の事業所の収支が悪化している。**表 6-4** をみるとわかるよ
うに、マイナス改定の年度は倒産件数が増加し、プラス改定の年度
には倒産件数は減少している。
　介護保険制度開始後初めての 2003 年度は 2.3％のマイナス改定で

あった。2回目の改定年の2006年度も2.4%のマイナス改定であった。そして3回目の2009年度になって制度開始以来3.0%のプラス改定となり、それまで増え続けていた倒産件数は2008年の46件から2011年の19件まで減少した。ところが4回目の2012年度は1.2%のプラス改定（**表6-1**）と言われているが、処遇改善交付金の財源が100%国税から介護保険財源に移行したため、実質0.8%のマイナス改定であった。そして倒産件数は、また増加に転じた。その後、5回目の2015年度改定はマイナス2.27%、基本報酬等で4.8%のマイナス改定であり、2016年度に倒産件数は108件となって以降、6回目の2018年度の0.54%（ただし、通所介護等でマイナス0.5%の適正化）というプラス改定であったが、110件前後で高止まりしている。

（2）介護事業者の倒産

　介護事業者の2020年の倒産件数は前年比6.3%増の118件で、過去最高を更新した（東京商工リサーチのまとめより）。これまでの最多は2017年と2019年の111件であった。100件を超すのは2016年以来5年連続である。

　人手不足による人件費の高騰など従来の苦境に加え、新型コロナウイルスの感染拡大による不安からの介護サービスの利用控えの動きが広がったことや感染防止対策など「コロナ特有の影響も重なった」と分析している。

　業種別の内訳は、「訪問介護事業」が56件で最多で半数近くを占めた。次に多い「通所・短期入所介護事業」（デイサービスなど）は38件と、前年から18.7%増加した。有料老人ホームが10件、その他は14件であった。「新型コロナウイルス関連」の倒産件数は7件となり、全体を押し上げた。

　倒産件数は過去最多を更新した一方で、負債総額は前年比13.3%減の140億1300万円と減少した（19年は負債53億8600万円を抱えて民事再生法を適用した未来設計（東京都中央区）の案件があったことが影響した）。20年は負債1億円未満の倒産件数が94件、従業員5人未満が79件など、小・零細事業者に集中している。つまり、規模別では従業員5人未満の小規模事業者が7割近くを占めた。

「新型コロナ関連倒産」は7件で、2～10月は3件であったが、11月以降、急増した。東京商工リサーチは、「倒産以外で市場から退出する事例も過去最多ペース」だと指摘している。倒産の理由は、売り上げの不振が73件で最も多く、事業上の失敗が18件であった。東京商工リサーチの担当者は「元々厳しい介護事業の経営に新型コロナが追い討ちをかけている。影響が長期化すれば、今後も倒産が増える可能性がある」と指摘している。

　政府は介護事業所を取り巻く経営環境が悪化していることなどから、介護保険サービスの公定価格で、事業者に支払われる介護報酬を2021年度から0.7％引き上げることを決めた。介護報酬の引き上げを評価しつつも、「コロナ禍のなか、介護報酬の改定だけで介護事業者の経営が改善できるか未知数だ」「収束が見通せないなか、2021年も経営基盤の脆い介護事業者の淘汰と休廃業に歯止めがかかる材料は見当たらない」と厳しい見方をしている。

　さらに2度目の緊急事態宣言を受けて「利用控えが長期化する恐れがある」と指摘し、21年以降も倒産件数は増勢となる可能性が高いとしている。

(3) 老人福祉・介護事業所の休廃業・解散と対応、国民意識

　倒産については上述したとおりだが、2020年の「老人福祉・介護事業」の休廃業・解散が455件となり、調査を始めた2010年以降で過去最多を更新した（2021年2月20日の東京商工リサーチ発表）。これまでの最多は2018年の445件だった。公表済みの2020年の倒産件数118件と合わせると573事業所が市場から退出したことになる。2020年の休廃業・解散は、人手不足や後継者難、業歴の浅い企業のノウハウ不足といった新型コロナウイルス感染症以外に起因する事例が多かった（東京商工リサーチの分析）。一方で、コロナ禍の収束の見通しが立たないことから、経営体力のあるうちに事業をたたむなど新型コロナが休廃業・解散を後押しした事例も増えたとしている。

　厚生労働省は、2021年1月7日付けで事務連絡を出して、新型コロナウイルス感染症防止を徹底した上で、介護事業所のサービス継続を要請した。サービス継続にあたっては、人員基準や介護報酬

などの特例を活用し、柔軟に対応するよう改めて求めている。一時的に人員や運営基準を満たすことができない場合でも報酬減額とはならず、サービス時間が短縮された場合も、従来通りの報酬算定が可能となることは、2020年2月に事務連絡されている。

　すでに休業している事業所には感染防止策の徹底と柔軟なサービス提供を踏まえ、サービス再開の検討を考慮するよう求めている。また、休業している間、利用者に必要なサービスが提供されるよう、他の事業所による代替サービスの検討を行い、事業所間での連携の重要性も強調した。

　通所介護事業所が居宅への訪問によるサービスを開始する際には、訪問介護事業所などの同行訪問により、訪問に関するノウハウを習得するといった支援を受けることも考えられる。その際の謝金は2020年度一次補正予算から補助を行なっており、都道府県では地域医療総合確保基金、市町村においては地域支援事業の活用が可能であるとした。

　障害福祉サービス等事業所についても基本的には同様の対応を取るよう、別途事務連絡している。

　厚生労働省は2020年12月22日、2018年の社会保障に関する意識調査の結果を公表した。国民生活に役立っていると考える社会保障の分野は、「老後の所得補償（年金）」が51.9％と最も多く、「医療保険・医療供給体制など」が42.8％、「高齢者医療や介護」42.1％、「子ども・子育て支援」30.5％の順であった。給付やサービスを効率化すべきだと考える分野は、「高齢者医療や介護」が32.5％で最も多かった。

第4節　コロナ危機と介護報酬改定のまとめ

　本節は、前節を踏まえて、2021（令和3）年度介護報酬改定について、コロナ危機との関係性に主に焦点を当てて、述べることとする。そして「第4章　コロナ危機と介護報酬特例」と「第5章　コロナ危機と介護人材」の補足として、「通所サービスにおける利用者減少時の報酬上の対応」と「介護人材の確保・介護現場の革新」についても述べることとする。

1. 2021 年度介護報酬改定

(1)「令和 3 年度介護報酬改定に関する審議報告」から公布まで

　社会保障審議会介護給付費分科会は、2020 年 12 月 23 日、「令和 3 年度介護報酬改定に関する審議報告」をとりまとめた[27]。2021 年 1 月 13 日の第 198 回社会保障審議会介護給付費分科会は、社会保障審議会に諮問のあった「指定居宅サービス等の事業の人員、設備及び運営に関する基準等の改正の主な内容について」を分科会での審議の結果、諮問のとおり改正することを了承するとの結論を得て報告した。同日、厚生労働大臣が社会保障審議会に諮問書を出して意見を求め、社会保障審議会は厚生労働大臣から社会保障審議会に諮問のあった「指定居宅サービス等の事業の人員、設備及び運営に関する基準等の改正の主な内容について」を了承した。

　その後、1 月 18 日に開催された、第 199 回同審議会介護給付費分科会は、「指定居宅サービスに要する費用の額の算定に関する基準」ほかの「令和 3 年度介護報酬改定について」の厚生労働大臣から社会保障審議会への諮問書について、審議の結果諮問のとおり改正することを了承するとの結論を得たと報告した。

　このようにして、パブリックコメントを経て報酬告示は 3 月に公布されたうえで、令和 3 年度介護報酬改定は 4 月に行われることとなった。

(2) 全体の改定率

　政府は、2021 年度介護報酬改定について、新型コロナウイルス感染症によるかかり増し経費分[28] 0.05％増も含めて改定率を 0.70％増とする案を調整していた。そして、2020 年末の厚生労働大臣と財務大臣の折衝により、全体の改定率は＋ 0.70％とし、このうち新型コロナウイルス感染症に対応するための特例的な評価として 0.05％（令和 3 年 9 月まで）をあてることが決まった。これを踏まえ、原則として全サービスに基本報酬を引き上げるとともに、全サービスについて 4 月〜9 月末までの間、基本報酬に 0.1％を上乗せして評価することになった。厚労省は、「0.7％はすべて基本報酬にあてている」と説明している。また基本報酬の単位数の引き上げについては、「経営状況や新型コロナウイルス感染症の影響により濃淡を

つけている」とした。新たな加算の財源は、既存の加算の適正化・廃止分をあてるなどして財源を捻出した。

　例外的に政策的な意図もあり、令和5年度末に廃止が決まっている介護療養型医療施設などごく一部で基本報酬が引き下げられた。9月末までの0.1％の上乗せ評価で増える単位数分は、区分支給限度基準額の算定にも含まれる。また利用者負担も増加する。

2.　コロナ禍の中での改定

(1)　感染症や災害への対応力強化

　「令和3年度介護報酬改定に関する審議報告」は、「Ⅰ　令和3年度介護報酬改定に係る基本的な考え方」「Ⅱ　令和3年度介護報酬改定の対応」「Ⅲ　今後の課題」という構成である。報告冒頭の「1.基本認識」の最初が、「(1)　感染症や災害への対応力強化が求められる中での改定」である。本書のテーマである「コロナ危機」との関係でいっても、この文章は大事である。

　「介護サービスは、利用者やその家族の生活を継続する上で欠かせないものであり、感染症や災害が発生した場合であっても、利用者に対して必要なサービスが安定的・継続的に提供されることが重要である」と最初に述べる。

　そして「新型コロナウイルス感染症の感染拡大に際しては」各事業所において「感染症対策を講じながら必要なサービス提供の確保に取り組まれている」。ただし、「高齢者は重症化するリスクが高い特性があり、介護事業所における感染も発生している。新型コロナウイルス感染症をはじめとする感染症への対応力を強化し、感染症対策を徹底しながら、地域において必要なサービスを継続的に提供していく体制を確保していくことが必要である」と述べる。

　さらに、「近年、様々な地域で大規模な災害が発生しており、介護事業所の被害も発生している。災害への対応力を強化し、災害発生時に避難を含めた適切な対応を行い、その後も利用者に必要なサービスを提供していく体制を確保していくことが必要である」と述べる。

　「基本認識」に基づいた「令和3年度介護報酬改定の基本的な考え方」も同様に「第1の柱は、感染症や災害への対応力強化である。

感染症や災害が発生した場合であっても、利用者に必要なサービスが安定的・継続的に提供される体制を構築することが求められる」と述べる。「このため、感染症や災害に対して、日頃から発生時に備えた取組や発生時における業務継続に向けた取組を、介護報酬や運営基準等による対応、予算による対応等を組み合わせ、総合的に推進していくことが必要である」と強調する。

(2) 日頃からの備えと業務継続に向けた取組の推進

　「Ⅱ　令和３年度介護報酬改定の対応」においては、「日頃からの備えと業務継続に向けた取組の推進」について述べている。

　(1) 感染症対策の強化、(2) 業務継続に向けた取組の強化、(3) 災害への地域と連携した対応の強化、(4) 通所介護等の事業所規模別の報酬に関する対応、の４つが掲げられている（第199回社会保障審議会介護給付費分科会参考資料２[29]）。

　「(1) 感染症対策の強化」は、介護サービス事業者に、感染症の発生及びまん延等に関する取組の徹底を求める観点から、次の取組を義務づける。その際、３年間の経過措置期間を設ける。

　施設系サービスについて、現行の委員会の開催、指針の実施等に加え、訓練（シミュレーション）の実施、である。その他のサービスについては、委員会の開催、指針の整備、研修の実施、訓練（シミュレーション）の実施等、である。

　「(2) 業務継続に向けた取組の強化」は、感染症や災害が発生した場合であっても、必要な介護サービスが継続的に提供できる体制を構築する観点から、全ての介護サービス事業者を対象に、業務継続に向けた計画等の策定、研修の実施、訓練（シミュレーション）の実施等を義務づける。その際、３年間の経過措置期間を設ける。

　「(3) 災害への地域と連携した対応の強化」は、災害への対応においては、地域との連携が不可欠であることを踏まえ、非常災害対策（計画策定、関係機関との連携体制の確保、避難等訓練の実施等）が求められる介護サービス事業者（通所系、短期入所系、特定、施設系）を対象に、小規模多機能型居宅介護等の例を参考に、訓練の実施に当たって、地域住民の参加が得られるよう連携に努めなければならないこととする。

「(4) 通所介護等の事業所規模別の報酬に関する対応」は、通所介護等の報酬について、感染症や災害等の影響により利用者が減少等した場合に、状況に即した安定的なサービス提供を可能とする観点から、足下の利用者数に応じて柔軟に事業所規模別の各区分の報酬単価による算定を可能とするとともに、臨時的な利用者の減少に対応するための評価を設定する。これは、「同一規模区分内で減少した場合の加算」で、「利用者減の月の実績が前年度の平均延べ利用者数等から5%以上減少している場合に、3カ月間、基本報酬の3%の加算を算定可能」[30]にするといったものである。

以上のように、各サービス種別における感染症・災害研修の強化が求められている。感染症対策の強化と業務継続（BCP）については義務化だが3年の経過措置がある。災害連携については当面は努力義務といった感じである。デイサービス等の規模別報酬対応は感染症や災害時に前年度比ではなく直近比で報酬算定可とし減収防止措置である。(1) 特例的な規模区分の変更（大規模適用）と (2) 特例的な評価（通常規模）の2段構えである。

3. 通所サービスにおける利用者減少時の報酬上の対応

通所介護と通所リハビリテーションでは、新型コロナウイルスなどの感染症や災害の影響により、利用者数が急減した場合の措置が介護報酬に設けられることとなった（**図6-1**）。これに伴い、現行の特例措置は2021年3月末で廃止される。

具体的な運用ルールは次の2点である。

(1) 大規模型（Ⅰ）（Ⅱ）は、前年度の平均延べ利用者数ではなく延べ利用者数が減少した月の実績を基礎に、基本報酬がより高い通常規模型などの報酬区分へ変更する。

(2) 延べ利用者数が減少した月の実績が前年度の平均延べ利用者数から5%以上のマイナスでも、報酬区分が変わらない場合は3カ月間、基本報酬の3%の加算を行う（加算分は区分支給限度基準額の算定に含めない）。

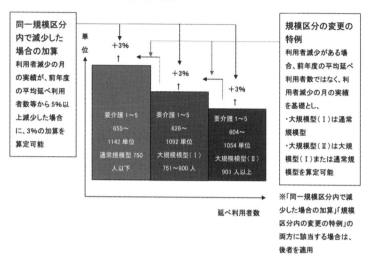

【通所介護】（7時間以上8時間未満の場合）

図6-1　通所サービスにおける利用者減少時の報酬上の対応

　(1) (2) は、利用者数が減った翌月に届け出て、翌々月から適用する。実績が前年度平均等に戻った場合はその翌月に届け出る。(2) については、2021年2月・3月に限り、前年2月・3月実績との比較も例外的に認め、4月から即時的に対応する方向である。

　加えて、通所介護の固有の改定項目では、各サービス提供時間区分の各要介護度の基本報酬が通常規模型、地域密着型で1.5%程度アップする。

4. 介護人材の確保・介護現場の革新

(1) 人材確保と介護現場の革新の取組の経過

　「少子高齢化が進展する中、足下の介護人材不足は厳しい状況にあるが、2025年以降は生産年齢人口の減少が顕著となり、地域の高齢者介護を支える人的基盤の確保が大きな課題になることが見込まれる」。

　「介護人材の確保に向けて、介護報酬において、これまで累次にわたる処遇改善を行なってきたことに加え、令和元年10月からは

170

経験・技能のある職員に重点化を図りつつ、更なる処遇改善を行なっているほか、多様な人材の確保・育成、離職防止・定着促進・生産性向上、介護職の魅力向上など総合的な人材確保対策を講じてきている」。

また「介護現場の生産性向上は喫緊の課題であることから、平成30年度に『介護現場の革新会議』において基本方針が取りまとめられ、業務の切り分けや介護助手等の取組を通じた、人手不足の中でも介護サービスの質の維持・向上を実現するマネジメントモデルの構築、テクノロジーの活用、介護業界のイメージ改善と人材確保・定着促進を図る必要性が共有された」。

「令和2年の制度改正においては、持続可能な制度の構築・介護現場の革新を進める観点から、介護人材確保及び業務効率化の取組の強化等を図る見直しが行われた」。

「足下の介護人材不足や将来の担い手の減少を踏まえ、総合的な介護人材確保対策や生産性向上をはじめとする介護現場の革新の取組を一層推進していくことが必要である」。

以上のように、これまでの人材確保と介護現場の革新についての取組の経過を述べている。その上で、次に改善に向けた取組の推進について述べる。

(2) 介護職員の処遇改善や職場環境の改善に向けた取組の推進

この項目には、①処遇改善加算の職場環境等要件の見直し、②介護職員等特定処遇改善加算の見直し、③サービス提供体制強化加算の見直し、④特定事業所加算の見直し、⑤介護付きホームの入居継続支援加算の見直し、⑥人員配置基準における両立支援への配慮、⑦ハラスメント対策の強化の6つが掲げられている。ここでは、これまでの本書で取り上げた見直しとの関係で、①と②について取り上げる。

①処遇改善加算の職場環境等要件の見直し

介護職員処遇改善加算及び介護職員等特定処遇改善加算の算定要件の一つである職場環境等要件について、介護事業者による職場環境改善の取組をより実効性が高いものとする観点から、次の見直しを行うこととした。

ア）職員の新規採用や定着促進に資する取組、イ）職員のキャリアアップに資する取組、ウ）両立支援・多様な働き方の推進に資する取組、エ）腰痛を含む業務に関する心身の不調に対応する取組、オ）生産性の向上につながる取組、カ）仕事のやりがい・働きがいの醸成や職場のコミュニケーションの円滑化等、職員の勤務継続に資する取組である。

そしてもう一つは、「職場環境等要件に基づく取組の実施について、過去ではなく、当該年度における取組の実施を求める」というものである。

②介護職員等特定処遇改善加算の見直し

介護職員等特定処遇改善加算について、リーダー級の介護職員について他産業と遜色のない賃金水準の実現を図りながら、介護職員の更なる処遇改善を行うとの趣旨は維持した上で、小規模事業者を含め事業者がより活用しやすい仕組みとする観点から次の見直しを行うこととした。

「平均の賃金改善額の配分ルールについて『その他の職種』は『その他の介護職員』の『2分の1を上回らないこと』とするルールは維持した上で、『経験・技能のある介護職員』は『その他の介護職員』の『2倍以上とすること』とするルールについて『より高くすること』とする」。

この文脈を少し説明すると、現行の平均賃金が2以上（経験・技能のある介護職員）：1（他の介護職員）：0.5（その他の職種）のルールから、平均賃金が1超える（経験・技能のある介護職員：1（他の介護職員）：0.5（その他の職種）というルールに変更するということである。ただし、月額8万円か年収440万円を1人以上のルールは継続する。

この見直しは、2019年10月創設の介護職員等特定処遇改善加算の算定率が2020年6月実績で65.5％にとどまっており、この加算を広く普及させるために配分ルールの見直しを行なったということである。

5.　介護危機と 2021 年度介護報酬改定のまとめ

(1)　人手不足の中で介護サービスの質の維持・向上を実現できるのか

　「2. コロナ禍の中での改定」では、「(1) 感染症や災害への対応力強化」と「(2) 日頃からの備えと業務継続に向けた取組の推進」について、特に異論はなく、徹底して行うべきと考える。そして、「3.　介護人材の確保・介護現場の革新」では、「(1)　人材確保と介護現場の革新の取組の経過」の中で、「少子高齢化が進展する中、足下の介護人材不足は厳しい状況にあるが、2025 年以降は生産年齢人口の減少が顕著となり、地域の高齢者介護を支える人的基盤の確保が大きな課題になることが見込まれる」と述べ、「介護人材の確保に向けて、介護報酬において、これまで累次にわたる処遇改善を行なってきたことに加え、令和元年 10 月からは経験・技能のある職員に重点化を図りつつ、更なる処遇改善を行なっているほか、多様な人材の確保・育成、離職防止・定着促進・生産性向上、介護職の魅力向上など総合的な人材確保対策を講じてきている」と経過を踏まえたことも理解できる。しかし、「業務負担軽減の推進」のために、テクノロジーの活用が大きく目を引く。

　「介護現場の生産性向上は喫緊の課題であることから、平成 30 年度に『介護現場の革新会議』において基本方針が取りまとめられ、業務の切り分けや介護助手等の取組を通じた、人手不足の中でも介護サービスの質の維持・向上を実現するマネジメントモデルの構築、テクノロジーの活用、介護業界のイメージ改善と人材確保・定着促進を図る必要性が共有された」と述べている。

(2)　テクノロジーを過大期待することへの懸念

　介護報酬改定の議論が 2020 年 12 月の取りまとめに向け、社会保障審議会介護給付費分科会で議論されてきた際、厚労省は改定に向けた 5 つの「基本的な視点」を提示している。第一に、「感染症や災害への対応力の強化」を掲げ、感染症や災害時も「必要なサービスが安定的・継続的に提供される体制を構築する」とした。これは前述した通り理解できる内容である。

　介護人材の確保に関する視点では、職員の処遇改善にも触れられていることも述べたとおりである。しかし力点を置くのはロボッ

ト・ICT（情報通信技術）活用と人員・運営基準の緩和である。ロボット・ICT 技術の活用による人員・運営基準の緩和として具体的に提示されたのが、認知症者向けのグループホームの夜勤体制である。

現在の配置基準はグループホームで痛ましい火災事故が相次いだことを受け、2012 年度の報酬改定で見直されたものである。それまでの2ユニットごとに職員1人だったのを、1ユニットごとに職員1人に強化した（ユニットは生活単位のこと。1ユニットは最大9人）。

厚労省は2015 年度の消防法改正でほぼすべてのグループホームにスプリンクラーが配置されたことや介護職員不足を理由に、職員配置基準の緩和を「論点」に盛り込んだ。背景には、政府の全世代型社会保障検討会議の第2次中間報告がある。報告は、新技術の活用で「より少ない人数で介護サービスを提供する先進施設が存在している」と明記した。新技術導入の効果を分析し「介護報酬や人員配置基準について見直しを図る」と、基準引き下げの方向性を示した。

表 6-5　認知症高齢者向けグループホームの夜勤職員の状況

(MA、%)

スプリンクラー設置などで2ユニット1人でも対応可能	2.6
介護ロボット導入で2ユニット1人でも対応可能	0.8
非常災害時や入居者の急変時は1ユニット1人以上だと安心	69.1
入居者の重度化で以前より夜勤職員の負担感は増しており、1ユニット1人以上は必要	75.1
1ユニット1人以上だと休憩が取りやすい	36.3

（出所）社会保障審議会介護給付費分科会資料（2020 年 10 月 9 日）から作成。

しかし表6-5を見るとわかるように、「入居者の重度化で以前より夜勤職員の負担感は増しており、1ユニット1人以上は必要」75.1％、「非常災害時や入居者の急変時は1ユニット1人以上だと安心」69.1％、「1ユニット1人以上だと休憩が取りやすい」36.3％と、厚労省が言うような先進施設は圧倒的に少数である。

財務省の財政制度等審議会は11 月末、2021 年度予算編成に関する建議を麻生太郎財務省に提出した。そこでは介護報酬のプラス改

定は保険料・利用料の負担増になる。「労働市場の動向をみると負
担増を求めてまで処遇改善を進める環境にはない」として引き上げ
を否定した。国は毎年6万人以上の介護人材を増やすことが必要と
強調しており、対策は欠かせない。同建議では、コロナ禍の影響に
よる「離職者の再就職支援」など「職業転換施策」によって介護人
材を確保しようとしている。しかしこれは、2008年のリーマンシ
ョックのときに政府が職業転換で介護人材を確保しようとしたこと
の繰返しである。このとき、23万人が介護事業界に入職したが22
万人が離職、14万人は他産業に流出して失敗している。

　厚生労働省の介護報酬改定の議論では「介護人材の確保」が重点
の一つになっている。ところが提案されているのはICT（情報通
信技術）の活用による「生産性向上」と一体の人員基準の引き下げ
である。これでは職員が疲弊してしまうのでははないかとの懸念も
ある。たとえば、多床室の特養ホームの夜勤は、入所者の急変など
に1人が対応すれば、あとの職員が多い場合は40人以上の見守り
をすることになる。入所者のベッドにセンサーを付けることも考え
られ、すでに設置している施設もある。問題は、異常に対応するの
はロボットではなく「専門性」をもった職員だということである。
人を減らすことは不可能である。人材確保をいうならば人員確保と
介護報酬を大幅に引き上げるべきではないかと考える。テクノロ
ジーを否定するつもりは全くないが、頼りすぎるのは、現状では難
しいと判断している。

注・文献

1)　介護報酬改定は、服部万里子「第Ⅱ部　介護保険　翻弄され続けた二〇
　　年」上野千鶴子・樋口恵子編『介護保険が危ない！』岩波ブックレット
　　No.1024、岩波書店、2020年、pp.59-81 を主に参考にした。
2)　この時、同じく 2003 年 4 月に導入されたのが障害者の支援費制度である。
　　しかしこの制度は、精神障害と難病が除外されており、また、介護保険制
　　度と同様に障害者の福祉サービスを措置から契約に変更したものの、財源
　　の不足などから見直しになった。つまり失敗した。その後、2006 年に支援
　　費制度は障害者自立支援法に移行し、さらに 2013 年には障害者総合支援法
　　へと変更になった。
3)　なお、介護保険制度開始から 20 年経過した今日では、予防プラン作成をケ

アマネジャーに戻す動きが出てきている。

4) 厚生労働統計協会『厚生の指標増刊　国民の福祉と介護の動向
　2020/2021』Vol.67、No.10、2020 年 9 月 5 日、p.164。
5) 上掲書、厚生労働統計協会、pp.164-165。
6) 上掲書、厚生労働統計協会、p.165。
7) 上掲書、厚生労働統計協会、p.165。
8) 上掲書、厚生労働統計協会、p.165。
9) 上掲書、厚生労働統計協会、p.165。
10) 上掲書、厚生労働統計協会、p.165。
11) コムスンは、社会福祉法人せいうん会理事長が 1988 年に北九州で二人で設
　立した志のある介護サービス会社で、1992 年、夜間巡回型モデルを厚生労
　働省の研究委託事業として開発した。しかし、モデル事業が終わるとコム
　スンは大赤字になり、ベンチャー企業のグッドウィルの傘下に入ることに
　なった。介護保険制度の開始後は、全国で 1500 カ所のコムスンの事業所が
　参入し、業界大手になった。
12) 前掲書、服部万里子、p.72。
13) 前掲書、服部万里子、p.73。
14) 上掲書、厚生労働統計協会、p.168。
15) 前掲書、服部万里子、p.74。
16) 前掲書、服部万里子、pp.75-76。
17) 内閣府「ニッポン一億総活躍プラン」2016 年 6 月 2 日閣議決定（https://
　www.kantei.go.jp/jp/singi/ichiokusoukatsuyaku/pdf/plan1.pdf）。
18) 政府は 2020 年 2 月 4 日午前の閣議で、70 歳までの就業機会の確保を企業
　の努力義務とする、高年齢者雇用安定法などの改正案を決定した。少子高
　齢化が進む中、働く意欲がある高齢者が就労しやすい環境を整え、社会保
　障の支え手を増やす狙いがある。国会に法案を提出し、成立すれば 2021 年
　4 月から施行される。現行法では、65 歳定年や 65 歳までの継続雇用などを
　企業に義務付けている。今回の改正案は 70 歳までの定年延長、定年廃止、
　70 歳までの継続雇用を企業の選択肢とするよう規定した。さらに、企業を
　退職した高齢者のうち、個人で仕事をする「フリーランス」や起業した社
　員が希望する場合は、業務委託契約を結ぶことなども促す。政府は 2 月 4
　日、労働基準法改正案も閣議決定した。労働者が残業代などの未払い賃金
　を過去にさかのぼって企業に請求できる期間（現行 2 年）を、当面の間、3
　年に延長する。
19) 「我が事・丸ごと」地域共生社会実現本部（https://www.mhlw.go.jp/stf/
　shingi2/0000171019.html）。
20) 上掲書、厚生労働統計協会、pp.169-170。
21) 前掲書、服部万里子、pp.77-78。
22) 前掲書、服部万里子、p.78。
23) 日常生活動作（ADL）とは Activities of Daily Living のことで、ADL の A
　はアクティビティー（動作）、DL はデイリーリビング（日常生活）を指す。
　日常生活を送るために最低限必要な日常的な動作で、「起居動作・移乗・
　移動・食事・更衣・排泄・入浴・整容」動作のこと。

24）前掲書、服部万里子、p.79。

25）厚生労働省「介護保険事業状況報告（平成 26 年版）」。

26）生命保険文化センター「生命保険に関する全国実態調査（平成 27 年度版）」。

27）社会保障審議会介護給付費分科会「令和 3 年度介護報酬改定に関する審議報告」2020 年 12 月 23 日（第 199 回社会保障審議会介護給付費分科会参考資料 3、2021 年 1 月 18 日）。

28）「かかり増し経費」は、感染症対策の支援として、令和 2 年 4 月 1 日以降、感染症対策を徹底した上で、サービスを提供するために必要なかかり増し経費が発生したすべての介護サービス事業所・施設などを対象としている。支援対象経費は、感染症対策に要する物品購入、外部専門家等による研修実施、感染発生時対応・衛生用品保管などに使える多機能型簡易居室の設置、感染防止のため発生する追加的人件費、自転車・自動車の購入費用、ICT 機器の購入費用などである。助成上限額はサービス類型毎に設定されており、例えば、通所介護（通常規模型）では 89.2 万円、訪問介護 53.4 万円、特養 3.8 万円×定員数である。その他では、介護サービス再開に向けた支援、職員への慰労金の支給が用意されている（厚生労働省老健局「新型コロナウイルス感染症対策を行う介護サービス事業所・施設介護サービス事業所・施設に勤務する職員の皆様へ」）。

29）第 199 回社会保障審議会介護給付費分科会参考資料 2「令和 3 年度介護報酬改定に関する審議報告の概要」2021 年 1 月 18 日、p.2。

30）第 199 回社会保障審議会介護給付費分科会参考資料 1「令和 3 年度介護報酬改定の主な事項について」2021 年 1 月 18 日、p.4。

補章 コロナ危機と保健医療政策・経営

第1節 新型コロナと保健医療政策

（2020年5月）

1. 医療崩壊の危機

　日本の新型コロナウイルス感染症（以下「コロナ」という）患者の新規報告数は、2020年4月後半から減少に転じたが、収束にはまだ時間を要し、大都市部の病院では「医療崩壊」寸前の事態が続いていた。安倍晋三首相も、5月4日に全国の「緊急事態宣言」を5月末まで延長させた第一の理由に「医療現場の逼迫した状況を改善すること」を挙げた。そして5月25日、国は緊急事態宣言を全面解除した（主な経緯は**表補-1**参照）。

　コロナ問題が日本経済に重大な影響を与えることは事実で、それによるGDPの落ち込みは2008年のリーマンショック（世界金融危機）や東日本大震災の3・11ショックを上回ることは確実視されている。これが、医療と社会保障の長期的な財源確保に重大な障害になることは確実であろう。

　しかしコロナ問題は、国民意識の変化という点においては、非常時の際の医療の役割・重要性が広く認識されたことは間違いない。マスコミは、コロナ患者に対する保健所と医療機関・医療者の献身的な活動と「医療崩壊」の危機[1]を連日のように報じたため、国民はコロナ罹患の危機と保健医療の重要性、国民皆保険体制の大切さを切実に実感したに違いない。これは、アメリカやイギリス、イタリアなどの諸外国の医療崩壊の状態がマスコミで報道されたこと、他国との比較で日本の死者数が格段に少ないことを目の当たりにしたことも、大きく影響したものと考えられよう。

表補-1　新型コロナウイルス対策を巡る主な経緯

1月16日	政府が日本国内で初の感染者を確認したと発表
29日	中国・武漢の邦人を乗せたチャーター機第1便が到着
2月3日	クルーズ船「ダイヤモンド・プリンセス」が横浜港に帰港
26日	安倍首相が大規模なイベントなどの自粛を要請
27日	首相が全国の小中高校などに3月2日からの臨時休校を要請する意向を表明
3月14日	改正新型インフルエンザ対策特別措置法が施行
25日	東京都が週末の不要不急の外出自粛を要請
26日	政府が改正特措法に基づく対策本部の初会合
28日	政府対策本部が基本的対処方針を決定
4月7日	首相が東京都など7都府県を対象に緊急事態宣言を発令
11日	遊興施設など幅広い業種へ都が休業要請を開始
16日	緊急事態宣言を全47都道府県に拡大
5月4日	首相が緊急事態宣言の5月31日までの延長を表明
7日	厚生労働省が治療薬として抗ウイルス薬「レムデジビル」を特例承認
14日	39県で緊急事態宣言を解除
21日	大阪、兵庫、京都の3府県で緊急事態宣言を解除
25日	緊急事態宣言を全面解除

（出所）「読売新聞」朝刊、2020年5月26日、2面。

　本節は、コロナ問題が日本社会に投げかけた現在の保健医療政策の課題について述べることを目的とする。

2.　コロナ問題は国民の前に何を示したか

　保健医療提供体制については、まず、今回のコロナ対策の第一線をになった保健所の機能が非常に脆弱であることを国民の前に示したことは間違いない。保健所数は、1994年の地域保健法制定[2]以降、1994年の848カ所から2019年の472カ所へとほぼ半減しており[3]、それは保健所がコロナ対応を迅速に進める上で重大な障害になったことは、広く報じられている通りの事実である。同時に、保健所職員数も減少傾向が続いていることも指摘しなければならない。

　第二は、感染症病床の不足である。感染症病床は2000年の2396床から2017年の1876床に大幅に減少している。今回のコロナ問題は、この感染症病床の不足問題を如実に国民の前に示したことは、政策医療としての感染症対策への国の認識不足を改めて示したことになった。

179

　第三は、感染症罹患者が重症化した際に入院するICU（集中治療室）が諸外国に比べて少ないことを、今回のコロナ問題はあらわにした。そして重症化した患者の肺を休ませるための器械＝エクモ（ECMO）⁴⁾ が国内には実は少ないこと、そしてそれを扱える医療スタッフも限られていることも課題として浮かび上がった。

3. 保健医療政策に何が必要か
(1) 保健所の機能強化と役割の見直し

　第一に、保健所の機能強化が必要であることはもちろんであるが、保健所数を減少させてきた反省に立つならば、適正な保健所数の設置が必要であろうし、職員数の増員や公衆衛生に携わる医師の確保も必要であろう。コロナ発生時の初期段階で、クラスター対策と称して映し出されたテレビ映像では、紙ベースで感染者の行動経緯を追っていた職員の姿が映し出されていた。製作者は第一線で活動する保健所職員を励ますつもりで視聴者に感動を与えようと意図して制作したかもしれないが、私には先進国でこのような方法しかできないのかと、驚きの方が先であった。個人情報の扱いには慎重であるべきことは当然であるが、現在でももっと工夫できる余地はあったはずである。問題は、保健所の役割が後述するように感染症への対応が位置付けとして低下したことに要因があるのではないかと考える。

　そもそも 1937（昭和 12）年に（旧）保健所法が制定され、1947（昭和 22）年に保健所法が全面改正され、保健所は公衆衛生の第一線機関としての機能を果たしてきた。また、日本の精神衛生センター（現・精神保健福祉センター）は、1965（昭和 40）年 6 月の精神衛生法により法定化されたことを嚆矢とするが、この精神衛生法改正で、保健所を地域における精神保健福祉行政の第一線機関として位置づけるとともに、保健所に対する技術指導などを行う技術的中核機関として精神衛生センターが設けられることとなった。この発足時の保健所と精神保健福祉センターの関係は、今も変わっていない。

　疾病構造の変化、医療の場が地域中心となり、地域保健サービスを充実させるために、都道府県と市町村の役割を見直す必要が生ま

れた。そのため、保健所法が1994（平成6）年に抜本的に改正され、地域保健法が成立したのである。現在、日本は少子高齢化が急速に進んでおり、65歳以上の人口は現在3千万人以上であり、2042年には高齢者人口はピークを迎えると予想され、その後も75歳以上の人口割合は増加し続けると思われる。団塊の世代が75歳以上となる2025年以降は、国民の医療や介護の需要がさらに増すと考えられる。

　このため、国は2025年を目安に、高齢者の自立支援のため、できる限り住み慣れた地域で自分らしい暮らしを人生最期まで続けられるよう、高齢者の医療、介護、寝たきりや認知症の予防、住まい、生活支援を一体的に提供する態勢の構築を推進している。これが地域包括ケアシステムである。認知症のみならず、厚生労働省は、精神障害にも対応した地域包括ケアシステムの構築を提起している。

　このように保健所の仕事が地域に拡大されたことにより、地域保健と地域包括ケアシステムまで保健所の課題となった。様々な課題が保健所の仕事となったにもかかわらず、保健所数も職員数も減少していることは求められる機能に逆行して機能が弱まったといえよう。職員の事務仕事が多くなり、普段の仕事では現場に行くことは少なくなったとの意見も住民からの不満として聞く機会も多い。人員不足から事務仕事に追われて地域に出て行きづらい実態があるとしたらますます役所仕事にならざるを得ない。保健所の機能強化を考える上で、理念と実態に齟齬があるとしたら、保健所の役割をもう一度検討する必要があるのではないかと考える。

(2) 保健医療提供体制の見直し

　第二に、保健医療提供体制については、第1に現在の地域医療構想の「2025年の医療機能別必要病床数」には感染症病床が含まれていないので、それが加えられて議論されるべきである。人間はジャングルなど未知の微生物がいるような地域をどんどん開発している。新型コロナに限らず、今後も新たな感染症が生まれることは当然予想される。将来の新たな感染症の発生に備えて、病床数の大幅な増加が図られるべきである。

　しかし日本は結核患者の減少で「感染症はもう終わった」と思っ

て、感染症対応の病床をどんどん減らしてきた。本来医療には緊急時のための余裕がないといけない。しかし国は「効率至上主義」で病院の病床数を常に入院患者でいっぱいにしないといけないような診療報酬にしてしまった。国からすると、「効率」一辺倒と呼ばれることに異論があると思うが、歴史的な経緯や他の先進国の保健医療提供体制の変革の流れからすれば、ここでは敢えて「効率」という言葉を使うこととする。しかし私は、「効率」は決して悪いことではないと考えており、問題は効率化が国民に良い医療を提供するための手段ではなく目的となってしまうことを危惧する。

　第2に、「2025年の医療機能別必要病床数」で想定されている高度急性期・急性期病床の大幅削減の見直しが図られるべきである。この時に、ICUの定義は国によって違うのだが、厚生労働省医政局「ICU等の病床に関する国際比較について」（2020年5月6日）によれば、「人口10万人当たりICU等の病床数」を比較すると、米国34.7、ドイツ29.2、イタリア12.5、フランス11.6、スペイン9.7、英国6.6、日本4.3なのだが、日本集中治療医学会の引用論文からハイケアユニット（HCU）を加えた日本のICUベッド数は13.5である。イタリア、フランスよりは若干多いが、ドイツの半分以下にすぎないICU（集中治療室）の見直しがされるはずである[5]。

　関連して、病床削減の大きな柱とされてきた公立病院の統廃合計画も大幅な見直しがされなければならない。特に国は事あるごとに「自治体病院に投入している税金は無駄」のようなことを言っており、地域医療構想では自治体病院をさらに減らそうとしている。コロナのような緊急時になると、「頑張れ」というのだが、いつも手足を縛られながら仕事をしている状況を強いながら、よくそのようなことを言えたものである。病院の廃止や病床数の削減の見直しは必須と考える。

　第3は、第2の効率至上主義との関連でいえば、「効率」を追求するあまり現場に余裕がない医療提供体制の地域医療構想は見直すべきである。医師不足も同様である。国の効率至上主義のもとで医師の総数も足りないままである。国が感染症対策を軽視してきたため、感染症を治療する診療科の医師や専門家も減少している。すべてが新型コロナ問題につながっている。消防や警察がいざという時

にあるのと同様に医療や教育もいざというときのために、国がきちんと支えるべきものである。医師・専門家の育成・増員や感染症病床の増床・充実、アメリカ疾病対策センター（CDC）[6]のような専門組織の創設も場合によっては検討が必要かもしれない。

　そして今回のコロナ問題は将来の感染症発生への備えを十分行うべきことを示唆したのであるが、「国民意識の変化という点においては、非常時の際の医療の役割・重要性が広く認識されたことは間違いない」と述べたように、これまでも多くの災害が毎年のように起きていることに鑑みれば、近い将来確実に起きると言われている南海トラフ地震をはじめとする首都圏での大地震、さらには富士山噴火等にも迅速に対応する「医療安全保障」という視点から、コロナ問題から教訓を引き出し、各都道府県および全国である程度余裕を持った病床計画が立てられる必要がある。

(3)　租税財源による特別措置の必要性

　第三は、保健医療提供体制強化のために必要な財源の問題である。第1に、今回のコロナ問題では、「医療崩壊するのでは」との国民の不安を解消するために、そして次々に入院してくる感染症者を前にして自分も罹患する恐怖と闘いながら最前線で献身的に医療に従事する医療者を鼓舞するために、国は医療対策のために泥縄的に補正予算案を発表したり、診療報酬の引き上げを柔軟な対応として行ったりした[7]。しかし、医療機関で必要となる膨大な財政的負担を補償する内容とはなっていないことが問題である[8]。

　新型コロナ感染症の患者をひとりでも受け入れるには、感染防止のため40床ほどある1病棟すべてを空にすることになる。一般患者とは別の動線などを確保するためには、隣の病棟まで閉めることになりかねないのである。コロナの影響で一般の外来患者が減っている減収分に加え、感染症患者の受け入れに伴う一般患者の入院制限なども行われている。こうした対策を講じれば、1病院あたりの減収は月1億円以上の減収になると言われている。コロナ感染対策に頑張れば頑張るほど赤字になるという皮肉な仕組みが現在の医療提供体制である[9]。

第2に、医療用マスクや防護服、消毒薬など新型コロナと闘う武器もまったく足りていない状態が続いたことは今後の課題である。国が中国などの安価な輸入に頼ってきた問題もあるが、補給経路をしっかりと確保しないと院内感染につながることを、今回のコロナ問題は如実に示した。院内感染が起きた病院の例をみると、約500人の看護師がいたとして100人以上が自宅待機で、ぎりぎりの人数で運営していたり、家に帰らず車中泊している職員さえいたりする。新たな感染者が出れば戦力がまた減り、医療崩壊するのである（4月に院内感染が起きた富山市民病院の記者会見より）。国に求められるのは、何か思いつきで場当たり的に対処するのではなく、現場に行き、現物を見て、現実を理解することであった。

国民がPCR検査を要望したとしても検査キット自体がなかったり検査する人員が足りなかったりといった自体は避けるべきであった[10]。安倍首相肝煎りの布マスクが郵送されてくる頃には市場にマスクが出回って値崩れしたことは象徴的だが、マスクの郵送費を含めて多額の公費が使われたことを踏まえるなら、財源の使い方に課題を残したのではないか。

第3に、政府は診療報酬の抑制も続けているため、多くの病院が赤字経営を強いられている。例えば、全国公私病院連盟の調査では公的・民間病院の7割、自治体病院に限れば9割が赤字経営を強いられている。こういったぎりぎりの状況で診療を行っている医療機関への租税財源の特別措置は必要であろう。保健所機能の強化のために診療報酬上の手当てを行うことは難しいことを考えれば税による財源を予算手当てすることとなる。

医療機関においても、診療報酬だけで財源を確保することには無理がある（**表補-2** 参照）。であれば、税による手当てがどうしても必要である。現実的に考えれば、租税財源の特別措置の補完が検討されるべきであろう。政府は「全世代型社会保障」を掲げているが、増大する社会保障費の財源確保といったことではなく、今回のコロナ問題は、保健医療体制の充実が必要であるという、より具体的な財源について問題提起した。国民が困った時に保健所と連絡が取れて適切な助言を受けられて安心でき、必要となったときには医療機関にアクセスできる体制をつくるための財源であれば、国民の

合意は得やすいと考える。

　以上のことから、租税財源の特別措置の必要性は理解できるであろう。しかし問題はそう単純ではない。「はじめに」で述べたように、コロナ問題が日本経済に重大な影響を与えたことは事実で、それによる GDP の落ち込みは 2008 年のリーマンショックや東日本大震災の 3・11 ショックを上回ることは確実視されている。保健医療の財源確保と同様に、大きな被害を受けた介護・福祉事業所と従業員の救済、倒産企業と失業者の救済、そして学生の学費補助などといった総合的な対策が進められなければならない。これらを順序づけ多様な租税財源を確保していくことは容易ではない。政府はこれまで消費税頼りの税収対策を行ってきたが、このカードを切ることは不可能である。コロナ収束後の社会的危機をどのように乗り越えるか、国民本位の政治が問われることになる。しかし保健医療と経済とのバランスをどうとるかは大変難しい。

表補-2　新型コロナ感染症への対応

○これまでの対応

　重症の感染症患者への対応として、特定集中治療室管理料等の点数を倍増するとともに、算定日数の上限を延長している。また、感染リスクを伴う診療への評価として、看護配置に応じて二類感染症患者入院診療加算の算定を認めている。

　事務連絡では、①脳卒中ケアユニット入院医療管理料、小児特定集中治療室管理料、新生児特定集中治療室管理料、総合周産期特定集中治療室管理料、新生児治療回復室入院医療管理料が点数倍増と算定日数上限延長の対象となること、②二類感染症患者入院診療加算は、脳卒中ケアユニット入院医療管理料、新生児特定集中治療室管理料、総合周産期特定集中治療室管理料の算定病棟の感染患者には 3 倍（750点）、小児特定集中治療室管理料の算定病棟の感染患者には 4 倍（1000 点）を算定できること等を示している。

○在宅医療への対応

　患者等が新型コロナウイルスへの感染を懸念し、訪問診療を拒否する事例が報告されている。そのような場合には、医療上の必要性等を説明し、患者等の理解を得て、訪問診療の継続に努めることが前提であるが、それでも患者等から訪問を控えるように求められた場合の診療報酬上の臨時的対応を決めた。

　在宅時医学総合管理料（在医総管）と施設入居時等医学総合管理料（施設総管）は、月 1 回訪問診療をした場合と、月 2 回以上訪問診療をした場合で点数が異なっている（月 2 回のほうが点数が高い）。

　3 月に月 2 回訪問の在医総管等を算定していた患者に対しては、4 月に限って、月 1 回の訪問診療と電話等診療、月 2 回の電話等診療であっても月 2 回訪問の在医総管の算定を認める。5 月以降は、月 1 回の訪問診療と電話等診療であってもその月に限って月 2 回訪問の在医総管等の算定を認める。翌月以降は診療計画を変更し、月 1 回訪問の在医総管等を算定する。

　3月に月1回訪問の在医総管等を算定していた患者に対しては、4月に限って、月1回の電話等診療であっても月1回訪問の在医総管等の算定を認める。5月以降は通常どおり、電話等診療のみでは在医総管等の算定を認めない。

　また、感染患者（感染が疑われる患者も含む）に対して、必要な感染予防策を講じたうえで、往診等を行った場合には、院内トリアージ実施料（300点）の算定を認める。

　訪問看護ステーションが実施する訪問看護については、月に1回訪問看護を行ったうえで、電話等により病状確認や療養指導を行った場合に訪問看護管理療養費等の算定を認める。感染者等に対して必要な感染予防策を講じたうえで、訪問診療を行った場合には、特別管理加算（月2500円）の算定を認める。

　訪問薬剤管理指導については、前月か同月に在宅患者訪問薬剤管理指導料を算定していた患者に対して、電話等により、薬歴管理、服薬指導、服薬支援、薬剤服用状況、薬剤保管状況、残薬の有無の確認等を行った場合に、薬剤服用歴管理指導料（43点）の算定を認める。

○歯科診療への対応

　歯科診療に対する診療報酬上の臨時的対応を決めた。医科と同様に、歯科についても、電話やオンラインによる診療を認める。通常の初診料は261点であるが、電話等による初診は185点を算定する。電話等による再診は通常の再診料と同点数（53点、43点等）を算定する。医薬品を処方しなかった場合には、健康相談と診療の区分が不明確となるため、処方した場合にのみ算定を認める。

　また、電話等による診療をする前から歯科疾患管理料、歯科特定疾患療養管理料を算定していた患者に対して、電話等による診療、処方、医学管理等を行った場合には、管理料として55点を算定することを認める。

○臨時の医療施設への対応

　新型インフルエンザ等対策特別措置法では、医療の提供に支障を生じる場合には、都道府県知事が臨時の医療施設を開設して医療を提供しなければならない旨が規定されている。臨時の医療施設は医療法上の病院または診療所に該当し、保険医療機関の指定を受けることも可能である。そこで、臨時の医療施設に対する診療報酬の算定方法を決めた。

　実情に応じた柔軟な運用ができるように、入院基本料は、看護配置が7対1～20対1と幅広い結核病棟入院基本料（1654～806点）を準用する。各種加算は、通常の施設基準・算定要件とする。入院診療計画の簡素化や各種届出書類の事後届出等も認める。

（出所）「週間ニュース」『週刊社会保障』No.3070、2020年5月4-11日、pp.32-37。

4. 問われる強欲資本主義

　新型コロナとの闘いは長くなると予想されている。これから冬を迎える南半球は貧困や医療状態が悪い国が多く、感染拡大の可能性が高い。新型コロナが北半球に戻って来ることも考えられる。山中伸弥は、日本は世界と比べて死者数が少ないことを捉えて、日本で行われてきた行為を挙げて科学的に検討する必要性に言及している（**表補-3**）。この提案は、第2波への備えとして重要である。

表補-3　ファクター X

・感染拡大の徹底的なクラスター対応の効果
・マスク着用や毎日に入浴などの高い衛生意識
・ハグや握手、大声での会話などが少ない生活文化
・日本人の遺伝的要因
・BCG 接種など、何らかの公衆衛生政策の影響
・2020 年 1 月までの、何らかのウイルス感染の影響
・ウイルスの遺伝子変異の影響

（出所）2020 年 5 月 28 日放映の「報道ステーション」より。

　今日の貧困・格差や地球温暖化、大規模な乱開発を進めてきた強欲な資本主義が問われているのは事実であるが、新型コロナが日本国民と保健医療提供体制に突きつけた課題は多い。導かれた教訓としてもうひとつ私が懸念するのは、国民のコロナ罹患への不安感は確実に高まったが、一方では東日本大震災の時のような国民の社会連帯意識が高まったとはいえそうもないことである。感染者への差別、医療従事者への偏見や家庭内暴力の増加、そして SNS での根拠のないデマなど、新たな社会問題も見られている。

　感染症との闘いは保健医療政策的課題であると同時に、多様な社会問題への対処という課題も提起したのである。

第 2 節　新型コロナ感染拡大と医療機関経営
──第 2 波に備えて財政支援を

（2020 年 8 月）

1.　問題の所在

　患者を受け入れる医療機関は、感染症用の専用病床を常に確保しておく必要があるが、空き病床は減収となり経営が悪化する。このため国は 2020 年 6 月 12 日に成立した第 2 次補正予算で、緊急包括支援交付金を医療分として 1 兆 6279 億円を確保した。重点医療機関への支援制度を創設し、医療分の総額の約 3 割にあたる計 4758 億円を計上した。1 床当たり 1 日最大約 30 万円の空床確保料を補助する。

　しかし、医療機関への交付時期は不透明である。読売新聞が 7 月末時点で行った調査では、「未定」「見通せない」が 25 都道府県に

上った。そして「8月以降」10県、「9月以降」11府県、「10月以降」1県であった。厚生労働省は都道府県が早ければ8月下旬から交付を始めるとの見通しを示していた。筆者が7月下旬に訪問した首都圏の病院の管理者も、「現在のところ交付時期は未定」と答えていた。マスコミの多くは、感染症患者受入病院の経営には興味を示すが、感染症患者未受入病院と診療所への影響については、感染症患者受入病院の経営ほどには関心が薄いようである[11]。

　そこで本節では、医療政策上最も懸念される「医療崩壊を防ぐために、医療機関への早急な財政支援の必要性」について述べることとする。そのために、まず医療機関の経営状況を確認する。

2. 病院の経営状況

　5月27日、日本病院会、全日本病院協会、日本医療法人協会の3病院団体は、「新型コロナウイルス感染拡大による病院経営状況緊急調査（最終報告）」（以下、「3病院団体調査」という）を公表した。調査期間は5月7日～21日であり、3団体に加盟する全病院（4332病院）を対象としてメールで調査表を配布した。回答数は1317病院（有効回答数1307病院、有効回答率30.2%）であった[12]。

　「新型コロナウイルス感染症への対応状況」をみると、新型コロナウイルス感染症患者入院受入をしたかどうかの質問に対し、「受け入れた」と回答した病院は28.5%であり、「未受入」の回答は71.5%であった。「一時的病棟閉鎖あり」は14.7%であり、「なし」は85.1%であった。なお、「帰国者接触者外来の設置状況」は、設置は31.1%、未設置は71.5%であった。

　注目すべきは、「コロナ患者受入状況における経営指標の比較」である。「有効回答全病院（n=1203）」の「医業収入」について、2019年4月と2020年4月を比較すると、▲10.5%である。内訳をみると、入院診療収入は▲9.2%、外来診療収入は▲11.1%、その他医業収入は▲21.5%である。「コロナ患者入院未受入病院（n=864）」「コロナ患者入院受入病院（n=339）」と「一時的病棟閉鎖病院（n=180）」の医業収入をみると、2019年対比でそれぞれ▲7.7%、▲12.4%、▲14.3%であり、「コロナ患者入院受入病院」より「一時的病棟閉鎖病院」の方が医業収入の落ち込みがやや大きく、

「コロナ患者入院未受入病院」でもマイナスとなっている。

　医業利益と医業利益率をみても、①有効回答全病院、②コロナ患者入院未受入病院、③コロナ患者入院受入病院、そして④一時的病棟閉鎖病院を2019年と2020年を順にみると、①では7147千円（1.5%）から▲36976千円（▲8.6%）、②では5319千円（2.0%）から▲13749千円（▲5.5%）、③では11807千円（1.2%）から▲96172千円（▲10.8%）、④では3906千円（0.4%）から▲115571千円（▲14.4%）であり、コロナ患者入院受入病院と一時的病棟閉鎖病院の医業利益は、1億円弱から1億1千万円超の赤字である。コロナ患者入院未受入病院でも1千4百万円弱の赤字である。通常時における病院の医業利益率は▲2.7%、医療法人では2.8%（2019年医療経済実態調査報告）であるから、コロナ患者の入院受入をしていない病院であっても、経営が悪化している。

　ちなみに医業費用もマイナスであるが、内訳として医薬品費と診療材料費は基本的にマイナスだが（一部プラスあり）、給与費については順に①1.3%、②1.2%、③1.3%、④2.0%とプラスである。（尚、①〜④は筆者が便宜上付けたものである。以下、同様。）

　もうひとつ、全国公私病院連盟が7月27日に公表した「新型コロナウイルス感染症に関する病院経営影響度緊急調査集計結果」（以下、「全国公私病院連盟調査」という）を簡単にみてみよう。この調査は、新型コロナウイルス感染症がもたらす病院経営への影響度を把握することを目的として、全国公私病院連盟に加盟する7団体の会員の病院（1481病院）に対し、2020年6月15日〜30日を調査期間として実施したもので、有効回答病院数は743病院（有効回答率50.2%）であった。先述した3病院団体調査では4月度の2019年度との差を見たが、全国公私病院連盟調査は5月度の経営状況を知ることが出来る。

　医業利益と医業利益率をみると、①総数（n=617）の2019年と2020年の4月は818千円（0.1%）から▲51182千円（▲9.8%）へ、5月は9892千円（1.7%）から▲54110千円（▲11.3%）へ赤字になっている。以下同様に、②新型コロナウイルス感染症患者入院未受入病院（n=300）、③新型コロナウイルス感染症患者入院受入病院（n=256）、④一時的病棟閉鎖病院（n=184）を2019年と2020年

を順にみると、②は、4月は1561千円（0.5％）から▲15701千円
（▲5.5％）へ、5月は2651千円（0.9％）から▲21528千円（▲
8.3％）へ赤字となった。③は、4月は▲2760千円（▲0.3％）から
▲97297千円（▲12.1％）へ、5月は14228千円（1.6％）から▲
99660千円（▲13.6％）となり、4月は赤字が増加し5月は赤字と
なった。④は、4月は8731千円（1.0％）から▲85308千円（▲
10.9％）へ、5月は20043千円（2.3％）から▲100777千円（▲
14.3％）へ赤字となった。

　③コロナ患者入院受入病院と④一時的病棟閉鎖病院の5月度の医
業利益は1億円前後の赤字である。②コロナ患者入院未受入病院で
も5月度は2千百万円超の赤字であった。そして①〜④まで、2020
年5月度は4月度より赤字額が増加していることが特徴である。

3. 診療所の経営状況

　6月9日に、日本医師会は「新型コロナウイルス感染症対応下で
の医業経営状況等アンケート調査（2020年3〜4月分）」（以下、
「医師会調査」という）を公表した。本調査は、新型コロナ感染症
拡大期における医療機関経営の状況を把握するため、2019年およ
び2020年3月、4月の保険診療の状況を調査したものである。5月
7日に都道府県医師会に文書で、各都道府県10〜20医療機関の回
答を収集するように依頼した。したがって、全国一律の抽出率によ
るものではない。この点ではデータの代表性の問題を考慮しなけれ
ばならないが、参考値として検討する。回答は6月5日まで受けつ
けた。病院120施設、診療所533施設、計655施設から回答があっ
た。ここでは、特に診療所を中心にみてみよう。

　診療所診療科別では、内科（n=286）の5割弱（47.9％）および
耳鼻咽喉科（n=43）の4割弱（37.2％）で「新型コロナ感染症の疑
い患者の受診あり」、内科の44.8％および耳鼻咽喉科の34.9％で
「PCR検査が必要と判断した患者あり」であった。小児科（n=61）
では、「疑い患者受診あり」は約3割（31.1％）であったが、「PCR
検査が必要と判断した患者あり」は2割弱（18.0％）であった。

　入院外総件数・総日数・総点数をみると、診療所（有床＋無床）
（n=499）の3月の入院外総件数は▲10.7％、4月は▲16.9％である。

　入院外総日数では、3月は▲12.5％、4月は▲20.6％である。そして入院外総点数では、3月は▲10.2％、4月は▲17.0％である。2020年4月は、診療所の入院外総件数が前年同月比で約17％減少し、入院外総日数で2割減少し、入院外総点数で17.0％減少したこととなる。

　診療科別では、耳鼻咽喉科（n=39）、小児科（n=58）で2020年4月の入院外総点数が前年同月比に比べて▲36.6％と▲39.2％となった。3月のそれは▲25.0％と▲24.5％であったので、それぞれ11.6ポイントと14.7ポイント増加したことになる。

　新型コロナウイルス感染症疑い患者の受診有無別入院外総点数を2019年と2020年でみると、3月は「あり」（n=181）が▲9.6％で「なし」（n=318）は▲10.6％であり、4月は「あり」が▲17.9％で「なし」は▲15.7％であり、入院外総点数の前年同月比に「あり」と「なし」の差は小さく、新型コロナウイルス感染症疑い患者の受診がない診療所でも、総点数が大幅に低下したことが明らかになった。

　診療所の9割以上で、2020年4月の入院外総点数が前年同月に比べて低下し、さらに約4割（41.3％）では20％超50％未満低下した。ちなみに3月では18.8％であったので、22.5ポイント増加したことになる。診療科別では、耳鼻咽喉科（n=39）、小児科（n=58）で2020年4月の総点数前年同月比が大幅に減少したところが見られた。

　診療所（n=478）の初診料算定回数をみると、3月の▲29.1％から4月の▲40.0％まで10.9ポイント減少した。同様に、診療所の再診料等算定回数をみると、3月の▲8.0％から4月の▲14.0％まで6ポイント減少した。一方では、電話等再診算定回数は、3月の97.0％から4月は530.7％まで、433.7ポイント増加した。そして、診療所（n=533）の長期処方の患者数をみると、「増えた」（大幅に増えた、やや増えた）は昨年同期比の79.4％であった（5月実施調査。「現状について昨年同期と比較してお答えください」という質問）。

　診療所の経営への影響については、無床診療所の例が示されている。2020年4月の保険収入対前年同月比をもとにその他の収入も

同様に変化したとして計算しており、固定費は変わらないものとしている。結果、医業利益は「4月単月で100万円の赤字になるほどの影響があった」。内科、小児科、外科についての計算では、それぞれ順に60万円、221万円、185万円の赤字が試算され、「院長給与を含む固定費削減などの対応がまったなしの状況であり、現実に大胆な経費削減が断行されているものと推測される（その結果、計算上の赤字幅はやや圧縮されている可能性もある）」と医師会では推察している。

4. 医療機関への財政支援を

　3病院団体調査は、2020年4月に診療報酬改定があったこと、有効回答率が3割であることなど種々の要素を考慮しなければならないが、2020年4月は、対前年同月と比べて医業利益が大きく減少したことがわかる。全国公私病院連盟調査からは、4月だけでなく5月においても対前年同月と比べて医業利益が大きく減少したことがわかる。そして、4月より5月の方が経営悪化したという調査結果であった。

　特に新型コロナウイルス感染症患者の入院を受け入れた病院では、診療報酬上の様々な配慮はあったものの、経営悪化は深刻であった。また、病棟閉鎖せざるをえなかった病院の経営悪化傾向は顕著であった。同時に、新型コロナウイルス感染症の患者を受け入れていない病院においても、その状況は悪化の一途を辿っており、地域医療体制を守る病院の経営は深刻な状況にある。

　診療所経営をめぐってはどうか。医師会調査によると、2020年4月の入院外総点数は、前年に比べて大幅に減少し、同年3月と比べてもさらに減少幅が増大した。前年同月比で初診料3割以上、再診料1割以上が減少した。

　そして、入院外総点数の減少は、新型コロナウイルス感染症患者の受け入れ如何にかかわらず、総件数が減少していることから、受診控えが理由と考えられる。小児科や耳鼻咽喉科などは、小児の受診抑制の影響と見られる。

　さらに、長期処方、電話等再診が拡大しており、新型コロナウイルス感染症が一定の収束をしたあとも受診が戻らないことが懸念さ

れている。このまま地域住民の医療機関へのアクセスが疎遠になり、健康が脅かされることのないよう、適切な受診勧奨も必要と思われる。

日本医師会調査は、緊急に入院外保険診療の動向を調査したものであり、経営への影響を見るには限界がある。しかし無床診療所の例でみたように、固定費削減などへの対応は厳しい中であっても現実に大胆な経費削減が行われていると推測される。今後、十分な手当てがなされなければ、経営の維持が危ぶまれる状況である。

このままでは、新型コロナ感染症の次の波が来る前に、医療機関が経営破綻しかねない。医療崩壊を防ぐために、政府は、病院と診療所への財政支援を急ぐべきである。

第3節　新型コロナと薬局経営

（2021 年 2 月）

1. 問題の所在

本節は、新型コロナウイルス感染症が薬局経営に与える影響について、検討することが目的である。すでにコロナ感染から 1 年を過ぎて 2 年目を迎えた今日であるが、2020 年の薬局経営への調査等の資料を用いて、現時点での薬局経営への影響について述べることとする。データの制限のため、2020 年 2 〜 7 月までのデータ分析ではあるが、新型コロナウイルスが当初、薬局経営に及ぼした影響を知ることは可能と考えた。2021 年 3 月までの経営結果を分析することは、今後の課題である。

後述する日本薬剤師会調査と日本医師会調査以前の文献を述べておこう。

日本薬剤師会が最初に発表したのが「新型コロナウイルスによる薬局経営への影響調査」（2020 年 5 月 18 日）[13] である。調査対象月は、2020 年 2、3、4 月で、対象薬局は日薬役員の関係薬局 52 薬局と、2020 年 4 月分を対象月として東京、大阪、兵庫、福岡県（4 都府県）薬剤師会の会員薬局 135 薬局を調査した。会員 135 薬局の回答をみると、2020 年 4 月調剤分対前年同期比は、薬材料等▲ 4.4%、技術料▲ 18.1%、処方箋回数（患者数）▲ 24.9%であった。

新型コロナウイルス感染症前の薬局の経営動向を知る文献として、前田由美子ほか「調剤医療費の動向と調剤薬局の経営概況」[14] が大変重要である。コロナ前の 2018 年度の調剤報酬改定の影響を調査した文献である。そして前田由美子「大手調剤薬局等の 2019 年度決算とその後の状況（新型コロナウイルス感染症の影響）」[15] は、コロナの影響を加味した調査として重要である。後述する医師会調査も前田の 2 つの調査も、大手調剤薬局とドラッグストアが対象の調査であり、小規模調剤薬局は対象外である。したがって、純粋に調剤薬局を対象に調査分析した文献ではないことが、これらの調査の限界である。

　こうした文献を踏まえて、次に、日本薬剤師会調査と日本医師会調査から、新型コロナウイルス感染症の薬局経営への影響について述べることとする。2 つの調査から得られた知見を踏まえて、主張が異なるのはなぜなのか、最後に検討することとする。

2.　日本薬剤師会調査

　対象の資料は、日本薬剤師会が公表した「新型コロナウイルス感染症による薬局経営への影響について」（2020 年 9 月 8 日）[16] である。この調査結果は、2020 年前半の新型コロナの薬局経営への影響を知るのに適した資料である。日本薬剤師会は、「新型コロナウイルス感染症の感染拡大が薬局経営に与える影響を把握し、今後の対策を検討するための基礎資料を得ることを目的に調査を実施」した。

　調査は、日本薬剤師会・役員や関係者等の関係薬局の約 200 施設（回答数 173）を対象に、2 ～ 7 月を対象月に 5 月から毎月実施した「調査①」と、全国の保険薬局の中から無作為抽出した 2500 施設（回答数 1242）を対象に、2 ～ 6 月を対象月に 7 月に実施した「調査②」（有効回答率 51.5％）の 2 つの調査を行なっており、どちらの調査項目も「処方箋受付回数」と「調剤報酬（技術料および薬剤料・特定保険医療材料）」である。

　調査①の結果（**表補 -4**）を見ると、処方箋受付回数、技術料（調剤技術料・薬学管理料）、薬材料・特定保険医療材料のいずれも、2 ～ 5 月にかけて前年同月と比べて大幅に減少した。6 月は回復の傾

向が見られたもののマイナスとなり、7月は再び減少に転じている。

表補-4　新型コロナウイルス感染症による薬局経営への影響について（調査①）
（n=173）（%）

	2月	3月	4月	5月	6月	7月
処方箋受付回数	▲ 0.6	▲ 11.8	▲ 21.0	▲ 23.7	▲ 12.9	▲ 13.6
技術料（調剤技術料・薬学管理料）	3.5	▲ 7.8	▲ 14.7	▲ 17.4	▲ 6.8	▲ 7.8
薬材料・特定保険医療材料	4.1	0.7	▲ 2.6	▲ 8.3	▲ 0.7	▲ 4.9

注1) 本調査は薬剤師会が7月に実施した影響調査（約2500を対象）とは別に5月から継続的に実施しているもの。
（出所）「調査①」より筆者作成。

　調査②（**表補-5**）では、処方箋受付回数、調剤報酬、技術料（調剤技術料・薬学管理料)、薬材料・特定保険医療材料のいずれも、2〜5月にかけて前年同月比で大幅に減少しているが、6月には一定の回復傾向を示している（全国）。
　「地域別に見ると、東日本の方が西日本に比べて影響が大きく出ている」と日本薬剤師会は分析している。そこで、「処方箋受付回数」だけを取り出して、「調査②」の全国と8都道府県を比べてみた（**表補-6**）。2月を除き3月以降、5月をピークに前年同月比で大幅に減少しているが、6月には一定の回復傾向を示しているのは、各調査地域で共通している。この場合、首都圏を中心に新型コロナウイルス感染症が拡大したことを考えると、標本の都道府県の状況は同じ傾向であったとわかる結果である。同様に、「調剤報酬」（**表補-7**）、「技術料」（**表補-8**）、「薬剤料・特定保険医療材料」（**表補-9**）についても全国と8都道府県を比べてみた。すべての標本は新型コロナウイルス感染症の影響が大きい地域であるため、薬剤師会が分析したように、「東日本の方が西日本に比べて影響が大きい」というには根拠が弱く、もっと多くの標本がなければ、あまり決定的なことは言えないように思われる。
　しかし東京は他地域と比べて影響が大きく、特に5月の処方箋受付回数は▲ 26.5%と大幅に減少していた。同月の調剤報酬は▲ 14.0%、技術料は▲ 21.6%、薬材料・特定保険医療材料は▲ 11.5%であった（**表補-10**）。

表補-5　20年2～6月における処方箋受付回数、
調剤報酬、技術料、薬材料・特定保険医療材料の対前年同月比（全国）（調査②）

(n=1242)（%）

	2月	3月	4月	5月	6月
処方箋受付回数	▲ 0.2	▲ 10.5	▲ 17.6	▲ 20.5	▲ 9.6
調剤報酬	4.2	1.3	▲ 2.6	▲ 10.1	▲ 1.2
技術料	2.6	▲ 6.4	▲ 12.0	▲ 15.5	▲ 5.3
薬材料・特定保険医療材料	4.7	3.8	0.4	▲ 8.4	0.1

(出所)「調査②」より筆者作成。以下、同じ。

表補-6　20年2～6月における処方箋受付回数
（全国・北海道・埼玉・千葉・東京・神奈川・大阪・兵庫・福岡）（調査②）

(n=1242)（%）

	2月	3月	4月	5月	6月
全国（n=1242）	▲ 0.2	▲ 10.5	▲ 17.6	▲ 20.5	▲ 9.6
北海道（n=75）	▲ 1.3	▲ 11.3	▲ 14.3	▲ 18.3	▲ 6.7
埼玉県（n=95）	▲ 0.6	▲ 14.9	▲ 21.7	▲ 24.7	▲ 15.8
千葉県（n=46）	0.9	▲ 14.7	▲ 23.6	▲ 25.3	▲ 16.3
東京都（n=173）	3.3	▲ 12.6	▲ 25.1	▲ 26.5	▲ 11.6
神奈川県（n=90）	3.7	▲ 11.3	▲ 19.1	▲ 22.1	▲ 13.1
大阪府（n=91）	0.3	▲ 10.4	▲ 18.4	▲ 19.2	▲ 9.7
兵庫県（n=65）	2.2	▲ 11.6	▲ 18.6	▲ 20.0	▲ 10.7
福岡県（n=84）	▲ 2.2	▲ 7.3	▲ 15.5	▲ 19.7	▲ 8.5

表補-7　20年2～6月における調剤報酬
（全国・北海道・埼玉・千葉・東京・神奈川・大阪・兵庫・福岡）（調査②）

(n=1242)（%）

	2月	3月	4月	5月	6月
全国（n=1242）	4.2	1.3	▲ 2.6	▲ 10.1	▲ 1.2
北海道（n=75）	3.8	0.2	▲ 3.6	▲ 8.9	▲ 0.3
埼玉県（n=95）	1.3	▲ 4.4	▲ 6.1	▲ 13.2	▲ 7.6
千葉県（n=46）	2.1	▲ 2.6	▲ 3.6	▲ 13.0	▲ 6.5
東京都（n=173）	4.2	▲ 1.3	▲ 7.4	▲ 14.0	▲ 4.3
神奈川県（n=90）	17.2	7.8	7.0	▲ 6.2	1.1
大阪府（n=91）	4.0	1.4	▲ 4.5	▲ 11.8	▲ 2.3
兵庫県（n=65）	3.1	▲ 2.6	▲ 4.9	▲ 10.0	▲ 2.9
福岡県（n=84）	2.6	4.9	▲ 0.2	▲ 9.4	2.1

表補-8　20年2〜6月における技術料
（全国・北海道・埼玉・千葉・東京・神奈川・大阪・兵庫・福岡）（調査②）

(n=1242)（%）

	2月	3月	4月	5月	6月
全国（n=1242）	2.6	▲ 6.4	▲ 12.0	▲ 15.5	▲ 5.3
北海道（n=75）	1.8	▲ 6.0	▲ 9.1	▲ 13.2	▲ 1.8
埼玉県（n=95）	3.2	▲ 10.7	▲ 15.3	▲ 18.2	▲ 11.3
千葉県（n=46）	5.0	▲ 11.4	▲ 17.7	▲ 19.8	▲ 10.7
東京都（n=173）	5.1	▲ 9.3	▲ 19.6	▲ 21.6	▲ 12.0
神奈川県（n=90）	8.6	▲ 4.9	▲ 12.0	▲ 16.1	▲ 7.3
大阪府（n=91）	3.2	▲ 6.0	▲ 11.3	▲ 13.2	▲ 3.7
兵庫県（n=65）	6.2	▲ 6.7	▲ 11.8	▲ 14.2	▲ 4.7
福岡県（n=84）	0.7	▲ 3.3	▲ 9.7	▲ 14.8	▲ 3.1

表補-9　20年2〜6月における薬剤料・特定保険医療材料
（全国・北海道・埼玉・千葉・東京・神奈川・大阪・兵庫・福岡）（調査②）

(n=1242)（%）

	2月	3月	4月	5月	6月
全国（n=1242）	4.7	3.8	0.4	▲ 8.4	0.1
北海道（n=75）	4.4	1.9	▲ 2.2	▲ 7.8	0.1
埼玉県（n=95）	0.6	▲ 2.2	▲ 3.1	▲ 11.6	▲ 6.3
千葉県（n=46）	1.3	▲ 0.2	0.1	▲ 11.2	▲ 5.4
東京都（n=173）	3.9	1.3	▲ 3.4	▲ 11.5	▲ 1.7
神奈川県（n=90）	19.7	11.6	12.3	▲ 3.5	3.4
大阪府（n=91）	4.2	4.0	▲ 2.1	▲ 11.4	▲ 1.8
兵庫県（n=65）	2.0	▲ 1.1	▲ 2.5	▲ 8.5	▲ 2.3
福岡県（n=84）	3.2	7.5	2.8	▲ 7.6	3.7

表補-10　20年2〜6月における処方箋受付回数、調剤報酬、技術料、薬材料・特定保険医療材料の対前年同月比（東京都）（調査②）

(n=173)（%）

	2月	3月	4月	5月	6月
処方箋受付回数	3.3	▲ 12.6	▲ 25.1	▲ 26.5	▲ 11.6
調剤報酬	4.2	▲ 1.3	▲ 7.4	▲ 14.0	▲ 4.3
技術料	5.1	▲ 9.3	▲ 19.6	▲ 21.6	▲ 12.0
薬材料・特定保険医療材料	3.9	1.3	▲ 3.4	▲ 11.5	▲ 1.7

3. 日本医師会調査

　日本医師会は、「2020 年 4 〜 6 月の調剤薬局等の経営状況」を分析した結果を公表し[17]、見解を述べた（日本医師会「日本医師会定例記者会見」2020 年 8 月 26 日）。分析のポイントはシンプルで、「① 2020 年 4 〜 6 月において、医科病院・診療所の医業収入対前年同期比は、▲ 10％かそれ以下であった。医業利益もマイナス（赤字）。②一方、調剤薬局、ドラッグストア等（以下、調剤薬局等）の調剤関連事業売上高（調剤報酬と薬材料）は対前年同期比プラスであった。M&A、新規出店、長期処方が主要因であるが、2020 年度の調剤報酬プラス改定も一部寄与したものと見られる。また、調剤薬局等の営業利益はプラス（黒字）であった。③長期処方の影響については、一年を通して見る必要があるが、仮に医科、調剤の差がこのまま推移すれば、次期診療報酬改定で配分の見直しも必要であると考える。④また、医科病院・診療所の経営が著しく厳しいことがより明らかになったことから、あらためて国に対して経営支援を要請したい」ということであった（①〜④の番号は筆者がつけたものである）。

4. 新型コロナと薬局経営の考察

　まず、日本医師会の発表は、医科と調剤を比べて論じるなら、そのとおりである。医科ほどに調剤薬局はコロナウイルス感染症の影響を受けているとは思われない。しかし問題は、調剤薬局とドラッグストアを同じに論じることは少し乱暴であろう。そもそも、調剤専業とドラッグストアとで機能に差があることは周知の事実である。しかも大手調剤薬局およびドラッグストアは、M&A や新規出店効果によって売上高を伸ばしている。特にドラッグストアがシェアを拡大する一方、大手のなかでもやや中堅の調剤薬局はシェアを縮小させている。ドラッグストアは、調剤チェーンほどには「門前型」ではないので、過去の処方箋集中率を要件とした調剤報酬適正化の影響が小さかった経緯がある。

　2020 年 4 〜 6 月には、新型コロナウイルス感染症流行下で受診控えが生じ、処方箋枚数が減少した半面、処方箋単価が上昇した。そのこともあって、大手調剤薬局の営業利益率はプラスである。ド

ラッグストアの中には、店舗数の増加を主要因として、売上高が増加した企業もある。しかし、処方箋単価の上昇は長期処方が主要因であり、長期的には均されていく。そして 2020 年度の調剤報酬プラス改定の効果や調剤料の点数設定も影響していると考えることは妥当であろう。

したがって、日本医師会の言うとおり、ドラッグストアの調剤関連事業売上高の対前年同期比はプラスである（ウエルシア 12.6%、スギ 12.4%、ツルハ 9.9%、キリン堂 4.7%）。そして、調剤大手の調剤関連事業売上高営業利益率を 2020 年と 2021 年の第 1 四半期で比較すると、日本調剤 3.5%→ 0.8%、クオール 4.7%→ 1.7%、メディカルシステム 3.4%→ 1.8%である。利益率は減少しているが黒字か赤字かで言うと黒字である。

しかしこのような業績の落ちにくい標本だけを切り取った調査からは、日本医師会の言い分である「医療機関の経営悪化は新型コロナの影響を相当程度受けるが、調剤薬局等（等にはドラッグストアも入っている――小磯）の調剤料は、その影響を受けにくい」という説明は、説得力に欠けている。

日本薬剤師会調査結果が示したとおり、2020 年を通して見た時、一時的に薬局経営への影響が和らぐ月があるものの、前年同月比でマイナス基調であると考えるほうが自然であろう。多くの調剤薬局は小規模である。どのように標本を収集してくるかで、結果に違いがでることは調査の基本である。いずれにしても今後の動向を注視すべきであろう。

注・文献

1)　これまで「医療崩壊」は、1980 年代半ば以降の医師数・医療費抑制政策により、医師不足に陥った病院の勤務医が病院経営悪化のために過酷な労働を強いられるようになっていることを表す言葉として用いられた。さらに 2002 年前後から医療事故が警察の捜査の対象とされ、医師がリスクの大きい病院の産婦人科、小児科、外科などの勤務医を辞めて、より負担の少ない病院へ移ることや開業医になることで、必要な医療が提供されなくなることを指していた。今回の「医療崩壊」の危機は、医療現場が急激なコロナウイルス感染者の増加に対応できなくなるというもので、今までと比べ

　て格段に切迫感が強い。医療従事者は不眠不休で働いているが、ぎりぎり
　の状態が続いている。当面は、軽症者は在宅療養やホテルなどの宿泊施設
　に移ってもらう、あるいは緊急でない治療などは後回しにして、できるだ
　け多くの医療従事者にコロナ対応に当たってもらうしかない。早くコロナ
　ウイルスが収束すること願うばかりである。

2)　地域保健法は、地域保健対策の推進に関する基本指針、保健所の設置その
　他地域保健対策の推進に関し基本となる事項を定めることにより、母子保
　健法（昭和40年法律第141号）その他の地域保健対策に関する法律による
　対策が地域において総合的に推進されることを確保し、地域住民の健康の
　保持及び増進に寄与することを目的として制定された法律である。1937年
　に保健所法（旧）が制定され、戦後の1947年に保健所法（新）が制定され
　た。1947年の制定時は「保健所法」という題名であったが、1994年の改正
　で「地域保健法」となった。地域保健対策検討会による議論の経緯につい
　ては「これまでの地域保健対策の経緯」を参照されたい。

3)　厚生労働省にアクセスし「保健所総数の推移」（グラフ）をみると、1946
　（昭和21）年から漸増していた保健所数は1994（平成6）年の「地域保健
　法制定」を経て、1997（平成9）年から下がり始めた。「保健所数の推移
　（平成元年〜令和2年）」で保健所数合計（実数）をみると、平成元年は
　848、2年が850、3年が852、4年も852、そして5年が848となって、平
　成9年には800を切っていっきに706にまで減少する。「変更事由」をみる
　と、都道府県の減少が98と最も大きく、次に指定都市が21減少し、3番
　目が23区で14の減少、その他政令市が6の減少、中核市±ゼロであった。
　保健所合計をみていくと、平成10年に663となり、12年に594、22年に
　494となって、令和2年の469まで減少し続けた。

4)　「人工肺とポンプを用いた体外循環回路による治療」をECMOと呼ぶ。人
　工呼吸器や昇圧薬など、通常の治療では救命困難な重症呼吸不全や循環不
　全のうち、可逆性の病態に適応される。ECMOは呼吸と循環に対する究極
　の対症療法であり、根治療法ではない。通常の治療では直ちに絶命してし
　まう、または臓器が回復不能な傷害を残すような超重症呼吸・循環不全患
　者に対し、治癒・回復するまでの間、呼吸と循環の機能を代替する治療法
　である。ECMOはextracorporeal membrane oxygenation「体外式膜型人
　工肺」という機器の略語であるが、欧米人にとってECMO（エクモ）は発
　音しやすく、広く使用されている。

5)　4月22日夕の記者会見で日本医師会の横倉義武会長が緊急事態宣言から約
　2週間が経過したことを踏まえ、直近の日医の対応として、20日に加藤勝
　信厚生労働大臣に対し、「新型コロナウイルス感染症患者、特に重症患者
　の受け入れ病床確保に向けて」、梶山弘志経済産業大臣に対し、「日本物づ
　くり企業合同会議対策本部（仮称）の設置について」の要望書を提出した
　ことを説明した。加藤厚労相への要望書では、「新型コロナウイルス感染
　症重症患者を診るため、とくにICUさらに急性期病床の増床と加算、また、
　そこに従事する医師、看護師、臨床工学士の増員と待遇改善が喫緊の課題
　である」と指摘したうえで、①感染患者の病床を確保する目的でとりわけ
　外科系の診療料に緊急を要しない手術の延期要請、②N95マスクや感染防

護服の早急な補充を要望している。梶山経産相への要望書では、新型コロナウイルス感染症の診療における必需品（サージカル、N95等の医療用マスク、フェイスシールド、ガウン、手袋等の防護服）等の国内生産を支援するため、「日本物づくり企業連合合同対策本部（仮称）」の設置を求めている。

6)　アメリカ疾病予防管理センター（Centers for Disease Control and Prevention：CDC）は、アメリカ合衆国ジョージア州アトランタにある保健福祉省所管の感染症対策の総合研究所。公式の日本語訳はなく、他にも米疾病対策センター、疾患予防管理センター、疾患対策予防センター、防疫センターなど、様々に呼ばれている。日本の厚生労働省や厚生労働省検疫所が発表している文章中でも訳語は統一されていない。

7)　政府は、所得制限を設けず全国民を対象に一律10万円を支給する特別定額給付金や医療体制を整備するための緊急包括支援交付金等を盛り込んだ2020年度補正予算案を国会に提出し、4月30日に成立した。2019年度補正予算の未執行分も含めた緊急経済対策の財政支出は48兆4千億円、事業規模では117兆1千億円にも上る。診療報酬でも、電話やオンラインによる診療を初診から認める、感染患者に対する外来診療や入院診療で手厚い報酬を算定できるようにする等の臨時的な対応をしている。さらに、麻生太郎財務大臣と加藤勝信厚生労働大臣が国費約300億円を活用することで合意し、「期中における臨時異例の措置」として特定集中治療室等の入院料を倍増するなど重症・中等症の感染患者への診療報酬を充実させている。中央社会保険医療協議会（中医協）が4月24日午前、オンライン形式で総会を開催した。厚生労働省事務局が新型コロナウイルス感染症に対するこれまでの診療報酬上の臨時的な取り扱いを整理して報告した。また、在宅医療への対応、歯科診療への対応、臨時の医療施設への対応を決めた。厚労省は同日付の事務連絡で、それらの内容を周知した。「新型コロナ感染症への対応」（表補-2）を参照されたい。なお、厚生労働省保険局医療課「業務連絡」（令和2年4月30日）は「新型コロナウイルス感染症に係る診療報酬上の臨時的な取扱いについて（その16）」が発出されている。

8)　森光敬子厚生労働省保険局医療課長は、「病院団体などからは、外来患者の急減で大きな収入減が生じているとの声があります」との質問に対して、「厚労省全体として地域医療をどのように確保していくかをしっかりと考えたいと思います。ただ、患者減による減収分を補うために診療報酬を引き上げるというのは、負担する側の納得を得にくい部分があるので、診療報酬で対応すべきところは対応しますが、色々な政策の選択肢があり、全体のパッケージとして考えるべき話だと思います」と、「1　新型コロナウイルスへの対応」のインタビューで答えている（森光敬子「インタビュー　診療報酬で働き方改革に手当てし医師の労働時間削減の成果に期待」『社会保険旬報』No.2781、2020年4月21日、pp.6-13（対象の頁は7頁））。

9)　日本病院会、全日本病院協会、日本医療法人協会では、新型コロナウイルス感染拡大による病院経営状況を把握することを目的として、合同でアンケート調査を実施した。調査期間は5月7日～5月15日であり、3団体に加盟する全病院（4332病院）を対象としてメールで調査票を配布した。5

月15日現在の回答数は1153病院（有効回答数1141病院、有効回答率
26.3％）であった。4月度は病院の外来患者・入院患者共に大幅に減少して
おり、経営状況は著しく悪化していた。地域医療を継続するためには様々
な支援が必要となる。「特に新型コロナウイルス感染患者の入院を受入れ
た病院では、診療報酬上の様々な配慮はあったものの経営状況の悪化は深
刻であった。また、病棟閉鎖せざるを得なかった病院の悪化傾向は顕著で
あった。これらの病院への緊急的な助成がなければ、今後の新型コロナウ
イルス感染症への適切な対応は不可能となり、地域での医療崩壊が強く危
惧される」と述べている（日本病院会、全日本病院協会、日本医療法人協
会『新型コロナウイルス感染拡大による病院経営状況緊急調査（速報）』
2020年5月18日）。大阪保険医協会は4月10日、新型コロナウイルス感
染拡大による医療機関への影響の緊急アンケート速報を公表した。外来患
者数が「減った」と答えた診療所は8割を超えることがわかった。府内の
診療所926件の回答を集約した。外来患者数が「減った」は785件（全体
の84.8％）が回答。5割以上「減った」は110件（全体の11.9％）。マスク
や消毒液の不足で支障が「ある」は645件（同69.7％）で、7割を占めた。
新型コロナウイルス感染の疑いのある患者の来院が「あった」は47.4％の
439件に帰国者・接触者相談センターへの紹介（複数回答）をきいたとこ
ろ「断られた」221件、「電話がつながらない」121件、「引き継げた」106件。
37.5度以上、せきなどの患者が来院した場合の対応（複数回答）では「全
て診る」198件、「様子次第」377件、「別室で待機」304件、「他医院受診
を促す」186件、「遠慮してもらう」140件となった。厚生労働省は5月27
日、新型コロナ危機で収入が減少した医療機関の資金繰り対策として、医
療機関に診療報酬の4月分が支払われる6月下旬に、5月分の一部も支払
われる「概算前払い」を認める特例措置を発表した。各医療機関は、新型
コロナ患者の受け入れに伴う空床確保や一般患者の受診控えで経営悪化が
深刻化した。6月以降の経営破綻を防ぐために「概算前払い」の実施要望
が医療界からあがっていた。特例措置は6月5日が申請期限。融資などを
受けるまでの「短期的つなぎ」として実施する。これによって、6月下旬
に支払われる診療報酬はコロナ危機前の平均月額と同程度となる。7月下
旬の支払い時に「前払い」分は減額調整されるが、猶予申請や分割支払い
が可能である。

10) 厚労省は4月15日、事務連絡「行政検査を行う機関である地域外来・検査
センターの都道府県医師会・郡医師会等への運営委託について」を都道府
県等に向けて発出した。新型コロナウイルス感染症の拡大を受けて検査体
制を強化するため、PCR検査を集中的に行う「地域外来・検査センター
（帰国者・接触者外来）」の運営を地域医師会等に委託できることを示した。
同センターの検査は診療報酬の対象である。運営費の2分の1は国庫負担
である。行政検査である当該感染症に係るPCR検査については帰国者・接
触者外来等の医療機関に委託することができることを3月4日の事務連絡
で示してきたが、それに加え検査体制が拡充される。地域外来・検査セン
ターでは連携先として地域の診療所等を事前に登録。地域の診療所等から
同センターに新型コロナウイルス感染症が疑われる人を直接紹介すること

が可能である。地域の診療所等が診療に基づき患者の同意を得て、地域外来・検査センターを紹介した場合は診療情報提供料を算定できる。電話等による診療も含まれる。

11）少なくない新聞社が、病院経営が全般的に厳しいことを記事にしていたことを、政治経済研究所が主催した 2020 年度第 2 回公開研究会での二木立氏の講演で知った。「感染症患者受入病院以外の病院経営全般の厳しさをマスコミは指摘している」とすべきであった。二木立氏の講演報告は、小磯明「二木立氏『コロナ危機が日本社会と医療・介護・社会保障に与える影響』講演報告」公益財団法人政治経済研究所『政経研究時報』No.23-2、2020 年 10 月、pp.2-5 を参照されたい。

12）本稿執筆後の 8 月 6 日、3 病院団体は、同調査の 2020 年度第 1 四半期の結果報告を公表した。4 月に続き 5 月・6 月もコロナ感染症患者受け入れ、及び、受け入れ準備病院での赤字が 8 割を占めた。すでに支援策として重症・中等症患者等への診療報酬での特例的対応などが行われているが、依然として厳しい病院の経営状況が明らかとなった。

13）日本薬剤師会「新型コロナウイルスによる薬局経営への影響」2020 年 5 月 18 日。

14）前田由美子ほか「調剤医療費の動向と調剤薬局の経営概況」日医総研リサーチエッセイ No.78、2019 年 11 月 11 日。

15）前田由美子「大手調剤薬局等の 2019 年度決算とその後の状況（新型コロナウイルス感染症の影響）」日医総研リサーチエッセイ No.91、2020 年 9 月。

16）日本薬剤師会「新型コロナウイルス感染症による薬局経営への影響について」2020 年 9 月 8 日。

17）日本医師会「2020 年 4 ～ 6 月の調剤薬局等の経営状況」2020 年 8 月 26 日。

終章 コロナ危機2年目の介護経営の課題

　コロナ禍1年を過ぎて、2年目を迎えたコロナ感染症との戦いは続いている。第3波の感染者数は減少してきたが、都市部では未だ医療提供体制の逼迫が続いている。すぐに緊急事態宣言を解除する状況ではない。そして高齢者施設でのクラスターが増加してきたのもこの時期の特徴であろう。

第1節　2年目のコロナ危機

1. 2回目の緊急事態宣言

　2021年1月2日、首都圏1都3県の知事がそろって政府に非常事態宣言の発令を要請した。

　1月4日、菅首相は新型コロナウイルスの感染拡大が続く首都圏の1都3県への緊急事態宣言の再発令を表明した。

　1月5日、政府の緊急事態宣言再発令の方針を受け、新型コロナウイルス感染症対策分科会の尾身茂会長は、「首都圏では、既にステージ4（爆発的な感染拡大）相当の対策が必要な段階に達している」と記者会見で危機感をあらわにした。

　1月6日、日本医師会の中川俊男会長は、定例記者会見で、新型コロナウイルスの感染拡大で政府が東京都と埼玉、千葉、神奈川3県への緊急事態宣言を7日に決める方針であることについて、「今後の状況次第では全国的な発令も考えなければならない」と述べた。医療現場では新型コロナ対応で通常医療との両立が困難になっていると指摘し、「現実は既に医療崩壊だ」と強い危機感を示した。

　同日、新型コロナウイルス対策を助言する厚生労働省の専門家組織「アドバイザリーボード」は、全国の新規感染者について「首都

圏で年末年始にかけてさらに増加したことに伴い、過去最多の水準となっている」との見解をまとめた。日本でも感染が確認された変異種については、従来種より感染力が高いことから「現状より急速に拡大するリスクがある」と警鐘を鳴らした。

1 月 7 日、菅首相は新型インフルエンザ対策特別措置法に基づき、東京、埼玉、千葉、神奈川の 1 都 3 県に、新型コロナウイルス対策の緊急事態宣言を発令した[1]。2020 年春に続き 2 度目で期間は 8 日から 2 月 7 日まで。基本的対処方針では、東京など 1 都 3 県で飲食店を中心に午後 8 時までの営業時間短縮を要請し、大規模イベントの人数制限は 5000 人までとすることが柱になる。出勤者の 7 割削減や、夜間の不要不急の外出自粛を求めた。

1 月 9 日、大阪府の吉村洋文知事、兵庫県の井戸敏三知事、京都府の西脇隆俊知事は、西村康稔経済再生担当相とオンラインで会談し、「緊急事態宣言」の発令を政府に要請した。

1 月 13 日、緊急事態宣言の区域変更を対策本部が発出し、栃木県、岐阜県、愛知県、京都府、大阪府、兵庫県及び福岡県を追加し、緊急事態を実施する期間を 1 月 14 日から 2 月 7 日までとした[2]。これで緊急事態を実施すべき区域は 1 都 2 府 8 県の 11 区域となった。

1 月 19 日、脳卒中の救急患者に対応できる全国の救急医療機関のうち、新型コロナウイルスの影響で 13 施設が受け入れを停止し、118 施設が受け入れ人数を減らすなどの診療制限をしていたことが、日本脳卒中学会の調査で分かった。調査は、同学会が脳卒中の救急対応が可能として認定した全国 974 施設を対象に、2020 年 12 月 14 日時点の状況を質問。73% に当たる 714 施設が回答した。

同日、全国 52 の消防本部などで急病人らの搬送先がすぐに決まらない「救急搬送困難事案」[3] が 11 〜 17 日の 1 週間で 3317 件あり、7 週連続で増加したことが、総務省消防庁の集計でわかった。新型コロナウイルスの感染拡大に伴い、病床の逼迫状態が続いているのが要因とみられる。

1 月 26 日、自宅や外出先で亡くなり、全国の警察が 2021 年 1 月 〜 20 日に取り扱った遺体のうち、75 人が新型コロナウイルスに感染していたことが警察庁のまとめでわかった。2020 年 12 月 1 カ月の 56 人を既に大幅に上回っており、病床の逼迫などで入院できな

いまま、容態を急変させるケースが相次いでいる可能性がある。

新型コロナウイルスの感染拡大に伴う追加経済対策を盛り込んだ 2020 年度第 3 次補正予算は、1 月 28 日夜の参院本会議で与党と日本維新の会などの賛成多数で可決、成立した。予算総額は 15 兆 4271 億円で、当初予算と過去 2 回の補正予算を合わせた 2020 年度一般会計の歳出は、175 兆 6878 億円に膨らんだ。

2. 緊急事態宣言の延長

2 月 1 日、厚労省によると、高齢者施設のクラスターの累計は全国で 928 カ所に上った。約 1 カ月で約 350 カ所増えており、医療機関（796 カ所）を上回っている。高齢者施設を含む社会福祉施設などで療養をしている人は 2020 年 12 月上旬から増加傾向で、1 月 27 日時点で 592 人になっている。

2 月 2 日、菅首相は政府の新型コロナウイルス感染症対策本部の会合を開き、感染者は減少傾向にあるものの、医療提供体制が逼迫しているとして 11 都府県に 7 日まで発令中の緊急事態宣言を、栃木県を除く 10 都府県（東京、埼玉、千葉、神奈川、大阪、京都、兵庫、愛知、岐阜、福岡）で、3 月 7 日までの 1 カ月間延長することを決めた[4]。

2 月 3 日、新型コロナウイルス対策を強化するための改正新型インフルエンザ対策特別措置法、改正感染症法、改正検疫法が参院本会議で、与党と立憲民主党、日本維新の会などの賛成多数で可決、成立した。休業や営業時間短縮に応じない事業者や入院を拒否した感染者に行政罰である過料を科す。周知期間をおいて、2 月 13 日から施行された。

2 月 4 日、衆議院予算委員会で菅首相と全閣僚が出席して 2021 年度予算案の基本的質疑を行い、実質審議入りした。首相は、新型コロナウイルスのワクチンの接種の必要な費用について、すべて国費で負担する考えを示した。

同日、日本医師会と日本循環器連合（心臓病関連 11 学会）は記者会見し、新型コロナウイルス感染症拡大で、急性心筋梗塞などへの救急対応ができなくなっている医療機関が増えているとして緊急声明を発表した。

　2月10日、政府は東京など10都府県に発令している新型コロナウイルス対策の緊急事態宣言について、当面は全地域で継続する方針を固め、与党幹部に伝えた。病床使用率の改善が進んでいないためで、当初検討していた一部地域での解除は見送り、宣言による対策を続ける。

　2月12日、政府は新型コロナウイルス対策の緊急事態宣言に関する基本的対処方針について、専門家でつくる諮問委員会に改定案を示し、了承された。新設する「まん延防止等充填措置」に伴う対策などを盛り込み、感染防止策を強化していくことが柱となる。改定は、対策を強化するための改正新型インフルエンザ対策特別措置法が13日に施行されることを踏まえたものである。政府は12日中に対策本部を開き、対処方針の改定を正式決定した。

第2節　高齢者施設でのクラスターの発生

1. 介護の現場

　介護を必要とする高齢者を収容する介護施設に新型コロナウイルスが侵入すれば、感染が広がり、死亡者が続出するであろうことは想像に難くない。WHO のテドロス事務局長は、多くの国では、死者の40％以上が長期介護施設と関わっているとして、コロナ禍における介護施設対策の重要性に言及した[5]。

　図終-1 に、介護施設の新型コロナ死亡者が全コロナ死亡に占める割合を示した[6]。「欧米諸国は全死亡の40％以上が介護施設である。特に、スペイン、スウェーデンでは70％前後が介護施設での死亡である」[7]。ニューヨーク・タイムズによると、アメリカは、2020年9月16日時点で、1万9000の長期介護施設で、48万人が感染し、7万7000人が死亡したという。全米の死亡者の40％を占めている[8]。致死率は全米平均の3％よりも5倍以上高い16％に達する。2021年2月12日報道のニューヨーク・タイムズを見ても、3万1000の長期介護施設で127万9000人以上が感染し、少なくとも16万3000人が死亡していると報じている。全米死亡者数の34％を占めている[9]。

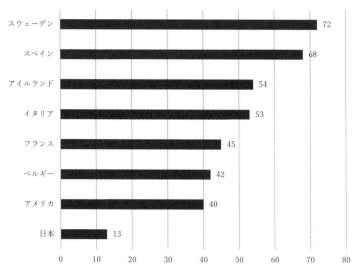

（出所）黒木登志夫『新型コロナの科学』中公新書 2615、中央公論社、2020 年、p.275。

図終 -1　介護施設死亡者の占める割合（％）

　幸いなことに、日本では、介護施設の新型コロナ感染と死亡は、欧米よりもはるかに少なかった。民間臨調の報告書によると、2020年 5 月 8 日時点の介護施設死亡者の累計は 79 人であった[10]。これは死亡者全体の 13.1％（79 ／ 600）にあたる。なぜ、日本は死亡者が少ないのか。その最大の理由は、トリアージによって高齢者を差別していないことである。加えてインフルエンザに対応するため、感染症対策の準備が整えられていることがあると民間臨調は指摘していた。たとえば、99.6％の施設が感染症対策マニュアルを整え、手袋の使用、手洗いの実施などを行っていたという。さらに、厚労省は、2020 年 1 月 31 日に「社会福祉施設等における新型コロナウイルスへの対応について」という事務連絡を出し、マスク、手洗い、消毒などを励行するよう注意を促している[11]。これは、日本の対策の中では、異例の早さである。さらに続いて 2 月 14 日にも事務連絡「社会福祉施設等における新型コロナウイルスへの対応について（その 2）」[12]を出して、社会福祉施設等への周知をお願いしている。

こうした対応の早さ、日頃からの業務の一環としての感染対策が奏功したのであろう。筆者も、新型コロナ感染症の拡大第 1 波の時に、ある介護施設の責任者に聞くと、毎年のインフルエンザへの対応を考えれば、コロナも乗り越えられるというような意見を聞いていた。

2. 介護崩壊を防ぐために原則入院の徹底を

医療崩壊につながる介護崩壊を防ぐ方策として、原則入院対応の徹底が重要である。老人保健施設の新型コロナの感染状況は 3600施設のうち 17 施設で陽性者が発生したことから「陽性者発生率0.005」とし、さらに大きなクラスターが発生したのは 6 施設であるため「クラスター発生率 0.0017」である。介護施設の死者数の割合や陽性者・クラスター比率が低い理由は「普段からインフルエンザなどの感染症対策にはがんばって対応していることと、迅速に施設側がロックダウンしたことだと思う。早い段階から面会制限などを実施し、2 月下旬には多くの施設でロックダウンの状態になっていた」(平川博之・東京都医師会副会長、2020 年 7 月の記者会見)[13]。平川副会長は、「これまでがんばってきたが、これから先は不安も多い。介護が崩壊すれば医療も間違いなく崩壊する。そのためには、陽性者は入院という原則を徹底してほしい」と述べ、原則入院対応の徹底を訴えた(上に同じ)。

平川は、このほかの施策では、施設内に感染源を持ち込まないための「積極的な PCR 検査の実施」、区市町村単位で複数の編成による「専門家チームの派遣」、感染や濃厚接触で出務できなくなった施設職員を補てんするための「応援職員派遣」をあげた。

しかし現実はなかなかうまくいっていないのが現状である。都内の高齢者を対象とした施設で、新型コロナウイルスのクラスター(感染集団)が発生するなどの事例が相次いできた。利用者の食事や入浴の介助などの際に職員と利用者の距離が近くなるため、感染予防が難しいことが理由の一つである。高齢者は重症化のリスクが高いことから、自治体は対応に乗り出している[14]。

日本慢性期医療協会は 2020 年 12 月 21 日、会員の病院や介護施設でも新型コロナウイルス感染症の患者が発生している現状を踏ま

え、一般病床以外の病床でも新型コロナの患者を直接治療している
場合は報酬上の対応を求める要望書を、厚生労働省保険局に提出し
た[15]。要望書では、「すでに新型コロナウイルス感染症患者は至る
ところで発生しており、病床種別に関係なく、地域包括ケア病棟や
回復期リハビリテーション病棟、医療療養病棟、老健（介護老人保
健施設）、特養（特別養護老人ホーム）などでも発生している」と
し、慢性期病院や介護施設で発生した新型コロナの患者の転院を要
請してもすぐに受け入れてもらえず、引き続き対応することを余儀
なくされている現状があることを紹介した[16]。その上で、新型コ
ロナの患者が発生した場合は感染症関連の薬剤や物品を用意すると
ともに、医師や看護師にも大変厳しく、苦労している状況」と説明
している。こうした現状を踏まえ、一般病床以外の病床でも、新型
コロナの患者を治療している場合はしかるべき対応を取ることを要
請するとした。

3. 第3波でのクラスターの増加

　2020年1月に新型コロナウイルス感染者が初めて確認されてか
ら2021年2月1日までに確認されたクラスターが4797件にのぼる
ことが、厚生労働省の集約でわかった。2021年1月18日時点の集
約から558件の増加である。わずか14日で11.6%増加した。
　内訳は、医療機関796（同105増）、福祉施設1244（248増）、飲
食店927、運動施設等91、学校教育施設等587、企業等894、その
他258（9増）。「その他」は自宅での会食などによるクラスターだ
としている。これらの内訳を全体に占める割合で示すと、医療機関
16.6%、福祉施設25.9%、飲食店19.3%、運動施設等1.9%、学校教
育施設等12.2%、企業等18.6%、その他5.4%となる。42.5%が医
療・福祉施設でのクラスターである。
　福祉施設1244件の内訳は、高齢者福祉施設928（207増）、障害
者福祉施設114（16増）、児童福祉施設202（25増）である。福祉
施設に占める高齢者福祉施設の割合は74.6%であり、高齢者福祉施
設でのクラスター対策が急務であることが浮き彫りとなった。しか
も、1月18日からの増加のうち医療・福祉施設が63%を占めている。
引き続き医療・福祉施設などへのPCR検査で無症状感染者の早期

発見、保護が重要となっている。

　厚労省クラスター班は、確認されたクラスターの数は、同一場所で2人以上の感染が生じた集団感染の報道などから集計したものだと説明している。

　厚生労働省老健局高齢者支援課などは、2020年12月14日、「介護サービス従事者向けの感染対策に関する研修について（その3）」[17]を都道府県などに事務連絡していた。介護従事者が感染対策を実践するための研修プログラムや教材について、管理者・感染者対策教育担当者向けも含めて全教材の公開が完了したことを周知する内容である。

　新たに公開したのは、生活を支えるための感染対策、感染対策マニュアルの見直しによる感染管理体制の改善、感染予防に取り組む職員のメンタルヘルス、感染症発生時の対応、実技・演習の進め方の5つである。現場の第一線で勤務する職員向けと感染教育担当者向けの2種類のホームページがあり、アカウントを作成すれば研修プログラムを受講できる。

　しかし、こうした取り組みだけでは、高齢者施設のクラスターを防止できないことが、今回の感染拡大ではっきりとわかった。やはり、感染者を出さないような取組をしなければ、クラスターは防止できない。

第3節　新型コロナウイルスワクチン

1. 新型コロナウイルスワクチンの優先接種

　新型コロナのワクチン接種関連法に基づき、国民はワクチン接種の努力義務がある。接種費用は国が全額負担するため、無料で接種を受けられる。政府は2月下旬にも、医療を支える医師や看護師ら医療従事者約1万人に最優先に接種する考えである。続いて3月下旬以降に65歳以上の高齢者、4月以降に基礎疾患がある人への接種ができる体制を目指す（**表終 -1**）。

表終 -1 新型コロナワクチンの優先接種

種別	対象者数	開始時期
医療従事者	約 400 万人	2 月下旬
高齢者	約 3600 万人	3 月下旬
基礎疾患のある人	約 820 万人	4 月
高齢者施設職員ら	約 200 万人	

（出所）「読売新聞」2011 年 1 月 7 日、4 面より作成。

　厚生労働省は、米大手製薬会社「ファイザー」などが製造・販売の承認を申請したワクチンを審査している。通常よりも審査の時間をかけない特例承認の対象にするとみられる。

　政府はファイザーから 1 億 2000 万回分（6000 万人分）のワクチン供給を受けることで基本合意した。米バイオ企業モデルナから5000 万回分、英製薬大手アストラゼネカから 1 億 2000 万回分（6000 万人分）の供給を受ける契約も結んでいる。

　しかし国民は、ワクチンに対して、不思議に思うし不安もあるであろう。内閣官房参与の岡部信彦医師は次のように述べている[18]。

　「昔なら開発まで 10 年以上かかってもおかしくないのに、1 年足らずで量産体制まで到達したということは、科学の素晴らしさと言えます。ただ、多くのデータを得なければ、効果や安全性について詳細な分析はできません。あまり楽観視せずに、長い目で落ち着いて見る必要があります」。

　つまり、わずかな期間でワクチンができたことは素晴らしいことだが、安全性についてはわからない、ということである。

　米製薬大手ファイザーは、同社の新型コロナウイルスワクチンが英国由来の変異種に有効な可能性があるとする実験結果を 2021 年1 月 7 日付けで発表した。変異種は従来の新型コロナウイルスと比べ、人間の細胞に感染する時に必要な突起の構造に違いがある。このため感染力が強まったり、ワクチンが効かなかったりする恐れが指摘されている。実験は、同社と米テキサス大ガルベストン校の共同チームで実施した。同社は、英国と少し構造が違う南アフリカ由来の変異種についても、有効性を確認する同様の実験を進めているという[19]。

2.　長期的安全性は未知数

　新型コロナウルスの緊急事態宣言が延長された現在、対策の切り札として期待されているのがワクチンである。国内でまず接種が始まるのは、米国のファイザー、モデルナ、英国のアストラゼネカの3社のワクチンである。通常は10年以上かかる開発を、いずれも1年ほどのスピードで実現した。

　「有効性や安全性の検証に、手を抜いているのではないか」。異例の開発スピードに、そんな疑念が浮んだとしても無理はない。

　最終段階の試験には多人種の2万〜4万数千人が参加し、効果や安全性を偽の薬と比べる「ランダム化比較試験」を実施。米国の2社のワクチンが発症者数を20分の1程度に減らすなどもいずれも高い予防効果を示した。深刻な副反応も表れなかった。

　気になるのは、米国で接種が始まってからわかった急性の重いアレルギー反応「アナフィラキシー」の多さである。呼吸困難や血圧の急低下などを引き起こす。米疾患対策センター（CDC）が米国で1〜2回接種した人の副反応を集計したところ、アナフィラキシーの発症はファイザーで20万回に1回、モデルナで36万回に1回。一般的なワクチンの100万回に1回より頻度は高い。ただ、発症者の約9割は30分以内に症状が表れ、全員が回復している。また、8割には他のアレルギーの病歴があった。

　アナフィラキシーは、ワクチン接種に限らず、抗菌薬や鎮痛薬など一般的な治療薬でも一定の確率で発症する（**表終 -2**）。その他の副反応は、注射を打った部位の痛み、だるさ、頭痛、筋肉痛など。他のワクチンと大差はないが、注射部位の痛みはかなり強いとされる。

　現時点では、短期的な安全性に大きな問題はなさそうだ。しかし、最新の遺伝子技術を使った世界初のワクチンであるだけに、長期的な安全性については未知数の部分もある。接種人口が広がると、予想しなかった有害事象が表れる可能性はある。

　政府は、副反応の治療体制を整備し、速やかに情報を公開して国民の不安に応えなければならない。

　またワクチンさえあれば感染拡大を抑えられるわけではない。手洗いやマスク着用、3密を避けるなど、基本的な感染対策はしっかりと続けることが肝要である。

表終-2　アナフィラキシーの頻度

薬剤の種類	患者100万人当たりの発生率（人）
抗菌薬（抗生物質）	370 ～ 4590
非ステロイド性抗炎症薬 （ロキソニン、ボルタレンなど）	1300
オピオイド系鎮痛薬	980
インフルエンザワクチン	1.41
新型コロナワクチン（ファイザー）	5
新型コロナワクチン（モデルナ）	2.8

（出所）「読売新聞」2021年2月4日より作成。

3.「ワクチンの忌避」は「世界の健康に対する10の脅威」の一つ

英医学誌「ランセット」に2020年9月、ワクチンの信頼性に関する国際調査結果の論文が掲載された[20]。そこには「日本は、ワクチンの信頼度が世界で低い国の一つにランクされている」と記載されていた。

調査対象は、149カ国・地域の28万余である。全体的な傾向として、発展途上国よりも先進国の方で信頼度が低いという結果が出た。その中でも日本は、ワクチンが「有効である」と「安全である」に強く同意する人の割合が、どちらも最低ランクであった（**表終-3**）。

あいまいさを好む日本人が、「強く同意」という表現の回答を選びにくかった可能性はある。しかし、サリドマイドやスモン、薬害エイズなど深刻な薬害の記憶から、薬の安全性に敏感な人が多いのは確かであろう。

「そもそもワクチンは、症状が治る治療薬と異なり、効果が目に見えにくい。このため、副反応やコストの問題が目立ってしまう」。米国立研究機関では、日本人の「ゼロリスク信仰」を指定する。「米国に比べると、日本人は国や自治体への信頼度が高い。その反面、ミスは許されないという高い要求水準がある」。

しかし「信頼度と実際の接種行動は必ずしも一致しない」。読売新聞社が行った2020年12月の世論調査では、新型コロナウイルスワクチンの接種を「すぐに受けたい」が15%、「急がないが受けた

い」が 69 ％、「受けたくない」は 15 ％であった。「不安があり、海外の状況をしばらく見てから接種したい」。これが日本人の多数派なのかもしれない。

　過激なワクチン反対運動は、むしろ欧米の方が活発である。漠然とした不安が、反政府や反エリートの社会運動と結びつくという。世界保健機関（WHO）は「ワクチンの忌避」を、気候変動などと並ぶ「世界の健康に対する 10 の脅威」の一つに挙げている。

表終 -3　「強く同意する」人の割合（2019 年）

「ワクチンは有効」

国	割合（％）	順位
米国	65.05	55
英国	54.46	98
中国	39.31	128
フランス	37.47	133
韓国	34.66	142
日本	22.27	148

「ワクチンは安全」

国	割合（％）	順位
米国	61.13	68
英国	48.05	103
韓国	32.46	134
フランス	29.71	139
中国	25.62	143
日本	17.13	149

注 1）順位は、世界 149 カ国・地域中の順位。
（出所）英医学誌「ランセット」から。

第 4 節　むすび——介護は国民生活に欠かせない社会資源

　当初は 2019 年 4 月の財政審報告にあるように、制度の持続可能性の確保のための国民負担増の案が示されており、プラス改定はほぼ難しいのではないかと思われた。しかし、ふたを開けてみればプ

ラス 0.7％の改定率となった。その背景にあるのは、新型コロナウ
イルスの感染拡大に対する対応策確保のための措置である。

　具体的には、介護事業所には今後、感染症や災害への対応力の強
化や業務継続に向けた取り組みの強化を講じることなどが盛り込ま
れた。振り返ってみれば、1995 年 1 月に発生した阪神・淡路大震
災は、介護保険制度創設に向けて議論されていたさなかのことであ
り、災害に対する意識を少なからずもたらせたことであろう。

　そして制度創設以降に起きた 2011 年 3 月の東日本大震災、2016
年 4 月の熊本地震、さらには毎年のように起きている豪雨災害など、
その都度災害対応の在り方が議論され、介護保険制度運営上におけ
る対策に可能性が模索されてきた。考えてみれば、それでも直接的
な介護保険制度改正などにおいて災害対策が明記されたことはなか
った。主に特別措置に基づいて、被災地を中心とした市区町村や都
道府県での対策に任されてきた現実がある。

　しかし今回は違ったのである。新型コロナウイルスがもたらした
影響は世界中を震撼させ、現在も日本全国を恐怖に巻き込んでいる。
さすがにこの時期の報酬改定においては対策を盛り込まざるを得な
かったのであろう。2021 年 4 月から介護事業所に求められるこれ
らの対策がどこまで功を奏するのかが次の課題となる。

　国は、最初の緊急事態宣言を出しデイサービスが休止[21]したと
きも、訪問介護は継続する方針を示した[22]。コロナ禍で在宅介護
を支えるにはヘルパーが欠かせない[23]。感染拡大防止の PCR 検査
の徹底とともに、賃金を上げられるよう介護報酬を大幅に引き上げ
る必要があった。2021 年度介護報酬改定が、介護人材を確保でき
るだけの施策を打ち出したかどうかは今後も注視していかなければ
ならない。テクノロジーへの依存が現状よりも現場の介護者の疲弊
を増長させるのではないかという懸念がないわけではない。

　コロナ禍 1 年を通して、医療はもちろんだが、介護事業もコロナ
禍で国民生活に欠かせない社会インフラであることが明らかになっ
た。幅広く国民に介護職員の処遇改善を訴え、介護人材を確保し、
介護サービスの基盤を守るべきであろう。そのためには、まだやら
なければならないことはたくさんある。本書執筆中の 2021 年 2 月
10 日現在、感染者数が少しずつ減少してきてはいるが、都市部で

の医療逼迫状態は続いている。とても緊急事態宣言を解除できる状態ではない。

　2021年の想定される政治日程を**表終-4**にまとめてみたが、何といっても東京オリンピック・パラリンピックをどうするのか、ビッグイベントが待ち構えている。新型コロナウイルス拡大の第3波はおさまることは間違いないが、ワクチン効果で感染が収束に向かうのか、それとも変異ウイルスが暴走し第4波といった事態を迎えるのか、現時点では予想がつかない。

表終-4　想定される政治日程

1月7日	東京など4都県に緊急事態宣言発令
18日	通常国会召集
20日	米大統領にバイデン氏就任
28日	2020年度第3次補正予算成立
2月7日	緊急事態宣言の期限
下旬	新型コロナウイルスのワクチン接種開始
3月25日	東京五輪の聖火リレーがスタート
月内	2021年度予算成立
4月25日	衆院北海道2区、参院長野選挙区の両補欠選挙
6月16日	通常国会会期末
7月22日	東京都議の任期満了
23日	東京五輪（～8月8日）
8月24日	東京パラリンピック（～9月5日）
9月1日	「デジタル庁」発足
末	自民党総裁の任期満了
10月21日	衆院議員の任期満了

　最後に、コロナ禍が収束するにしろ第4波がくるにしろ、現在の介護事業所の経営を維持できるよう、政策を打たなければならない。第3波でわかったことは、高齢者が重症化すると、当然死亡者数が増加するが病床を重傷者が埋めてしまうことで、自宅待機の感染者や高齢者施設の感染者を病院側が受け入れできない状況を作り出してしまうことであった。「ウイルスは人を選ばないというが、現実

は違う。新型コロナウルスは、高齢者を狙い撃ちし、高齢化社会の修正を試みる」[24]。このような事態は死亡しなくても済んだはずの患者を増加させることにつながってしまう。悲劇を繰り返さなくてすむように、一刻も早い新型コロナウイルス感染症の収束を願うばかりである。同時に、介護は社会インフラとして重要な社会資源であることもはっきりと国民の目に見えてきた。今後も、感染症はなくなることは考えられない。何よりも、毎年続く自然災害でも介護が重要な社会資源であることは同じである。そのためには、介護事業所が持続可能な経営ができるよう、人材の確保はもちろんだがシステムを確立しなければならないであろう。

　多大なる財源を投入し、守るべきことは介護事業所の運営継続を可能にすることで、利用者やその家族の生活が安心して維持できることである。度重なる介護施設等でのクラスターの発生報道などを聞くたびに、決して他人事とは思えなくなってきているのではないだろうか。介護事業者は可能な限りの対策を講じ続け、高齢者の生活を守らなければならない。そのための対価として十分な報酬改定がなされたのかは今後の検証を待たなければならないが、今回の報酬改定の内容を最大限有効に活かす努力をすることが重要であろう。

注・文献

1) 新型コロナウイルス感染症対策本部「新型コロナウイルス感染症緊急事態宣言」2021 年 1 月 7 日。
2) 新型コロナウイルス感染症対策本部「新型コロナウイルス感染症緊急事態宣言の区域変更」2021 年 1 月 13 日。
3) 総務省消防庁は、医療機関に受け入れ可能かどうか 4 回以上照会し、救急隊の現場到着から搬送開始まで 30 分以上かかった場合を「救急搬送困難事案」と分類し、52 の消防本部などに報告を求めている。
4) 新型コロナウイルス感染症対策本部「新型コロナウイルス感染症緊急事態宣言の期間延長及び区域変更」2021 年 2 月 2 日。
5) WHO, *WHO Director-General's opening remarks at the media briefing on COVID-19-30 July 2020* .
（https://www.who.int/director-general/speeches/detail/who-director-general-s-openingremarks-at-the-media-briefing-on-covid-19---30-july-2020）.
6) 出所は、日本、アイルランド、イタリア、フランス、ベルギーは公式データである（一般財団法人アジア・パシフィック・イニシアティブ『新型コ

ロナ対応・民間臨時調査会　調査・検証報告書』ディスカヴァー・トゥエ
ンティワン、2020 年 10 月、及び、Comas-Herrera, A. et al., *Mortality as-sociated with COVID-19 outbreaks in care homes : early International evi-dence*, International Long Term Care Policy Network（https://ltccovid.
org/2020/04/12/mortality-associated-with-covid-19-out-breaks-in-care-homes-early-international-evidence/）。アメリカ、スペイン
は 報 道 デ ー タ（NY Times, *About38% of U.S. Coronavirus Deaths Are Linked to Nursing Homes*（https://www.nytimes.com/interactive/2020/
us/coronavirus-nursing-homes.html）及び、宮下洋一「介護施設を襲った
『欧州コロナ大量死』」『文藝春秋』2020 年 10 月号）。スウェーデンが、宮
川絢子の報告から計算した（宮川絢子「スウェーデン式新型コロナ対策の
『真実』メディカル・トリビューン」https://medical-tribune.co.jp/ren-sai/2020/0805531103/）。

7)　黒木登志夫『新型コロナの科学』中公新書 2615、中央公論社、2020 年、
　　p.274。

8)　NY Times, *About38% of U.S. Coronavirus Deaths Are Linked to Nursing Homes*.
　　（https://www.nytimes.com/interactive/2020/us/coronavirus-nurs-ing-homes.html）.

9)　NY Times, *More Than One-Third of U.S. Coronavirus Deaths Are Linked to Nursing Homes*, Updated Feb. 12, 2021.
　　（https://www.nytimes.com/interactive/2020/us/coronavirus-nurs-ing-homes.html）.

10)　一般財団法人アジア・パシフィック・イニシアティブ『新型コロナ対応・
　　民間臨時調査会　調査・検証報告書』ディスカヴァー・トゥエンティワン、
　　2020 年 10 月。

11)　厚生労働省「社会福祉施設等における新型コロナウイルスへの対応につい
　　て」2020 年 1 月 31 日。

12)　厚生労働省「社会福祉施設等における新型コロナウイルスへの対応につい
　　て（その 2）」2020 年 2 月 14 日。

13)　2020 年 7 月 30 日の記者会見での高齢者施設の新型コロナウイルス感染状
　　況と今後の対策についての見解より。

14)　板橋区では 2020 年 11 月 16 日から、区内の高齢者介護施設 3 カ所でクラス
　　ターが発生。12 月 14 日までに計 59 人の感染が明らかになった。練馬区で
　　は 7 月以降、約 10 カ所の高齢者介護施設で感染者が出ている。10 月から、
　　区内の介護職員らを対象にした一斉 PCR 検査に取り組んでいる世田谷区で
　　も 11 月中旬に、特別養護老人ホームで、職員と利用者計 15 人の感染が判
　　明した。初めてクラスターを発見した。（以上は「読売新聞」2020 年 12 月
　　24 日より。）年明けの 2021 年 1 月 7 日には、江戸川区の特養で 70 ～ 90 歳
　　代の入所者 22 人と職員 10 人の計 32 人が新型コロナウイルスに感染したと
　　発表した。いずれも無症状か軽症で、区ではクラスターが発生したとみて
　　いる（「読売新聞」2021 年 1 月 8 日より）。

15)　一般社団法人日本慢性期医療協会から厚生労働省保険局医療課長宛て要請

書「新型コロナウイルス感染症に対する一般病棟以外の病棟での治療について」2020 年 12 月 21 日。

16) 兵庫県のある老健施設では 2020 年 12 月下旬に入所者 3 人の感染が判明したが、留め置きになった。「防護服もない、最初は N95 マスクもなかった。夜は約 100 人の入所者に看護師 1 人。施設で陽性者を見るなんてありえない。家族にどう説明したらいいか…」と関係者は打ち明けた。年明けに悪化した感染患者の 1 人は、保健所との押し問答の末、県内で不足する人工呼吸器を使わないという条件付きでなんとか救急搬送にこぎつけたという。兵庫県では 2021 年 1 月 7 日現在の県公表分で、コロナ病床は 756 床で入院患者 571 人、使用率 75.5％。そのうち重症病床は 116 床で入院 54 人、同 46.6％、宿泊療養施設は 988 室で宿泊者 296 人、同 30.0％である。自宅療養は原則、採用していない。県は軽症の入院患者を宿泊療養施設に移し、病床を確保するとしている。

17) 厚生労働省「介護サービス従事者向けの感染対策に関する研修について（その 3)」2020 年 12 月 14 日。

18) 岡部信彦「ワクチン評価　長い目で」『読売新聞』2011 年 1 月 7 日、4 面。

19) 「読売新聞」2021 年 1 月 9 日、27 面。

20) Alexandre de Figueiredo, Clarissa Simas, Emilie Karafillakis, Pauline Paterson, Heidi J Larson,. *Mapping global trends in vaccine confidence and investigating barriers to vaccine uptake: a large-scale retrospective temporal modelling study*, Lancet. 2020 Sep 26; 396（10255）: 898-908.

21) 厚生労働省老健局「リーフレット『新型コロナウイルス感染症に係る通所介護事業所のサービス継続支援』について」2010 年 4 月 28 日。

22) 厚生労働省老健局「訪問系サービス事業所の介護サービス継続に向けた支援について」2010 年 6 月 15 日。

23) 2 月 22 日のニュースでは、新型コロナワクチンの優先接種の「高齢者施設職員ら」の中には、「ホームヘルパーが含まれない」との報道を聞いて驚いた。実際の介護現場にはホームヘルパーが欠かせないことを考慮すると、ワクチン接種は当然と思われる。

24) 黒木登志夫『新型コロナの化学――パンデミック、そして共生の未来へ――』中公新書 2625、中央公論社、2020 年、p.188。

資料 2年目を迎えたコロナとの戦い（政府等の動向）

　2020年のコロナ禍1年を過ぎて、社会保障に関するさまざまなデータが公表され始めてきた。2年目を迎えた2021年のコロナ感染症との戦いの経過を述べるに当たって、政治の動向を幅広く捉えて、国内外の主な出来事を発生順に、資料としてまとめることとする。

　主な出来事は、2021年1・2月を対象として、マスコミの各種報道をもとに作成した。なお、読者が読みやすいように筆者が小見出しをつけた。

1. 2回目の緊急事態宣言の発令（2021年1月）

爆発的な感染拡大

　2021年1月2日、首都圏1都3県の知事がそろって政府に非常事態宣言の発令を要請した。

　1月4日、菅首相は新型コロナウイルスの感染拡大が続く首都圏の1都3県への緊急事態宣言の再発令を表明した。菅首相は「経済や社会の動きを止めてしまう」と「宣言を再び出すこと念頭にはない」と周囲に語り、否定的な立場を堅持していたが、地元知事の要請を受け、新型コロナウイルス対策で「最後の切札」を切った。

　同日、英国のジョンソン首相は4日にテレビ演説を行い、新型コロナウイルス感染者の急増を受け、イングランド全域でロックダウン（都市封鎖）を直ちに実施すると発表した。イングランド全域のロックダウンは2020年春と秋に続いて3回目である。

　1月5日、政府の緊急事態宣言再発令の方針を受け、新型コロナウイルス感染症対策分科会の尾身茂会長は、「首都圏では、既にステージ4（爆発的な感染拡大）相当の対策が必要な段階に達している」と記者会見で危機感をあらわにした。

1月6日、日本医師会の中川俊男会長は、定例記者会見で、新型コロナウイルスの感染拡大で政府が東京都と埼玉、千葉、神奈川3県への緊急事態宣言を7日に決める方針であることについて、「今後の状況次第では全国的な発令も考えなければならない」と述べた。医療現場では新型コロナ対応で通常医療との両立が困難になっていると指摘し、「現実は既に医療崩壊だ」と強い危機感を示した。

　同日、新型コロナウイルス対策を助言する厚生労働省の専門家組織「アドバイザリーボード」は、全国の新規感染者について「首都圏で年末年始にかけてさらに増加したことに伴い、過去最多の水準となっている」との見解をまとめた。日本でも感染が確認された変異種については、従来種より感染力が高いことから「現状より急速に拡大するリスクがある」と警鐘を鳴らした。

　同日、新型コロナウイルス感染後、医療機関以外の自宅などで体調が悪化して死亡した人が2020年3〜12月で計122人に上ることが、警察庁のまとめでわかった。特に12月は56人と急増した。警察庁によると、122人は都道府県別で東京が最多で36人。大阪25人、兵庫11人と続く。年代別では70代が39人で最も多く、60代23人、80代22人、50代20人、90代9人、40代6人、30代2人、不明1人と続き、20代以下はいなかった。性別では男性が89人、女性が33人。月別では4月の21人を除き、11月まで10人以下で推移していたが、12月は56人と急増した。56人のうち、自宅や高齢者施設、療養先のホテルなどで死亡した人は50人。外出先の路上や店のトイレなどで死亡した人は6人であった。生前にPCR検査を受けてコロナ感染がわかった人は18人。死後の検査で感染が判明した人は38人であった。

生活保護世帯の急増
　1月6日、厚生労働省は2020年10月に生活保護を利用した世帯（保護停止中を除く）は162万9239世帯で、前月比1224世帯増と急増していたことが調査でわかった。世帯累計別に見ると、失業者を含む「その他の世帯」が24万5175世帯で、前月比527世帯増、前年同期比2373世帯増と目立って増えた。「その他の世帯」は2020年3月の24万1161世帯以降増え続け、10月までの7カ月間

で4014世帯も多くなった。このほか、「母子世帯」（7万5733世帯）、
「障害者世帯」（20万6244世帯）、「傷病者世帯」（19万9188世帯）
も前月より増えた。一方、全利用世帯の半数以上を占める「高齢者
世帯」は90万2899世帯で、前月より113世帯減少したが、前年同
期比では5635世帯増加した。増加は2カ月連続である。急増の背
景には、新型コロナウイルス感染拡大を理由とした解雇・雇い止め
の急増と、失業状態の長期化による生活の悪化がある。

　同日、内閣府は2020年12月の消費動向を発表した。消費者心理
の明るさを示す消費者態度指数（2人以上の世帯、季節調整値）は
前月比1.9ポイント低下し、31.8%となった。悪化は4カ月ぶりで、
下落幅は現在の調査方法となった2013年4月以降で4番目の大き
さである。新型コロナウイルス感染急拡大が消費者心理の大幅な悪
化につながった。内閣府は基調判断を4カ月ぶりに引き下げ、11
月の「依然として厳しいものの、持ち直しの動きが続いている」か
ら「足踏みが見られる」とした。

1都3県に新型コロナウイルス対策の緊急事態宣言を発令

　1月7日、菅首相は新型インフルエンザ対策特別措置法に基づき、
東京、埼玉、千葉、神奈川の1都3県に、新型コロナウイルス対策
の緊急事態宣言を発令した。2020年春に続き2度目で期間は8日
から2月7日まで。（午前、菅首相が専門家による基本的対処方針
等諮問委員会に緊急事態の要件に該当するかどうかを諮問。午後3
時、政府が衆院議員運営委員会で事前報告。4時、政府が参院議員
運営委員会で事前報告。夕には、首相が政府対策本部で宣言を発令
し、首相が記者会見。夜には宣言が官報で公示されて発効した。）
基本的対処方針では、東京など1都3県で飲食店を中心に午後8時
までの営業時間短縮を要請し、大規模イベントの人数制限は5000
人までとすることが柱である。出勤者の7割削減や、夜間の不要不
急の外出自粛を求めた。

　同日、東京など1都3県への緊急事態宣言を受け、国土交通省は、
政府の観光支援策「Go To トラベル」事業について、11日が期限
となっている全国一斉停止の措置を2月7日まで延長すると発表し
た。緊急事態宣言の対象外の地域も含めて停止した。

東京都は、新型コロナウイルス感染拡大防止のため、緊急事態宣言が発令され、営業時間短縮が強化されることに伴い、要請に全面的に協力する中小の飲食事業者等に対し、新たに協力金を支給する。一店舗当たり 186 万円。緊急事態措置期間開始の令和 3 年 1 月 8 日から 2 月 7 日までの間、全面的に協力した場合（31 日間）。なお、営業時間の短縮に向けて準備等が必要な場合において、令和 3 年 1 月 12 日から 2 月 7 日までの間、全面的に協力した場合（27 日間）は、一店舗当たり 162 万円。令和 3 年 1 月 22 日から 2 月 7 日までの間、全面的に協力した場合（17 日間）は、一店舗当たり 102 万円（東京都産業労働局「『営業時間短縮に係る感染拡大防止協力金（1/8 〜 2/7 実施分）』」について）。

「コロナ解雇」累計 8 万人超え

1 月 7 日、厚生労働省は新型コロナウイルス感染拡大による解雇・雇い止め（いわゆる「コロナ解雇」）の人数（見込みを含む）が累計 8 万人を超えたと発表した。業種別内訳が公表されている集計（2020 年 12 月 25 日時点）によると、最多は製造業の 1 万 6717 人、飲食業（1 万 1021 人）、小売業（1 万 399 人）が続いている。地域別では、東京都が 1 万 9318 人でトップ。次いで大阪府が 6657 人、愛知県は 4696 人。

同日、厚生労働省は 2020 年 11 月の毎月勤労統計調査（速報値）を発表した。現金給与総額は前年同期比 2.2% 減の 27 万 9095 円で、8 カ月連続の低下で下げ幅は緊急事態宣言が出ていた 2020 年 5 月以来の大きさに拡大した。

同日、厚生労働省は、生活保護に関する事務連絡を全国の自治体に向けて出した。「相談員が申請をためらうことのないような対応」を取り、保護を適切に実行するよう求めている。事務連絡は「面接時の適切な対応は特に重要」とし、保護の申請権の侵害や、侵害していると疑われるような行為をしないよう要請している。

英国の変異種感染者の増加と医療崩壊の懸念

1 月 8 日、英国政府は、新型コロナウイルスの 1 日当たりの新規感染者が 6 万 8053 人、死者数が 1325 人となり、いずれも過去最多

を更新したと発表した。感染力が強いとされる変異種の感染者が増え続け、医療崩壊への懸念が高まっている。ロンドンのサディック・カーン市長は「重大事案」を宣言した。重大事案の宣言は、行政や警察、医療機関などに特別な対応を求めるもので、近年はテロや大規模火災などで出された。英国家統計局は 2020 年 12 月 27 日から 2021 年 1 月 2 日までの間、イングランドで 50 人に 1 人が感染状態にあると推計している。特に流行が深刻なのがロンドンで、推計で 30 人に 1 人が感染しており、感染者のうち変異種の割合は地域別で最も高い 8 割に上る。

同日、総務省は 2020 年 11 月の家計調査を発表した。1 世帯（2 人以上）当たりの消費支出は 27 万 8718 円となり、物価変動の影響を除いた実質で前年同月比 1.1％増加した。新型コロナウイルス感染拡大で海外旅行などのサービス消費が減少する一方、食料品など巣ごもり関連の支出が堅調で 2 カ月連続の増加となった。

同日、内閣府が発表した 2020 年 11 月の景気動向指数（2015 年＝100）速報値は、景気の現状を示す一致指数が前月比 0.3 ポイント低下の 89.1 となり、6 カ月ぶりに悪化した。新型コロナウイルス感染拡大で経済活動の持ち直しの動きにブレーキがかかり、先行きの景気は大きく下振れする恐れが出ている。

緊急事態区域を 1 都 2 府 8 県に拡大

1 月 9 日、大阪府の吉村洋文知事、兵庫県の井戸敏三知事、京都府の西脇隆俊知事は、西村康稔経済再生担当相とオンラインで会談し、「緊急事態宣言」の発令を政府に要請した。

1 月 13 日、緊急事態宣言の区域変更を対策本部が発出し、栃木県、岐阜県、愛知県、京都府、大阪府、兵庫県及び福岡県を追加し、緊急事態を実施する期間を 1 月 14 日から 2 月 7 日までとした（新型コロナウイルス感染症対策本部「新型コロナウイルス感染症緊急事態宣言の区域変更」2021 年 1 月 13 日）。これで緊急事態を実施すべき区域は 1 都 2 府 8 県の 11 区域となった。

1 月 19 日、全 47 都道府県と空港・海港検疫で新規感染者は 5320 人確認され、全国の死者は 104 人で 1 日の死者として初めて 100 人を超えた。

1月19日、脳卒中の救急患者に対応できる全国の救急医療機関のうち、新型コロナウイルスの影響で13施設が受け入れを停止し、118施設が受け入れ人数を減らすなどの診療制限をしていたことが、日本脳卒中学会の調査で分かった。調査は、同学会が脳卒中の救急対応が可能として認定した全国974施設を対象に、2020年12月14日時点の状況を質問。73%に当たる714施設が回答した。結果、回答した施設の18%が、受け入れ要請を一部断るなどの診療制限を行っていた。このうち、13施設では、新型コロナの院内感染が発生し、受け入れを停止していた。地区別でみると、受け入れ停止は近畿が7施設と最も多かった。診療制限の理由として、脳卒中の病床をコロナ患者用に転用していることや、患者の検査や医療スタッフの感染対策などで治療にかかる時間が倍増していること、看護師が濃厚接触者になり人手不足になったことなどが挙がった。

　同日、全国52の消防本部などで急病人らの搬送先がすぐに決まらない「救急搬送困難事案」が11〜17日の1週間で3317件あり、7週連続で増加したことが、総務省消防庁の集計でわかった。新型コロナウイルスの感染拡大に伴い、病床の逼迫状態が続いているのが要因とみられる。

　同日、日本財団は高齢者福祉施設と療養型病院の従事者を対象に新型コロナウイルスのPCR検査を、定期的に無料で行うことを発表した。2月8日より、都内2884施設の約19万人を対象に、希望に応じて1週間に1回程度の検査を受け付ける体制の構築を目指す。

　新型コロナウイルス対策支援の第4弾として、高齢者施設でのクラスター発生を防ぐことで重傷者の減少、ひいては医療崩壊を防ぐ狙いである。事業規模は約200億円。NPO法人災害人道医療支援会（HUMA）の監修のもと、お台場の船の科学館の施設内に検査センターを開所し、4月までに10万人が毎週1回受けられる体制づくりを目標としている。

　1月20日、「東京都における緊急事態措置等」により、新型コロナウイルス感染拡大防止のため、営業時間短縮要請に全面的に協力する大企業（みなし大企業含む）の飲食事業者等に対し、新たに協力金を支給することとなった。一店舗当たり102万円。令和3年1月22日から2月7日までの間、全面的に協力した場合（17日間）

（東京都産業労働局「『営業時間短縮に係る感染拡大防止協力金（1/8 ～ 2/7 実施分）』【大企業向け】について」）。

1月21日、東京商工リサーチが発表した2020年の上場企業による早期・希望退職募集人数は1万8635人となり、リーマン・ショック直後の2009年（2万2950人）以来、11年ぶりの水準となった。早期・希望退職の募集を開示した企業は93社と2019年の2.6倍に急増した。新型コロナウイルス感染拡大の打撃が深刻なアパレルなどの業種で雇用調整が進んだ。

全国の自殺者数と感染死亡者数の増加

1月22日、2020年の全国の自殺者速報値は前年比3.7％（750人）増の2万919人で、リーマン・ショック直後の2009年以来11年ぶりに増加に転じたことが、厚生労働省と警察庁の集計でわかった。小中高生の自殺者は過去最多で、新型コロナウイルスの影響で学校や学業の悩みが深刻化している実態が浮き彫りになった。

職業・属性がわかる1～11月でみると、小中高生の自殺者は440人で過去最多だった1986年の401人をすでに超えた。8月は62人で前年の2倍に上がった。医師や看護師ら「医療・保健従事者」は前年比17人増の287人で、特に女性（156人）は同25.8％増加した。全体ではコロナ禍が長期化し始めた7月以降に自殺が急増。男性は前年より1.0％減少したが、女性は14.5％増えた。コロナ禍で女性が抱える仕事や育児、家庭内暴力などの悩みが増加したとみられる。

速報値のため、さらに増える可能性がある。男性の自殺者は前年より減った一方で、女性は14.5％増えた。働く女性の増加が目立っている。再度の緊急事態宣言で、女性の就業が多い飲食や宿泊業が打撃を受けている。2020年、非正規で働く女性は月平均約50万人減った。在宅勤務の広がりで、育児や介護の負担も増している。孤独感が理由と見られる自殺が増えた点は見過ごせない。

1月23日、国内の新型コロナウイルス感染症の死者は新たに83人確認され、累計で5064人となった。1月9日に4000人を超えてから、14日で5000人台に達した。感染拡大に伴い、死者も急速に増えている。

変異種の脅威

　1月23日、ジョンソン英首相は、英国で見つかった感染力が強い新型コロナウイルス変異種の死亡率について、従来型よりも高い恐れがあることがわかったと発表した。英政府の専門家は多くの不確かな点があるとした上で30〜40%高い可能性があると推計しており、日本など50カ国以上に広がる変異種の脅威があらためて示された。

　ジョンソン氏とともに記者会見したパトリック・バランス首席科学顧問によると、陽性反応が出た人のデータを調べると、変異種の感染者が死亡するリスクが高いという証拠が得られた。60代男性1000人に感染した場合に出る死者数は、従来型は約10人だったが、変異型は13〜14人の可能性があるという。バランス氏は「まだ強力な証拠ではない。これらの数字には多くの不確かな点があり、さらに調べる必要がある」と強調した。

　1月24日、高齢者の老後を支える公的年金について、2021年度の年金支給額を0.1%減額すると厚生労働省は発表した。新型コロナ対策として菅政権が進めた「Go To トラベル」事業が物価を押し下げたことも要因となっている。

菅内閣の支持率低下と不支持率の増加

　1月25日、朝日新聞社は23、24日に全国世論調査（電話）を実施したと発表（「朝日新聞」1月25日、1面）。菅内閣の支持率は33%（2020年12月は39%）に下がり、不支持率は45%（同35%）に増えて支持を上回った。菅義偉首相が新型コロナウイルス対策で指導力を「発揮している」は15%で、「発揮していない」が73%に達した。新型コロナ対応への批判が支持率に大きく影響しているとみられる。これまでの政府の対応を「評価しない」は63%（12月調査は56%）で、「評価する」は25%（同33%）だった。内閣不支持層では87%が「評価しない」と答えた。11都府県に出した2度目の緊急事態宣言についても、厳しい評価となった。宣言のタイミングは「遅すぎた」が80%で、「適切だ」は16%、「早すぎた」2%。不要不急の外出自粛や、飲食店の営業時間の短縮要請を中心とする対策も「不十分だ」が54%と多く、「適切だ」は34%、「過

剰だ」は8％だった。政府が国会に提出した法改正については、「緊急事態宣言の対象区域で、営業時間短縮などの命令に従わない店に50万円以下の過料を科す」ことには「反対」が59％で、「賛成」29％を大きく上回った。「入院を拒否した感染者に1年以下の懲役または100万円以下の罰金を科す」ことにも反対50％が、賛成40％を上回った。

　東京オリンピック・パラリンピックをどうするのがよいかを3択で聞くと、「今夏に開催」は11％にとどまり、「再び延期」が51％、「中止」が35％だった。2020年12月調査では、回答がほぼ3分していたが、慎重論が広がった。菅政権が新型コロナ対策の「切り札」として期待するワクチンについても聞いた。無料で接種できるようになったら、「すぐに受けたい」は21％にとどまり、「しばらく様子を見たい」が70％、「受けたくない」が8％だった。特に女性は73％が「様子見」で「すぐに」は15％だった。「すぐに」は年代が上がるほど多いが、70歳以上でも29％だった。2020年の緊急事態宣言時と比べた、自身の外出の自粛度合いについても尋ねた。「昨年よりも自粛」は18％と少数で、「昨年と同じくらい」が60％、「昨年の方が自粛」も21％いた。自粛の緩みは若年層で顕著で、18〜29歳の36％が「昨年の方が自粛」と答えた。一方、70歳以上では「昨年よりも自粛」が29％と比較的多く、「昨年の方が自粛」は10％だった。

　1月26日、自宅や外出先で亡くなり、全国の警察が2021年1月〜20日に取り扱った遺体のうち、75人が新型コロナウイルスに感染していたことが警察庁のまとめでわかった。2020年12月1カ月の56人を既に大幅に上回っており、病床の逼迫などで入院できないまま、容態を急変させるケースが相次いでいる可能性がある。

　警察庁によると、75人のうち71人は自宅や施設、療養先ホテルなどで体調が悪化して死亡し、4人は外出先の路上などで倒れていた。生前に検査で感染が判明していたのは27人にとどまり、48人は死後に感染が判明した。検査前に急変して死亡したケースもあったとみられる。こうした死者は、2020年3月以降、全国で計197人に上っている。

　金融情報会社「リフィニティブ」によると、2020年の国内企業

が関係する M&A は 4305 件と前年を 9.7％上回り、年間で過去最多
だった 2018 年（3943 件）を超えた。生き残りを懸けて事業の切り
売りを迫られる企業が続出した。反面、企業再生を手がける投資ファ
ンドや余力のある企業には格好の買い時になった。ニッセイ基礎
研究所は「M&A が増えたのは、コロナで勝ち組と負け組で明暗が
分かれた影響が大きい」と解説する（「読売新聞」2021 年 1 月 26 日）。

独ロベルト・コッホ研究所の発表とバイデン大統領の署名

1 月 28 日、ドイツの南ドイツ新聞（電子版）などによると、独
保健当局は、英製薬大手アストラゼネカの新型コロナウイルス用の
ワクチンについて、65 歳以上の高齢者への使用を推奨しないとす
る見解をまとめた。18 ～ 64 歳の使用については推奨している。

感染症対策にあたる国立ロベルト・コッホ研究所の予防接種委員
会は、同社製ワクチンについて「65 歳以上の高齢者に対するワク
チンの有効性を評価するデータが不十分だ」としている。ドイツは、
高齢者へのワクチン接種を優先しており、同社製ワクチンが高齢者
に使用できなくなれば、接種計画が大幅に遅れる可能性がある。

日本政府は、同社から 6000 万人分のワクチンを購入し、このう
ち 1500 万人分は 3 月末までに供給を受ける契約を結んでいる。同
社は、4500 万人分以上のワクチンについて日本で生産する方針を
厚生労働省に伝えており、2 月中にも製造販売の承認申請を行う方
針である。

同日、米国のバイデン大統領は、医療保険の加入要件を緩和する
大統領令に署名した。トランプ前大統領はオバマ政権が導入した医
療保険制度「オバマケア」を批判し、加入要件を厳格化したが、そ
れを転換した。

米国では新型コロナウイルスの感染拡大の影響で所得が下がり、
医療保険に加入できない人が増えている。このため、連邦政府の保
険仲介サービスに 3 カ月間の特別登録期間を設けるなどして、低所
得者層が加入しやすくする。数百万人が対象になるという。

2020 年度第 3 次補正予算が成立

新型コロナウイルスの感染拡大に伴う追加経済対策を盛り込んだ

2020年度第3次補正予算は、1月28日夜の参院本会議で与党と日本維新の会などの賛成多数で可決、成立した。予算総額は15兆4271億円で、当初予算と過去2回の補正予算を合わせた2020年度一般会計の歳出は、175兆6878億円に膨らんだ。

追加経済対策は「新型コロナの感染拡大防止策」、「経済構造の転換・好循環の実現」、「防災・減災・国土強靭化」が柱で、歳出規模は計19兆1761億円。ただ、2020年度の予備費や予算の余りがあるため、一般会計の追加歳出は15兆4271億円となった。

新型コロナ対策としては、医療機関の病床や宿泊療養施設の確保などを進める「緊急包括支援交付金」に約1兆3000億円、ワクチン接種に向けた体制整備などに約5700億円を計上した。営業時間の短縮要請に応じた飲食店などを支援するための地方創生臨時交付金には、1兆5000億円を積み増した。

政府の観光支援策「Go To トラベル」事業については、6月末まで延長する費用に約1兆円を計上した。菅内閣が看板政策と位置付ける脱炭素社会に向けた技術開発を支援する基金には2兆円を積んだ。立憲民主党や共産党は「Go To トラベル」事業を撤回し、医療費などに振り向けるべきだとして予算の組み替えを求めたが、否決された。菅首相は1月28日の参院予算委員会で、「1日も早く感染を収束させ、国民が安心して暮らせる日常や、にぎわいのある街を取り戻す」と強調した。

完全失業率の上昇と有効求人倍率の低下

1月29日、総務省が発表した労働力調査によると、2020年平均の完全失業率は2.8％で、2019年より0.4ポイント上昇した。新型コロナウイルス感染症拡大に伴う景気悪化が影響したとみられ、リーマン・ショック後の2009年以来、11年ぶりの悪化となった。完全失業者数も11年ぶりに増加し、前年比29万人増の191万人であった。

男女別の完全失業率は、男性が3.0％、女性が2.5％であった。完全失業者数のうち、「勤め先や事業の都合」でやむを得ず前の職場を離れた人は35万人で、前年より14万人増えた。近年の完全失業率は2009年と2010年が5.1％と高い水準だったが、経済の好転に

伴って減少傾向が続いていた。一方、仕事を持っているものの働かなかった「休業者数」は前年比 80 万人増の 256 万人で、比較可能な 1968 年以降で過去最多となった。休業者には出産・育児や介護を理由とした休業を含むが、総務省は「緊急事態宣言の影響などで企業が時短営業や休業を余儀なくされた影響が出たのではないか」としている。2020 年 12 月の完全失業率（季節調整値）は 2.9％で、前月と同率であった。同省は「今後、1 月に出た緊急事態宣言の影響を注視する必要がある」としている。

　同日、厚生労働省は 2020 年平均の有効求人倍率は 1.8 倍で、2019 年に比べて 0.42 ポイント低下したと発表した。新型コロナウイルスの感染拡大に伴う景気悪化により、下げ幅はオイルショックの影響で前年比 0.59 ポイント低下した 1975 年以来、45 年ぶりの大きさとなった。有効求人倍率は、ハローワークで仕事を探す人 1 人当たり、求人が何件あるかを示す指標である。リーマン・ショック後の 2009 年以降は上昇し、2019 年は 1.60 倍で減少に転じたものの、過去 3 番目の高水準であった。2020 年は年平均の有効求人数が前年比 21.0％減だったのに対し、有効求職者数は同 6.9％増だった。

　2020 年 12 月の有効求人倍率（季節調整値）も発表され、前月から横ばいの 1.06 倍だった。仕事をする「就業地別」の有効求人倍率（同）は、福井県が 1.62 倍で最も高く、沖縄県が最低の 0.79 倍。1 倍未満だったのは東京や大阪など 10 都府県であった。正社員の有効求人倍率は 0.81 倍となった。

2.　医療提供体制の逼迫と緊急事態宣言の延長（2021 年 2 月）
高齢者施設のクラスターと医療提供体制の逼迫

　2 月 1 日、厚労省によると、高齢者施設のクラスターの累計は全国で 928 カ所に上った。約 1 カ月で約 350 カ所増えており、医療機関（796 カ所）を上回っている。高齢者施設を含む社会福祉施設などで療養をしている人は 2020 年 12 月上旬から増加傾向で、1 月 27 日時点で 592 人になっている。

　2 月 2 日、菅首相は政府の新型コロナウイルス感染症対策本部の会合を開き、感染者は減少傾向にあるものの、医療提供体制が逼迫しているとして 11 都府県に 7 日まで発令中の緊急事態宣言を、栃木

232

県を除く10都府県（東京、埼玉、千葉、神奈川、大阪、京都、兵庫、愛知、岐阜、福岡）で、3月7日までの1カ月間延長することを決めた（新型コロナウイルス感染症対策本部「新型コロナウイルス感染症緊急事態宣言の期間延長及び区域変更」2021年2月2日）。菅首相は対策本部で宣言の延長理由を、「全国の新規感染者数は減少傾向にあるが、今後も減少を継続し、入院者数、重症者数を減らすことが必要だ」と述べた。政府は宣言対象地域について、不要不急の外出自粛、午後8時以降の飲食店の営業自粛などを引き続き求めている。「Go To トラベル」事業の全国停止、外国人の新規入国禁止などの措置も継続する。

コロナ起因の非正規雇用者の解雇・雇い止め4万人超

　2月2日、厚労省は、新型コロナウイルスの感染拡大に起因する非正規雇用労働者の解雇・雇い止めが4万人を超えたと発表した。厚労省は2020年5月25日からコロナ禍による解雇・雇い止めの人数を雇用形態別に集計している。2日に発表された1月29日時点の解雇・雇い止め（見込みを含む）は8万4773人で、うち非正規雇用労働者は4万435人であった。解雇・雇い止めの増加が業種別にみると、最も多かったのは製造業の344人（うち非正規91人）。宿泊業の284人（同213人）、卸売業の107人（同12人）、娯楽業の91人（同45人）、サービス業の56人（同2人）が続いた。

　都道府県別にみると、解雇・雇い止めの累積数が最も多かったのは東京の2万232人で、2番目は大阪の7182人。以下、愛知の4743人、神奈川の4102人、北海道の3333人などであった（この調査は、厚生労働省が各地のハローワークや労働局で把握した数字を集計したもので、すべてを網羅したものではない。また、すでに再就職した人も含まれている可能性がある）。

コロナの影響の経営破綻が累計1000件

　2月2日、新型コロナウイルス感染拡大の影響を受けた経営破綻が2020年2月からの累計で1000件に達したことが、東京商工リサーチの調べでわかった。業種別にみると、コロナ禍の直撃を受けた飲食業が182件と最多であった。アパレル関連業は91件、建設

業は 83 件、宿泊業は 62 件、などである。負債額が判明した 980 件
の負債額別では最も多かったのが 1 億円以上 5 億円未満で 338 件で
あった。続いて 1000 万円以上 500 万円未満は 309 件、5000 万円以
上 1 億円未満は 158 件などである。負債 1 億未満が 515 件と過半数
を占めるが、100 億円以上の大型倒産も 5 件発生しており、小・零
細企業から大企業まで経営破綻が広がっている。

改正新型インフルエンザ対策特別措置法等が成立

　2 月 3 日、新型コロナウイルス対策を強化するための改正新型イン
フルエンザ対策特別措置法、改正感染症法、改正検疫法が参院本会
議で、与党と立憲民主党、日本維新の会などの賛成多数で可決、成
立した。休業や営業時間短縮に応じない事業者や入院を拒否した感
染者に行政罰である過料を科す。周知期間をおいて、2 月 13 日か
ら施行される。

　2 月 4 日、新型コロナウイルス感染者は島根県を除く 46 都道府
県と空港検疫で新たに 2576 人が確認された。クルーズ船「ダイヤ
モンド・プリンセス」の乗船者（712 人）を含めた累計の感染者は
40 万 3 人となり、40 万人を超えた。国内の累計感染者が 10 万人に
達したのは 2020 年 10 月 29 日で、初めて感染者が発表された 1 月
16 日から 9 カ月半かかった。しかし、その 53 日後の 12 月 21 日に
は 20 万人を突破。30 万人を超えたのは 23 日後の 2021 年 1 月 13
日であった。今回も 22 日間で 10 万人が感染しており、拡大のペー
スは変わっていない。

　2 月 4 日、全国介護事業者連盟が公表した新型コロナウイルス感
染症緊急事態宣言の影響調査で、検査が十分に行われていないなど
の実態が浮かび上がった。保健所に PCR 検査を要請後、迅速に
（即日か翌日）検査が行われたのは半数程度にとどまった。

　同日、埼玉県では新型コロナウイルス対策本部会議で、県内の医
療機関や高齢者施設の職員ら計 19 万 5000 人を対象に、PCR 検査
を一斉に実施することを決めた。検査は 2 月中旬から始め、3 月中
の完了を目指す。

　2 月 4 日、衆議院予算委員会で菅首相と全閣僚が出席して 2021
年度予算案の基本的質疑を行い、実質審議入りした。首相は、新型

コロナウイルスのワクチンの接種の必要な費用について、すべて国費で負担する考えを示した。

児童虐待相談件数の増加

　2月4日、厚生労働省は2019年度「福祉行政報告例」の結果をとりまとめ、公表した。福祉関係では、2019年度中に児童相談所が対応した養護相談のうち、児童虐待相談件数は19万3780件で、前年度から3万3942件（21.2%）増加していた。

　同日、警察庁は2020年1年間の犯罪情勢統計（暫定値）を発表した。児童虐待の疑いがあるとして、全国の警察が児童相談所（児相）に通告した18歳未満の子どもは前年比8.9%増の10万6960人に上り、統計を取り始めた2004年以降、初めて10万人を超えた。DV（配偶者や恋人からの暴力）の相談や通報も、過去最多の8万2641件に上った。新型コロナウイルスの感染拡大で在宅時間が延びたことが増加の一因となっている可能性がある。

急性心筋梗塞などへの救急対応ができなくなっていると緊急声明

　2月5日、厚生労働省は休業手当が支払われない中小企業の労働者に支給する休業支援金について、大企業で働く非正規雇用労働者にも対象を拡大すると発表した。

　2月5日、菅内閣は閣議で、75歳以上が支払う現行1割の医療費窓口負担に2割負担を導入することを柱とした医療制度改定一括法案を決定し国会に提出した。

　同日、英製薬大手アストラゼネカは、新型コロナウイルスのワクチンの製造販売について、厚生労働省に承認申請したと発表した。新型コロナウイルスワクチンの国内での承認申請は、米製薬大手ファイザーに続き2例目。アストラゼネカは厚労省に、医薬品の審査期間を短縮する「特例承認」の適用を求めた。厚労省は3月以降にも可否を判断する。

　同日、日本医師会と日本循環器連合（心臓病関連11学会）は記者会見し、新型コロナウイルス感染症拡大で、急性心筋梗塞などへの救急対応ができなくなっている医療機関が増えているとして緊急声明を発表した。報道によると、東京都内で心臓病の救急医療を担

う 73 病院のうち 11 病院が、救急受け入れを停止していることが明らかになった。声明は原因として心血管病診療に携わる医療従事者やベッド等の医療資源が、新型コロナウイルス感染症に振り向けられ逼迫した。その結果、治療中断や受診の手控えにより重症化する患者が増えているという。日医と 11 学会はこれを受け、①新型コロナの感染予防に留意し、慎重な行動をとること、②心血管病の治療の継続を呼びかけ、「ためらわず速やかに医療機関を受診してください」と訴えた。

都内のコロナ感染累計死者は 1000 人超え、栃木県は除外

　2 月 6 日、国内で新たに 2279 人の新型コロナウイルス感染が判明した。東京都では陽性者 21 人の死亡が確認され、都内の累計死者は 1000 人を超え、1071 人となった。

　2 月 7 日、緊急事態措置を実施すべき区域から、栃木県が除外された。栃木県では、2 月 8 日以降においても、新規感染者数を抑制し、医療提供体制への負荷を軽減するための対策について協議するため、第 46 回栃木県新型コロナウイルス感染症対策本部会議を開催した。県が緊急事態措置を実施すべき区域に指定された 1 月 13 日時点の人口 10 万人あたりの 1 週間の新規感染者数は約 44 人だったが、2 月 3 日の時点で約 7 人と、3 週間で大きく減少した。しかしながら、まだ特定警戒のレベルにある。国においては、2 月 7 日をもって、栃木を緊急事態措置の実施区域から除外することを決定したが、病床の稼働率や重症病床の稼働率を見ると、国のステージ 3 の段階にあり、医療提供体制への負荷は依然として続いており、厳しい状況にあることから、県の医療については「栃木県医療危機警報」を発出した。そこで、県民及び事業者に対して、2 月 8 日から 2 月 21 日までの 2 週間、新型インフルエンザ等対策特別措置法第 24 条第 9 項に基づき、引き続き、県内外を問わず日中も含めた不要不急の外出自粛を要請した。特に、緊急事態宣言の対象区域への往来及び夜間（21 時以降）の外出に注意をお願いした。このほか、マスクの着用など、基本的な感染防止対策の徹底をお願いした。事業者には、引き続き、県内全域の飲食店における営業時間の短縮を要請した。営業時間については、段階的な緩和をし、これまで 5

時から 20 時までとしていたところ、5 時から 21 時までとした。これに伴い、酒類の提供も 11 時から 20 時までとした。イベント等の開催制限については、現在要請しているものと同じ内容である、屋内、屋外ともに 5,000 人以下とした。

中国と米国のワクチンの動き

中国が 2 月、発展途上国向けに新型コロナウイルスワクチンの無償援助を始めた。対象は 53 カ国・地域としている。国際的にワクチンが不足する中、途上国の需要に応え、関係強化につなげる狙いである。国営新華社通信によると、カンボジアの首都プノンペンの空港に 7 日、中国製ワクチンが航空貨物で到着した。ワクチン援助は 1 日のパキスタンが最初で、8 日にはラオスにも届けられた。

バイデン米政権のアンソニー・ファウチ首席医療顧問は、8 日の記者会見で、2 回の接種が前提の新型コロナウイルスワクチンについて「1 回の接種で免疫が不十分な場合、新たな変異ウイルスを出現させる恐れがある」と語り、米国民に規定通りの間隔で 2 回目を受けるよう求めた。

東京都医師会が今後の医療提供体制について具体策を発表

2 月 9 日、東京都医師会の尾﨑治夫会長は、会見で、新型コロナウイルス感染症に対応できる今後の医療提供体制について具体策を発表した。「新型コロナ病床の拡充」「『下り』の医療連携体制作り」「自宅療養者のフォロー」「薬剤の使用」を 4 本柱とした。これらの体制作りに努めるとした上で、引き続き感染者数を減らすことが必要とし、医療提供体制に余裕がある状況で新型コロナウイルスワクチンの接種に臨みたいとした。

猪口正孝副会長（東京都病院協会長）は、都内で新型コロナ患者の受け入れが可能な民間病院はほとんどの病院が受け入れているとし、「現実的に余力はなかなかない」と述べた。都内の病院を経営主体別に見ると、都立・公社・公立は 84.60％、公的は 93.75％、地域医療支援病院など公的な役割の民間は 100％、民間は 21.9％で受け入れていた。民間の非受け入れ病院は 443 病院で、機能を見ると、一般病床があるほかケアミックスが 35.9％、療養が 30.7％、回復期

が 14.9 ％、精神科が 11.1 ％、専門が 7.4 ％となった。猪口副会長は、すでに院内感染が起きた病院が 120 病院以上あるほか、療養や回復期の病院は人員が乏しいとし、これ以上病床を拡大するのは難しいとした。回復後の患者を受け入れるなど機能に応じた役割を果たしていくことが必要とした。感染者を減らすことが最も重要とし、実効再生産数を 0.6 もしくは　0.5 以下の水準にする必要があると述べた。

2 月 9 日、東京都医師会の平川博之副会長は会見で、新型コロナウイルス感染症から回復した要介護高齢者を介護老人保健施設（老健）で受け入れる事業を開始すると発表した。自身が会長を務める東京都老人保健施設協会の会員施設に参加を呼び掛けているとし、同協会ホームページで受け入れ可能な施設を検索できるようにするとした。感染者の急増で病床が逼迫しており、高齢者施設の入所者が陽性者となっても入院できず、施設内でクラスターが発生する事案が起きている。病床確保のためにも老健が回復後の要介護高齢者を受け入れ、心身機能の回復・向上を図った上で家庭や高齢者施設へ戻すことは大きな意味があると平川副会長は強調した。

7200 万人分のワクチン接種人数が 2 割近く減る可能性

2 月 9 日、厚生労働省が発表した 2020 年の毎月勤労統計調査（速報）で労働者 1 人あたりの平均賃金を示す現金給与総額は月平均で前年比 1.2 ％減の 31 万 8299 円であった。リーマン・ショック翌年の 2009 年（3.8 ％減）以来、11 年ぶりの下げ幅となった。新型コロナウイルスの感染拡大に伴う勤務時間の短縮や業績悪化が影響した。

2 月 9 日、厚生労働省は米製薬会社ファイザーが承認を申請中の新型コロナウイルスのワクチンについて、1 瓶あたりの接種回数を、予定していた 6 回から 5 回に見直す方針を明らかにした。国が確保している注射器では 1 瓶で 5 回分しか採取できないためで、政府が同社製のワクチンで想定していた 7200 万人分の接種人数が 2 割近く減る可能性が出てきた。

同日、自民党は、新型コロナウイルスワクチンの接種に向けた提言を政府に提出した。診療所や職場でも接種できるようにすることなどを求めている。提言を実現するには、輸送体制や十分なワクチ

ン確保などの課題が山積している。

2月9日、新型コロナウイルスの感染拡大経緯や発生源を探る世界保健機関（WHO）の国際調査団は、武漢市での現地調査を終え、中国側と共同で記者会見した。国際調査団は国際社会が注目していた「武漢ウイルス研究所」からの流出説をほぼ否定しつつ、ウイルスが武漢以外の場所で発生した可能性にも言及した。今後、周辺国も含めて調査を続けるという。

2月10日、日本医師会の中川俊男会長は、菅義偉首相と会談し、全国民への新型コロナウイルスワクチン接種に向けて協力体制を確認した。菅首相は「引き続きリーダーシップを発揮していただきたい、ワクチン接種体制の整備に格段の支援を賜りたい」と要請した。中川会長は「これまでにない覚悟を持って、日医をはじめとする全国の医師会は、かつて経験したことのない大事業である国ワクチン接種事業に全面的に協力していく」と応じた。

緊急宣言の一部地域での解除は見送り

2月10日、政府は東京など10都府県に発令している新型コロナウイルス対策の緊急事態宣言について、当面は全地域で継続する方針を固め、与党幹部に伝えた。病床使用率の改善が進んでいないためで、当初検討していた一部地域での解除は見送り、宣言による対策を続ける。

10日、世界保健機関（WHO）のワクチン利用などに関する専門委員会は、新型コロナウイルスに対する英製薬大手アストラゼネカ製のワクチンについて、65歳以上の高齢者への摂取や変異したウイルスの広がる地域での利用についても「推奨する」との見解を示した。ワクチンの有効性を幅広く認めた。同社製ワクチンについてドイツやフランスなどは、「データが不十分」として高齢者への接種を推奨していない。南アフリカ政府も2月7日、変異ウイルスへの有効性が不十分との研究結果を理由に、接種開始を見送ると発表していた。

2月12日、政府は新型コロナウイルス対策の緊急事態宣言に関する基本的対処方針について、専門家でつくる諮問委員会に改定案を示し、了承された。新設する「まん延防止等重点措置」に伴う対

策などを盛り込み、感染防止策を強化していくことが柱となる。改定は、対策を強化するための改正新型インフルエンザ対策特別措置法が 13 日に施行されることを踏まえたものである。政府は 12 日中に対策本部を開き、対処方針の改定を正式決定する。

　2月 12 日、厚生労働省の薬事・食品衛生審議会の部会は米製薬大手ファイザーが申請していた新型コロナウイルスのワクチンについて、製造販売の承認を了承した。ワクチンは同日、成田空港に到着した。厚労省は、最短で 14 日にも国内初の新型コロナワクチンとして特例承認し、17 日に医療従事者向けの先行接種を始める予定である。

　2月 15 日、WHO は英アストラゼネカの開発した新型コロナウイルスのワクチンについて、緊急使用を承認したと発表した。米ファイザー製に続いて 2 例目で、各国でワクチンを共同購入する国際的な枠組み「COVAX（コバックス）」を通じた途上国への供給の後押しとなる。WHO は韓国とインドで製造されるアストラゼネカのワクチンについて、生産設備が異なるためそれぞれに承認を出した。

3 病院団体調査、支援金加味しても依然赤字

　2月 16 日、日本病院会、全日本病院協会、日本医療法人協会は、新型コロナウイルス感染症の感染拡大による病院経営状況の調査結果を公表した。2020 年 4 〜 12 月の医業利益率は対前年でマイナス 4.6 ポイント、入金された緊急包括支援交付金を加味してもマイナス 1.1 ポイントで、医業利益は赤字が続いている。こうした厳しい状況は 2020 年 12 月の冬期賞与にも反映され、コロナ患者受け入れ病院の 4 割強が減額支給したこともわかった。今回の 2020 年度第 3 四半期調査は、3 団体の加盟する全 4410 病院を対象に実施され、有効回答数は 1475 病院（有効回答率 33.4％）であった。調査期間は 2021 年 1 月 13 日〜 2 月 9 日までで行った。

　コロナ患者受け入れ病院での 2020 年 10 〜 12 月の医業利益率を対前年で見ると、10 月がマイナス 1.2 ポイント、11 月がマイナス 3.4 ポイント、12 月はマイナス 2.2 ポイントであった。特に、第 3 波が厳しかった 2020 年 12 月の医業利益率はマイナス 20.2％まで落ち込んだ。ただ 12 月は賞与月ということもあり、2019 年 12 月も医業

利益率はマイナス17.9％であった。さらに第1四半期調査から継続
して参加した病院を抽出し、2020年4〜12月の経営指標の推移を
再集計した。それによると4〜12月の医業利益率は、コロナ患者
受け入れ病院では対前年でマイナス5.1ポイント、コロナ患者受け
入れなし病院ではマイナス2.1ポイントであった。

　一方、緊急包括支援交付金の入金状況調査も実施したところ、
2020年12月末までの申請に占める緊急包括支援交付金の入金額は
59.7％にとどまっていた。都道府県独自支援策の入金も含め、2020
年4〜12月までに入金された支援金を加味した医業利益率は対前
年でコロナ患者受け入れ病院はマイナス1.0ポイントであった。こ
の点について調査結果は、支援金を加味しなかった場合のマイナス
5.1ポイントと比べて赤字幅が縮小したが、支援金が入っても黒字
化はしていない。支援金の迅速化が求められる結果であった。

重症、中等症患者受け入れの役割分担の明確化

　2月16日、厚生労働省は新型コロナウイルス感染症患者を受け
入れる医療機関の役割分担について、一層の明確化を求める事務連
絡を都道府県などに出した。重症患者は大学病院や地域の基幹病院
での受け入れを中心に整備することや、中等症患者は重点医療機関
や公立・公的など地域の中核医療機関での受け入れる後方支援医療
機関の確保に取り組むことなどを求めた。

　事務連絡は、これまで進めてきた医療提供体制の整備についての
考え方や取り組みを整理し、一層の推進を求めたものである。新型
コロナ患者を受け入れる医療機関の役割分担明確化のほか、地域の
実情に適した転院支援の仕組みの検討や、宿泊・自宅療養などにつ
いての考え方をまとめている。

　役割分担では重症患者について、基礎疾患の増悪や多臓器不全と
いった「呼吸器に限らず全身臓器に対する集中治療が不可欠」なた
め、大学病院や地域の基幹病院など、病床確保策として、ゾーニン
グ改修による受け入れ病床の増床などを掲載した。人材確保策では、
2020年度のコロナ患者等「入院受入医療機関緊急支援事業」の活
用などを入れた。

　新型コロナの感染医療では多くを占める中等症患者の受け入れは

「重点医療機関が中心」のため、重点医療機関の体制充実や、新たな指定の検討を求めた。特に大都市圏を擁する都道府県には「公立・公的医療機関をはじめとする地域の中核的な医療機関について、その医療機関にとって必須の医療機能以外を他の医療機関と役割分担した上で、新型コロナ対応を強化することや、必要時にそうした体制を組める準備」を要請した。

　重点医療機関には「病棟単位で新型コロナ患者か疑い患者用の病床を確保」という施設要件があるが、これについて「新型コロナ患者の専用病床を確保し、ゾーニングなどでフロアを区切り、もっぱら同患者の対応を行う看護体制（専任）を明確にすることで、既存の１病棟を２病棟に分けて対応することも可能」であることを示した。

　新型コロナから回復した患者の受け入れについては。都道府県医師会や病院団体などと連携して後方支援医療機関の確保に取り組むよう記載した。回復後に退院基準を満たした人の、高齢者施設での受け入れを促進することも求めた。

小多機の利用定員、「従うべき基準」から「標準」に

　２月16日、自民党の厚生労働部会は、「育児休業、介護休業等育児又は家族介護を行う労働者の福祉に関する法律及び雇用保険法の一部を改正する法律案」の法案審査を行い、了承した。今後、必要な党内手続きを進める。終了後、福岡資麿部会長が説明した。法案では、男性の育児休業取得を促進するため、子の出産直後に取得できる柔軟な育児休業の枠組みを創設することなどを盛り込んだ。会合では、取り組みを推進するために「法案の周知をしっかり行うべきだ」といった意見が出た。

　同日は、「地域の自主性及び自立性を高めるための改革の推進を図るための関係法律の整備に関する法律案」（第11次地方分権一括法案）の厚生労働省関係部分についての説明も受けた。法案では、地方からの要望を踏まえ、介護保険法で定める小規模多機能型居宅介護の利用定員に関する基準を、「従うべき基準」から「標準」に見直す。市町村が独自に利用定員の基準を定められるようになるため、介護サービスの質を担保しつつ、地域の実情に応じたサービス

の提供が可能になるとしている。

コロナ回復患者、介護施設受入れで1日500単位の特例評価

　2月16日、田村憲久厚生労働相は閣議後会見で、新型コロナウイルス感染症から回復した患者の介護施設での受け入れを進めるため、「退所前連携加算」で特例的な評価を行う考えを表明した。国の退院基準を満たした新型コロナの患者について、自施設から医療機関に入院した人以外の事例を受け入れた場合、1日500単位を30日間算定できる。田村厚労省は、「医療機関だけではなく、高齢者施設でも受け入れを促進していく。しっかりと受けていただきたい」と呼び掛けた。対象サービスは、介護老人保健施設、介護医療院、介護療養型医療施設、特別養護老人ホームの4つ。通常よりも丁寧な健康観察が必要になることから、人員配置基準で医師の配置を求めているサービスに限定した。同日のサービス提供分から算定できるようになる。

　厚生労働省老健局高齢者支援課などは16日付けで、「新型コロナウイルス感染症に係る介護サービス事業所の人員基準等の臨時的な取扱いについて（第18報）」を都道府県などに事務連絡した。国の退院基準を満たした自施設以外の新型コロナの患者を介護施設で受け入れた場合、「退所前連携加算」で1日500単位を30日間算定できる特例的な評価を行うことに関連し、具体的な取り扱いを周知している。

　厚労省は16日、「在宅で生活する障害者が新型コロナウイルス感染症に感染した場合の留意点」を都道府県などに事務連絡した。これまでに出した事務連絡などを整理した内容。基本的な考え方として、医師が入院の必要がないと判断した自宅などで療養する場合、特に訪問系サービスでは利用者に発熱などの症状があっても、十分な感染防止対策を前提に「必要なサービスが継続的に提供されることが重要である」ことをあらためて示した。

「第4波」が来ないレベルまで徹底的に抑制を

　2月16日、厚生労働省新型コロナウイルス感染症対策推進本部は、国内の変異株のスクリーニングによって変異株発生の早期探知を強

化するため、全国の地方衛生研究所での「変異株の疑いを確認する
ための PCR 検査」の実施件数を把握する方針を示した。陽性が確
認された場合には、即時に国へ報告するよう求めている。都道府県
などに事務連絡した。変異株 PCR 検査は国立感染症研究所で開発
され、全国の地方衛生研究所での実施に向けて準備を進めている。

　2 月 16 日、東京都の小池百合子知事と東京商工会議所の三村明
夫会頭、都医師会の尾﨑治夫会長は、新型コロナウイルスの緊急事
態宣言の期限となる 3 月 7 日までの期間で「現行の取り組みを徹底
して進め、新規感染を限界まで抑えることが経済面での復旧を円滑
にする」との共同宣言を発表した。宣言は「新たな陽性者や陽性率
は減少傾向の一方、依然として高水準で、医療提供体制は逼迫して
いる」と現状分析。「医療と産業活動、行政が緊密に連携し、感染
症への対応を徹底して的確に行う」と強調した。

新型コロナウイルス感染症の予防接種の先行接種

　厚生労働省は 16 日、新型コロナウイルス感染症の予防接種の実
施について大臣名の通知（厚生労働省発健 0216 第 1 号）を、各市
町村長と特別区長宛てに出した。特例承認したファイザーの新型コ
ロナウイルスワクチンを使った予防接種を、2021 年 2 月 17 日から
2022 年 2 月 28 日まで、16 歳以上の人を対象にして行うよう指示し
た。

　2 月 17 日、日本医師会の中川俊男会長は会見で、新型コロナウ
イルス感染症の新規感染者を「第 4 波」が来ないレベルまで徹底的
に抑制した上で、全国規模での新型コロナワクチン接種を進めるこ
とが重要だと強調した。「その状態でワクチン接種を推進し、一気
に収束までに道筋を付けることが大切だ」と述べた。緊急事態宣言
の解除は「政府に対して、前倒しの議論ではなく、引き続き冷静に
大局的な判断をお願いしたい」と慎重な対応を強く求めた。現在の
感染状況については「全国的に新規感染者数は減少している」と評
価した。ただ、いまだ昨年春の宣言時を大幅に上回っているとし、
宣言の対象地域では病床使用率や重症患者数が依然として高いまま
だと指摘した。宣言解除には新規感染者数の減少に加えて、医療提
供体制の逼迫の解消が重要だとあらためて強調した。

2月17日、新型コロナウイルス感染症の先行接種が国立病院機構の東京医療センターで始まった。先行接種の様子は報道関係者に公開され、新木一弘病院長をはじめ、医師や看護師など医療従事者12人が接種を受けた。同センターでは、接種希望のあった同病院職や委託業者職員から選定された800人が先行接種を受けた。医療従事者への先行接種は小栗病院機構など100病院で、約4万人の医療従事者を対象に実施される。

国連安保理がワクチンの公平性確保を議論

2月17日、国連安全保障理事会は、新型コロナウイルスワクチンの公平性確保を議論する閣僚級のオンライン公開会合を開催した。国連のグテレース事務総長は、世界のワクチン接種の75％をわずか10カ国が独占する一方、130カ国は1回分すら入手できておらず、「接種の進展はあまりに不均等で、不公平だ」と述べ、「世界ワクチン接種計画」の早急な策定を提起した。

2月21日、国内の変異ウイルス感染者は2020年12月25日に初めて確認されて以降、21日時点で計137人に上る。このうち海外滞在歴がない人は115人で、居住地は東京、埼玉、新潟、京都、鹿児島など16都府県に及ぶ。世界保健機関（WHO）の15日現在の集計によると、英国型の変異ウイルスは94カ国・地域で見つかっている。南アフリカ型、ブラジル型もそれぞれ46、21カ国・地域で確認された。いずれの型も、ウイルス表面にある突起の先端部が変化しているのが特徴である。突起はウイルスが細胞に感染する時に使う部分で、変異によって感染力が高まる危険性が指摘されている。英国型は2020年秋から英国で感染者が急増し、従来型に比べて感染力が最大1.7倍高いと推定された。南アフリカ型とブラジル型は、英国型の変異に加え、ワクチンの効果を減らす可能性のある「E484K」と呼ばれる変異もある。接種が始まっている米ファイザー製のワクチンなどで出来た抗体は、南ア型に対する効果が比較的低いという研究も出ている。国内では、この3つの型以外の変異ウイルスも確認されており、感染研が感染力などを調べている。

死亡数11年ぶり減少

　2月22日、厚生労働省は2020年の人口動態統計の速報値を発表した。死亡数は前年比0.7％減の138万4544人で11年ぶりに減った。新型コロナウイルスの感染拡大を受けた人々の行動の変化が影響した可能性がある。死因別では、2020年1〜9月、肺炎死が前年同期より1万2456人減の5万8822人であった。インフルエンザは同2314人減、心疾患は同4573人減などと軒並み減少した。

　死亡数の減少は、手洗いやマスクの着用など新型コロナの予防対策が貢献した可能性がある。2020年1〜9月はインフルエンザや肺炎などの呼吸器系疾患の死亡数は近年、高齢化で2万人前後の増加が続いていた。感染症の減少は、脳血管疾患や心疾患による死亡数の減少にもつながる。

　日本の死亡数の減少は欧米と比べても際立つ。新型コロナの死亡数は各国で報告基準が異なるため、単純比較は難しい。注目されているのが「超過死亡」[1]という指標である。イスラエル・ヘブライ大などの研究チームによる世界80カ国・地域の集計によると、20日現在、米国49万人、ロシア35万人、英国11万人の超過死亡が出た。欧米でもインフルエンザ患者は大きく減っているが、新型コロナの感染爆発がそれに増して死亡数を増加させたことを物語っている。

　一方、日本は超過死亡でもマイナス2万1000人と死亡数が減ったことを裏付けた。フィリピンでもマイナス2万2000人、台湾は同5600人など東アジアで超過死亡が少ない。中国はデータがない。ただ、医療体制や生活習慣が異なる東アジア各国が、欧米に比べ超過死亡が少ない原因は、公衆衛生対策だけでは説明しにくい。過去の類似ウイルスによる免疫の記憶や、結核予防のBCGワクチンによる自然免疫系の強化が影響したとの仮説があり、「ファクターX」とも呼ばれている。

出生数は過去最少

　出生数は前年比2.9％減の87万2683人で過去最少になった。厚生労働省の調査によると、2020年1〜10月に全国の自治体が受理した妊娠届の件数は前年同期比で5.1％減少した。感染への不安が

背景にあるとみられ、2021年の出生数が大幅減となる見方につながっている。影響は長期化する恐れがある。

　日本では出産と強く結びついている婚姻数は2020年に前年比12.7％減となり、終戦直後の結婚ブーム後の1950年以来70年ぶりとなる大幅な落ち込みとなった。婚姻数は53万7583件で前年比12.7％減の大幅減となった。背景には、コロナ禍によるテレワークの普及や外出の減少で出会いの機会が減ったことに加え、雇用環境の悪化などに伴う将来不安もあるとされる。結婚式が中止や延期となり、結婚自体を先送りするケースもあったとみられる。新型コロナの影響で結婚式の中止が相次いだためとみられる。2021年以降の出生数を押し下げる要因になりそうである。

　速報値は、日本在住の外国人や日本人も含まれる。日本に住む日本人に絞り込んだ概数と確定数はさらに少なくなる。出生数の2019年の確定数は86万5239人。減少率を基に試算すると、2020年の確定数は86万人を割り込む可能性がある。厚労省は6月に概数、9月に確定数をそれぞれ発表する予定である。

　22日の衆議院予算員会で、内閣官房に新設した「孤独・孤立対策担当室」の坂本哲志一億総活躍相は、「司令塔になり、各省庁で行われていた自殺や孤独対策を総合的に進めたい」と強調した。コロナ禍で2020年は全国の自殺者が11年ぶりの増加したほか、女性では15％増えた。首相は「放っておくと大変な問題になる」との危機感を持ち、坂本氏を指名した。英国では、2018年に孤独担当の閣僚を新設し、社会問題として取り組んでいる。

大阪、京都、兵庫、愛知、岐阜、福岡の6府県を2月末で緊急事態宣言解除

　政府が新型コロナウイルス対策として10都府県に発令している緊急事態宣言について、大阪、京都、兵庫3府県の知事は23日、西村経済再生相とオンラインで会談し、2月末での解除を要請した。愛知県の大村秀章知事も同日、電話で西村大臣に同様の申し入れを行なった。

　政府は24日、東京など10都道府県に発令している新型コロナウイルス対策の緊急事態宣言について、大阪、京都、兵庫の3府県と

愛知、岐阜、福岡各県を月内にも先行して解除する方向で調整に入った。26 日に正式決定し、残る東京など首都圏 4 都県は期限の 3 月 7 日まで宣言を続ける予定である。政府は知事らの意見を最大限尊重する方針で、これら 6 府県の感染状況も解除可能な水準まで改善されたと判断している。新型コロナ対策を検討する厚労省の助言機関は 24 日、6 府県については医療提供体制の負荷に軽減が見られるとの見解をまとめた。

　2 月 24 日、菅首相は新型コロナウイルスワクチンの 65 歳以上の高齢者向け接種について、4 月 12 日から開始すると表明した。当初はワクチン数が限られるため、全自治体に行き渡って接種が本格化するのは 26 日以降となる見通しである。首相が記者団に明らかにした後、河野太郎行政・規制改革担当相が記者会見で詳細を説明した。政府は 4 月 12 日からの接種開始に向け、全都道府県へ計約 5 万人分を配送する。続いて、12 日の週と 19 日の週にそれぞれ約 25 万人分を追加で配送する。対象となる高齢者は約 3600 万人に上るため、開始後は限定的な接種となる予定である。

　政府は 26 日、新型コロナウイルス対策として 10 都府県に発令している緊急事態宣言のうち、大阪、京都、兵庫、愛知、岐阜、福岡の 6 府県を 2 月末で解除することを決定した。感染の再拡大を警戒しながら、残る東京、埼玉、千葉、神奈川の 4 都県は期限の 3 月 7 日での解除を目指す考えである。

　新型コロナウイルス感染症対策本部は 26 日、「新型コロナウイルス感染症緊急事態宣言の区域変更」を発出した。これにより、「緊急事態措置を実施すべき区域は、埼玉県、千葉県、東京都及び神奈川県の区域とする。これらの区域については、引き続き、感染状況や医療提供体制・公衆衛生体制に対する負荷の状況を見極めつつ、緊急事態措置を実施すべき期間の終期である令和 3 年 3 月 7 日に向けて、感染防止策の更なる徹底を図っていく」とした。

　感染力の高さやワクチンへの影響を懸念されている新型コロナウイルスの変異株について、26 日までに国立感染症研究所で確認された変異株の感染者が計 207 人となった。

米 FDA は J&J の新型コロナウイルスワクチンを承認

　2 月 27 日、米食品医薬品局（FDA）は、米製薬大手ジョンソ
ン・エンド・ジョンソン（J&J）の新型コロナウイルスワクチンに
ついて、18 歳以上への接種を認める緊急使用許可を出した。1 回の
接種で済むワクチンの承認は初めてである。FDA によると、約 4
万人が参加した最終段階の臨床試験では、中程度から重度の症状を
防ぐ効果は 66％に上った。頭痛などの副反応が報告されたが、「効
果や安全性は基準を満たしている」という。現時点で日本への供給
契約はないが、臨床試験は日本でも進められている。J&J 製ワクチ
ンは接種が 1 回のみで、一般の冷蔵庫を使って 2 ～ 8 度で 3 カ月間
保管できる。

　28 日、河野行政・規制改革相は民放番組で、新型コロナウイル
スワクチンの高齢者らへの接種を巡り、予約のキャンセルや自然災
害による停電など想定と異なることが起きても対応できるよう、自
治体向けの指針をまとめる考えを示した。

　2 月 28 日、日本財団は、次のような「高齢者施設に『無料』で
『定期的』に PCR 検査を。」と題した広告を、新聞一面を使って掲
載した（「読売新聞」6 面）。

　「日本財団は新型コロナ対策支援の第 4 弾として、高齢者施設に
無料で PCR 検査を提供し、重症化リスクの高い現場での感染拡大
を防ぎ、命を守ります。／新型コロナウイルス感染症で亡くなられ
た方の 89％が、70 歳以上のお年寄りです[2]。高齢者施設でのクラ
スターを防ぐことが、直接、命を守ることにつながります。／高齢
者施設で働くみなさんが、週 1 回を目安として定期的に PCR 検査
を受けられるようにすることで、これからも安心して介護に専念し
ていただけます。／これからも続くであろうコロナ禍。感染予防の
徹底を目指し、今みんなへ、社会へ、少しでも安心を。／まずは東
京都にある 2470 以上の高齢者施設を対象として、支援を進めて参
ります。」

東京都の重症用病床使用率が 32.7％に低下？

　厚生労働省が毎週公表している新型コロナウイルスの重症用病床
の使用率で、東京都の最新の値（2 月 23 日時点）が 32.7％に下が

った。前週は 86.2％であった。都が国基準に基づく重症用病床の最大確保数を調べたところ、これまでの 500 床から 1000 床の倍増したことが主要因である（「読売新聞」3 月 2 日）。

　これにより、東京の重傷者用病床の使用率は「ステージ 4」（50％以上）から「ステージ 3」（20％以上）の水準に下がることになる。東京など首都圏 4 都県で続いている緊急事態宣言の解除議論にも影響しそうである。厚労省は新型コロナの重症者を、集中治療室（ICU）やそれに次ぐ機能を持つ高度治療室（HCU）に入る患者らと定義し、ICU や HCU などの収容能力を基に重症者用病床数を算出している。一方、都は重傷者を「人工呼吸器か体外式腹膜型人工肺（ECMO＝エクモ）を装着している患者」と独自の基準を設定。この基準による重症者に対応できる病床数を厚労省に報告してきた。

　ただ、他都道府県と基準が異なることから、厚労省が 1 月、都に基準を合わせるよう要請した。都が各医療機関を調べたところ、2 月になり、重症用病床は都基準の 500 床の倍の 1000 床あることが判明した。この結果、2 月 16 日時点は 500 床に対する重症者が 413 人で使用率 86.2％だったのが、22 月 3 日時点では 1000 床に対し 327 人となり、32.7％に下がった。

　厚労省幹部は「東京も全国で比較可能な指標となり、同じテーブルで議論できるようになった」と話す。都幹部は「重傷者は減ってきたが、昨夏の『第 2 波』のピーク時よりも多く、医療提供体制の逼迫は続いている。余談を許さない状況に変わりはない」としている。

新型コロナで解雇や雇い止め労働者 9 万 185 人

　厚生労働省は 3 月 1 日、新型コロナウイルス感染拡大の影響で解雇や雇い止めにあった労働者が、見込みを含めて 9 万 185 人（2 月 26 日時点）になったと明らかにした。2021 年 1 月上旬に 8 万人を超えてから約 2 カ月で 1 万人増えており、特に緊急事態宣言の再発令地域を中心に増加が目立った。直近で分析できる 2 月 19 日時点でみると、業種別の集計では、製造業 1 万 9071 人、飲食業 1 万 1773 人、小売業 1 万 1655 人、宿泊業 1 万 753 人であった。都道府

県別では、東京が2万623人で最も多く、大阪7598人、愛知4842人、神奈川4265人と続いた。雇用形態別では、非正規雇用労働者が4万2160人であった。年度末のタイミングで人員整理に踏み切る企業もあるとみられ、非正規雇用労働者を中心に契約が更新されずに仕事を失うケースが増える可能性もある。

　2020年の1年間の生活保護申請件数が、速報値で22万3622件となり、前年比で1672件（0.8%）増えたことが厚生労働省の集計でわかった。申請件数はこれまで景気回復の追い風もあって年間集計が始まった13年以降、減少が続いており、前年を上回るのは初めてである。同省は、コロナ禍で雇用情勢が悪化したことが申請の増加につながったとみている（3月3日『夕刊読売新聞』）。

4都県で緊急事態宣言再延長

　政府は5日夜、新型コロナウイルス対策本部を開き、東京、埼玉、千葉、神奈川の首都圏1都3県に発令している緊急事態宣言の再延長を正式決定した。7日までの期限を21日まで2週間延ばす。菅首相は決定後の記者会見で、「これまでの（対策の）成果を確実なものにし、宣言を解除できるようにする」と語った。

　緊急事態宣言は1月7日に発令され、2月に1カ月間延長した。再延長は、2020年の宣言を含めて初めてとなる。首相は記者会見で、再延長について「当初約束した7日までに解除できなかった。大変申し訳ない思いであり、心よりおわび申し上げる」と陳謝した。2週間の延長幅に関しては「感染拡大を抑え込むと同時に、状況を慎重に見極めるために必要な期間だ」と説明し、引き続き対策の徹底を呼びかけた。

　全国で停止している観光支援策「Go To トラベル」の再開は、「当面は難しい」と述べた。再延長に至ったのは、病床使用率の改善がなお不十分なためであった。首相は政府対策本部で、1都3県の感染状況について「新規感染者はピーク時から8割以上減少した」とする一方、「病床の逼迫状況など一部には厳しい指標も見られる」と指摘した。

1) 超過死亡とは、感染症流行の影響を測るのに使われている統計指標。過去
　5年ほどのデータから予想される死亡数と、実際の死亡数の差を示す。イ
　ンフルエンザが流行した都市は、インフルエンザを直接の死因とする死亡
　数の増加だけでなく、呼吸器や循環器など様々な病気での死亡数も増加す
　ることから考案された。

2) 2月15日時点。国立社会保障・人口問題研究所発表。性別・年代が非公表、
　もしくは「高齢者」とされた方は除く。

あとがき

　本書は期間限定の研究を著作化したものである。直接のきっかけは、私が所属する公益財団法人政治経済研究所の合田寛理事から2020年10月19日に依頼を受けて、2021年1月18日に報告した「コロナ危機で介護保険はどうなるか―― 2021年度改定と2040年問題を踏まえた介護保険制度の課題――」のために準備した研究が中心になっている。

　2021年1月7日、菅義偉首相は新型インフルエンザ対策特別措置法に基づき、東京、埼玉、千葉、神奈川の1都3県に、新型コロナウイルス対策の緊急事態宣言を発令した。この2回目の緊急事態宣言が発令された直後の研究会報告であったために、オンラインとリアル参加者の両方で行われた報告会であったが、タイミングが悪く、出席者が少なかったことは残念であった。しかし、私としては本書を作成する有意義なテーマが与えられたと考えている。もしこの報告会がなかったら、実質4カ月ほどの短期日で本書を執筆することはできなかった。政治経済研究所の相田利雄理事長と合田寛理事に御礼申し上げる。

　そうはいっても、あまりにも直近の出来事を執筆することは、私の執筆スタイルとは違っていたことは否めない。その意味で本書は資料調査が中心の研究となっている。研究書としての出来栄えは出来上がってみなければわからないが、今後の社会保障改革の動向とうまく噛み合ってできあがってくることを願うばかりである。
さて、本書の初出を述べるなら、次によいうになる。

　序章と第1章から第6章、そして終章は書き下ろしである。そして「補　章　コロナ危機と保健医療政策・経営」は、「第1節　新型コロナと保健医療政策」は、2020年5月に開催された第5回日本政治法律学会（オンライン開催）「【共通テーマ】危機と政治・法律――未来への政策責任を果たすために」の2日目の「【シンポジウム】危機と政治・法律――新型コロナウイルス感染症の歴史的緊急事態指定を受けて」への討論者として登壇した際に、日本政治法

253

律学会に事前に提出したフルペーパーである。「第2節　新型コロ
ナ感染拡大と医療機関経営──第2波に備えて財政支援を」は、公
益財団法人政治経済研究所『政経研究時報』（No.23-1、2020 年 8 月、
pp.8-11）に掲載された「論考　新型コロナウイルス感染拡大と医
療機関経営──第2波に備えて財政支援を──」が初出である。
「第3節　コロナ危機と薬局経営」は、特定非営利法人非営利・協
同総合研究所いのちとくらし『研究所ニュース』（No.73、2021 年 2
月、pp.6-8）に掲載された「新型コロナと薬局経営」が初出である。
「研究所ニュース」では紙幅の関係で書ききれなかった部分を加筆
して本書に収めた。

　私は 2020 年 5 月の学会で、「世界と比べて日本の死亡者数が少な
いことはミラクルだ」と述べ、同時に「世界と比べて PCR 検査数
の少なさもミラクルだ」と述べた。未だに PCR 検査数が国が設定
する全国で1日1万件というモニタリングの規模はあまりにも少な
すぎることに疑問に思う。
　新型コロナウイルス感染症は現在進行形で世界中を駆け巡ってい
る。日本も例外ではない。ワクチン接種が始まってはいるが、切り
札となって収束するのか、それとも変異種が作用して再び感染拡大
が起こるのか、現在のところわからない。もちろん感染終息を願う
ばかりであるが、今は自分ができることを精いっぱいやるだけであ
る。
　最後に、本書の出版を快くお引き受けいただき、短期日で完成さ
せていただきました同時代社の川上隆社長にお礼申し上げます。

著　者

事項索引

258

人名索引

著者業績

《単書》

『地域と高齢者医療福祉』日本博士論文登録機構、雄松堂出版、2008年8月。

『地域と高齢者の医療福祉』御茶の水書房、2009年1月。

『医療機能分化と連携──地域と病院と医療連携』御茶の水書房、2013年4月。

『「論文を書く」ということ──憂鬱な知的作業のすすめ』御茶の水書房、2014年9月。

『ドイツのエネルギー協同組合』同時代社、2015年4月。

『イタリアの社会的協同組合』同時代社、2015年10月。

『高齢者医療と介護看護──住まいと地域ケア』御茶の水書房、2016年6月。

『イギリスの認知症国家戦略』同時代社、2017年1月。

『フランスの医療福祉改革』日本評論社、2019年4月。

『イギリスの医療制度改革──患者・市民の医療への参画』同時代社、2019年10月。

『公害病認定高齢者とコンビナート──倉敷市水島の環境再生』御茶の水書房、2020年6月。

『イギリスの社会的企業と地域再生』同時代社、2020年9月。

『協同組合と情報──編集者12年の軌跡』同時代社、2021年1月。

《共著》

法政大学大原社会問題研究所編『社会労働大事典』旬報社、2011年2月。

平岡公一ほか監修・須田木綿子ほか編『研究道──学的探求の道案内』東信堂、2013年4月。

由井文江編『ダイバーシティ経営処方箋── 一からわかるダイバーシティ 男・女・高齢者・障がい者・外国人 多様性を力に』全国労働基準関係団体連合会、2014年1月。

法政大学大原社会問題研究所・相田利雄編『大原社会問題研究所叢書：サステイナブルな地域と経済の構想──岡山県倉敷市を中心に』御茶の水書房、2016年2月。

高橋巌編『農協──協同のセーフティネットを創る』コモンズ、2017年12月（日本協同組合学会賞　学術賞（共同研究）　2020年8月受賞）。

日本文化厚生連年史編纂委員会編『日本文化厚生連七十年史』2018年9月。

《論文》

「医療計画と地域政策」日本地域政策学会『日本地域政策研究』第 4 号、2006 年 3 月。

「急性期入院加算取得病院と地域特性調査による医療連携の分析――厚生連病院所在の第二次医療圏を対象とした遠隔医療導入の可能性」日本遠隔医療学会『日本遠隔医療学会雑誌』第 2 巻第 2 号、2006 年 9 月。

「中山間地域の高齢者と在宅ケアについての研究」日本地域政策学会『日本地域政策研究』第 6 号、2008 年 3 月。

「病院勤務医師不足の現状と対応についての研究――公的病院のアンケート分析から」日本医療福祉学会『医療福祉研究』第 2 号、2008 年 7 月。

「過疎山村限界集落の高齢者と地域福祉に関する研究」日本地域政策学会『日本地域政策研究』第 7 号、2009 年 3 月。

「有料老人ホームが終のすみかとなる可能性――東京都内ホームの経済的入居条件と保健医療の考察」日本保健医療学会『保健医療研究』第 1 号、2009 年 6 月。

「高齢者の住まいと医療福祉に関する研究――有料老人ホームの制度等の変遷と経済的入居条件の考察」日本医療福祉学会『医療福祉研究』第 3 号、2009 年 6 月。

「高齢者介護の地域格差に関する研究――首都圏・中部地方・大都市の介護力指数の比較」日本保健医療学会『保健医療研究』第 2 号、2010 年 2 月。

「小規模・高齢化集落の高齢者と地域福祉」福祉社会学会『福祉社会学研究』第 8 号、2011 年 5 月。

「地域福祉は住民のもの――協同組合・非営利組織の視点から」日本地域福祉学会『日本の地域福祉』第 31 巻、2018 年 3 月。

ほか多数。

著者紹介

小 磯　明（こいそ　あきら）

1960 年生まれ

2008 年 3 月　法政大学大学院政策科学研究科博士後期課程修了
　　政策科学博士（法政大学）、専門社会調査士（社会調査協会）、医療
　　メディエーター（日本医療メディエーター協会）

《現在》

株式会社カインズ代表取締役社長

法政大学現代福祉学部兼任講師（医療政策論、関係行政論）

法政大学大学院公共政策研究科兼任講師（社会調査法 1、5、公共政策
論文技法 1）

法政大学大学院政策科学研究所特任研究員

法政大学地域研究センター客員研究員

法政大学大原社会問題研究所嘱託研究員

日本医療メディエーター協会首都圏支部理事

非営利・協同総合研究所いのちとくらし理事

公益財団法人政治経済研究所研究員

日本文化厚生農業協同組合連合会『文化連情報』編集部特任編集委員、
ほか

《受賞歴》

2020 年 8 月、日本協同組合学会賞学術賞（共同研究）受賞。

コロナ危機と介護経営

2021 年 5 月 20 日　　　初版第 1 刷発行

著　者　　小磯　明
発行者　　川上　隆
発行所　　株式会社同時代社
　　　　　〒 101-0065　東京都千代田区西神田 2-7-6
　　　　　電話 03(3261)3149　FAX 03(3261)3237
組版／装幀　有限会社閏月社
印　刷　　中央精版印刷株式会社

ISBN978-4-88683-900-8